冯承钧西北史地著译集

冯承钧西北史地论集

冯承钧 著

中国国际广播出版社

出版说明

冯承钧（1887—1946），字子衡，湖北汉口人，著名历史学家、中外交通史家。早年留学比利时，后赴法国索邦大学（la Sorbonne，今巴黎大学），1911年获索邦大学法学士学位。续入法兰西学院，师从汉学家伯希和。归国后，曾任北京大学历史系教授、北京师范大学历史系教授。冯先生通晓法文、英文、比利时文、梵文、蒙古文、阿拉伯文、波斯文兼及古回鹘语、吐火罗语和蒙古语八思巴字，并精通中国史籍，在历史学、历史地理学、历史语言学和考古学等方面都有很深的造诣，在史地研究考证方面卓然成家。冯先生毕生研究中外交通史和边疆史，著译等身。代表作包括《西域史地释名》、《瀛涯胜览校注》、《星槎胜览校注》、《马可波罗行纪》、《成吉思汗传》、《中国南洋交通史》、《吐火罗语考》（译）等。

中国西北古代史地研究，历来是历史学者研究的热点和难点，因为涉及诸多方面，比如民族、部落、语言、宗教等，可谓纷繁复杂，千头万绪。本书所选篇目，大都是冯承钧论证西北史地问题的代表之作，论证条分缕析，资料充实，结构严谨，对很多问题都有创见。这些论文大都在杂志上发表过，《元代白话碑》还曾作为专著出版过，这些都是研究西北古代史地的珍贵资料。但年代已久，这些论文不容易集全。为给历史研究者提供查检参考的方便，我们特收集其论文中涉及西北的篇目，编为此书。

目　录

鄯善事辑

国人积习，往往以古名称今地，偶合者固有之，谬误者亦复不少，尤以四裔为甚。百年来考证西域舆地之学者辈出，特以方法未能谨严，遂致错讹丛出。夫考证此类地名者，必须首先明了原来语名，所谓名从主人也。复次必须明了当时汉名译字之音读，古人译写有例可寻，不似今人之率尔从事。新疆设治六十余年，各县名称多有袭用古名者，近似者固有之，张冠李戴者亦有若干。于阗国治在和阗西二十里，乃远置于阗县治于克里雅城，殊不知其地为古戎卢国地。温宿国治在今乌什，乃置温宿县治于阿克苏，殊不知其地为姑墨国境。鄯善国治在今卡克里克，乃误以其为婼羌国治，而设婼羌县，远在北距鄯善千里之辟展设置鄯善县治，殊不知其地为唐代之蒲昌县治。余久有志仿沙畹《西突厥史料》之例，裒辑西域各国史料，以供将来修新疆新志者之参考。鄯善史料，斯坦因在 Ser-india 第九章中所辑太简，遗漏甚多。例如《魏书》、《北史》"鄯善传"中沮渠安周退保之东城，足以勘正《水经注》之错简，早识之，对于鄯善国治之方位必不至迟疑不决。余乃先其所急，首辑斯编。

鄯善本名楼兰，张骞第一次奉使时（前一三八至前一二六）始知有之，其立国必远在骞出使之前。元凤四年（前七七）始改名曰鄯善。法显经行其地时，国王奉佛法，可有四千余僧。证以近年所发现之壁画写本，其地佛教盛行，实不始于此时。根据出土之简牍，知其国人用佉卢字写印度俗语。佉卢书之盛行早于梵书，因知其地土人或在纪元前二三世纪时从印度迁来。西亚与印度西北艺术之东渐，即由天山南路转贩而来，其地先有移民可知。尼雅河流入沙碛处为古代之精绝国，唐代之尼壤城，所出简牍与鄯善国所出之简牍同，因知古代移民先曾莅此。晚至魏太平真君七年（四四六）国王被执，始夷为魏之镇戍。魏太和十七年（四九三）前，国被丁零残破，人民散尽，始以其地委之吐谷浑。魏神龟元年（五一八）宋云惠生经行其地时，鄯善城主乃是吐谷浑王第二子宁西将军。隋大业五年（六〇九）破吐谷浑，始置郡县。鄯善国人在太平真君三年（四四二）已有半数随其国王西奔且末。丁零残破以后，余众多北走伊吾（今哈密），而于伊吾西南百二十里筑城以居；鄯善人自称曰纳职，贞观四年（六三〇）因置纳职县焉。其后不久，康国首领康艳典东来居此城，胡人随之因成聚落。上元二年（六七五）改为石城镇。殆在广德元年（七六三）后沦入吐蕃。吐蕃以后，回纥继之，然皆不为载籍著录。其地累经变乱，种族混杂，则欲一考古代种型，非求之于古冢墓中不可云。一九四三年三月二十四日命九儿先铭笔受讫。

（1）《史记》卷一二三《大宛传》："……而楼兰、姑师邑有城郭，临盐泽。……"——"……楼兰、姑师，小国耳，当空道，攻劫汉使王恢等尤甚。而匈奴奇兵时时遮击使西国者。使者争遍言外国灾害，皆有城邑，兵弱易击。于是天子以故遣从骠侯破奴将属国骑及郡兵数万至匈河水，欲以击胡，胡皆去。其明年，击姑师，破奴与轻骑七百余先至，虏楼兰王。遂破姑师。因举兵威以困乌孙、大宛之属。还封破奴为浞野侯。王恢数使，为楼兰所苦，言天子。天子发兵，令恢佐破奴击破之，封恢为浩侯。于是酒泉列亭障至玉

2

门矣。……”①

　　（2）《汉书》卷九六上《鄯善传》：②“鄯善国本名楼兰，王治扜
泥城。去阳关千六百里，去长安六千一百里。户千五百七十，口万
四千一百，胜兵二千九百十二人。辅国侯、却胡侯、鄯善都尉、击
车师都尉、左右沮渠、击车师君，各一人；译长二人。西北去都护
治所千七百八十五里，至山国千三百六十五里，西北至车师千八百
九十里。地沙卤少田，寄田仰谷旁国。国出玉，多葭苇、柽柳、胡
桐、白草。民随畜牧，逐水草。有驴马，多橐它。能作兵与婼羌同。
初武帝感张骞之言，甘心欲通大宛诸国。使者相望于道，一岁中多
至十余辈。楼兰、姑师当道苦之，攻劫汉使王恢等。又数为匈奴耳
目，令其兵遮汉使。汉使多言其国有城邑，兵弱易击，于是武帝遣
从票侯赵破奴将属国骑及郡兵数万击姑师。王恢数为楼兰所苦，上
令恢佐破奴将兵。破奴与轻骑七百人先至，虏楼兰王。遂破姑师，
因暴兵威以动乌孙、大宛之属。还封破奴为浞野侯，恢为浩侯。于

---

　　① 鄯善原名楼兰，车师原作姑师。《正义》引《括地志》云：“蒲昌海原名泑泽，一名盐泽，一名
辅海，亦名牢兰，亦名临海，在沙州西南。”牢兰与楼兰应是同名异译，近年在故楼兰城发现之简牍，
有 Kroraina 名称，应是国名海名之所本。今罗布淖尔，盖昔盐泽之遗迹也。《集解》引徐广注，赵破奴
封侯事在元封三年（前一〇八），王恢封侯事在元封四年（前一〇七），与《史记》卷二十《建元以来
侯者年表》所志合，并参看《汉书》卷六十一《张骞传》。《汉书》卷九六下，《车师后国传》，天汉二
年（前九九）开陵侯将楼兰国兵始击车师，不利引去；征和四年（前八九）复遣开陵侯将楼兰、尉犁、
危须凡六国兵别击车师，车师王降汉。

　　② 此传言武帝、昭帝两代通鄯善之事甚详。武帝感张骞言，欲通大宛诸国，其事应在元狩四年
（前一一九）以后。赵破奴等虏楼兰王，破姑师，据《史记》卷二十《建元以来侯者年表》，应在元封
三年（前一〇八）。贰师军击大宛，据《汉书》卷六《武帝纪》为太初元年（前一〇四）秋季至太初四
年（前一〇一）春季间事。至元凤四年（前七七）立尉屠耆为王，始改楼兰国名为鄯善。传中所志城
名二：一曰扜泥，一曰伊循。《汉书》卷七九《冯奉世传》：“送大宛诸国客至伊修城。”师古曰：“伊修
城在鄯善国，汉于其中置屯田吏士也。”伊循、伊修，必有一误，未详孰是。扜泥为王都，考其方位与
都护治所（今布古尔）、山国（今星格尔）、车师（今雅尔）之距离，只有今之卡克里克足以当之。其
地薄瘠不及密兰（古之伊循）之肥沃，与传语皆合。伊循既为汉时屯田之所，当在敦煌、扜泥之间；
旧考惑于《水经注》之错简，而谓扜泥居东，伊循居西，大误。至若蒲昌海北故楼兰城之建设，似在伊
循屯田以后。汉时之玉门关，据《史记·大宛传》，李广利第一次伐大宛（前一〇四至前一〇三），不下，
引兵还至敦煌，武帝大怒，使遮玉门曰：军有敢入者辄斩之，似尚在敦煌之东。又据《汉书·西域
传》，自伐大宛之后，西域震惧，多遣使来贡献，汉使西域者益得职。于是自敦煌西至盐泽往往起亭，
似玉门关自此逐渐西移，而远至小方盘城。

是汉列亭障至玉门矣。楼兰既降服贡献，匈奴闻，发兵击之。于是楼兰遣一子质匈奴，一子质汉。后贰师军击大宛，匈奴欲遮之。贰师兵盛，不敢当。即遣骑因楼兰候汉使后过者，欲绝勿通。时汉军正任文将兵屯玉门关，为贰师后距，捕得生口，知状以闻。上诏文便道引兵捕楼兰王，将诣阙，簿责王。对曰：小国在大国间，不两属无以自安；愿徙国人居汉地。上直其言，遣归国。亦因使候伺匈奴，匈奴自是不甚亲信楼兰。征和元年（前九二），楼兰王死，国人来请质子在汉者欲立之。质子常坐汉法，下蚕室宫刑，故不遣。报曰：侍子天子爱之，不能遣，其更立其次当立者。楼兰更立王，汉复责其质子；亦遣一子质匈奴。后王又死，匈奴先闻之，遣质子归，得立为王。汉遣使诏新王，令入朝，天子将加厚赏。楼兰王后妻，故继母也，谓王曰：先王遣两子质汉，皆不还，奈何欲往朝乎？王用其计，谢使曰：新立国未定，愿待后年入见天子。然楼兰国最在东垂，近汉，当白龙堆，乏水草，常主发导负水担粮，送迎汉使；又数为吏卒所寇，惩艾不便与汉通。后复为匈奴反间，数遮杀汉使。其弟尉屠耆降汉，具言状。元凤四年（前七七），大将军霍光白遣平乐监傅介子往刺其王。介子轻将勇敢士，赍金币，扬言以赐外国为名。既至楼兰，诈其王，欲赐之。王喜，与介子饮醉。将其王屏语，壮士二人从后刺杀之；贵人左右皆散走。介子告谕以王负汉罪，天子遣我诛王，当更立王弟尉屠耆在汉者；汉兵方至，毋敢动，自令灭国矣。介子遂斩王尝归首，驰传诣阙，悬首北阙下。封介子为义阳侯。乃立尉屠耆为王，更名其国为鄯善。为刻印章，赐以宫女为夫人，备车骑辎重。丞相将军率百官送至横门外，祖而遣之。王自请天子曰：身在汉久，今归单弱，而前王有子在，恐为所杀。国中有伊循城，其地肥美，愿汉遣一将屯田积谷，令臣得依其威重。于是汉遣司马一人，吏士四十人，田伊循以镇抚之。其后更置都尉，伊循官置始此矣。鄯善当汉道冲，而通且末七百二十里。自且末以往，皆种五谷，土地草木畜产作兵略与汉同，有异乃记云。"

（3）《汉书》卷七十《傅介子传》："……介子谓大将军霍光曰：楼兰、龟兹，数反复而不诛，无所惩艾。介子过龟兹时，其王近就人，易得也；愿往刺之，以威示诸国。大将军曰：龟兹道远，且验之于楼兰。于是白遣之。介子与士卒俱赍金币，扬言以赐外国为名，至楼兰。楼兰王[1]意不亲介子，介子阳引去。至其西界，使译谓曰：汉使者持黄金锦绣行赐诸国，王不来受，我去之西国矣。即出金币以示译，译还报王。王贪汉物，来见使者。介子与坐饮，陈物示之，饮酒皆醉。介子谓王曰：天子使我私报王。王起，随介子入帐中屏语。壮士二人从后刺之，刃交胸，立死。其贵人左右皆散走。介子告谕，以王负汉罪，天子遣我来诛王。当更立前太子质在汉者。汉兵方至，毋敢动，动灭国矣。遂持王首还诣阙，公卿将军议者咸嘉其功。上乃下诏曰：楼兰王安归常为匈奴间，候遮汉使者，发兵杀略卫司马安乐，光禄大夫忠，期门郎遂成等三辈，及安息、大宛使，盗取节印献物，甚逆天理。平乐监傅介子持节使诛斩楼兰王安归首。县之北阙，以直报怨，不烦师众。其封介子为义阳侯，食邑七百户；士刺王者皆补侍郎。……"

（4）《后汉书》卷一下《光武纪》，[2]建武十四年（三九）九月，"莎车国、鄯善国遣使奉献。"建武二十一年（四五）冬，"鄯善王、车师王等十六国皆遣子入侍奉献，愿请都护。帝以中国初定，未遑外事，乃还其侍子，厚加赏赐。"卷五《顺帝纪》汉安二年（一四三）二月丙辰，"鄯善国遣使贡献"。

（5）《后汉书》卷一一八《西域传》总叙："……会匈奴衰弱，

---

[1] 楼兰王名，此传两见并作安归。卷七《昭帝纪》，元凤四年（前七七）四月"平乐监傅介子使持节诛斩楼兰王安归首，县北阙，封义阳侯"，亦作安归。唯《鄯善传》（文2）独作尝归，应误。

[2] 《后汉书·本纪》志鄯善事，仅此三条，疑有脱简。

5

莎车王贤诛灭诸国。贤死之后，遂更相攻伐。小宛、精绝、戎庐、且末为鄯善①所并。……永初元年（一〇七）……诏罢都护，自此遂弃西域。北匈奴即复收属诸国，共为边寇十余岁。敦煌太守曹宗患其暴害，元初六年（一一九）乃上遣行长史索班将千余人屯伊吾以招抚之。于是车师前王及鄯善王来降。数月，北匈奴复率车师后部王共攻没班等，遂击走其前王。鄯善逼急，求救于曹宗。宗因此请出兵击匈奴，报索班之耻，复欲进取西域。……"

（6）《后汉书》卷一一八《于阗传》："……明帝永平（五八至七五）中，于阗将休莫霸反莎车②，自立为于阗王。休莫霸死，兄子广德立，后遂灭莎车，其国转盛，从精绝西北至疏勒十三国皆服从，而鄯善王亦始强盛。自是南道自葱岭以东唯此二国为大。……"

（7）《后汉书》卷一一八《莎车传》："……'莎车王贤'诈称大都护，移书诸国，诸国悉服属焉，号贤为单于。贤浸以骄横，重求赋税。数攻龟兹诸国，诸国愁惧。二十一年（四五）冬，车师前王、鄯善、焉耆等十八国俱遣子入侍，献其珍宝。及得见，皆流涕稽首，愿得都护。天子以中国初定，北边未服，皆还其侍子，厚赏赐之。是时贤自负兵强，欲并兼西域，攻击益甚。诸国闻都护不出，而侍子皆还，大忧恐。乃与敦煌太守檄，愿留侍子以示莎车；言侍子见留，都护寻出，冀且息其兵。裴遵以状闻，天子许之。二十二年（四六），贤知都护不至，遂遣鄯善王安书，令绝通汉道。安不纳，而杀其使。贤大怒，发兵攻鄯善，安迎战，兵败亡入山中。贤杀略千余人而去。其冬，贤复攻杀龟兹王，遂兼其国。鄯善、焉耆诸国侍子久留敦煌，愁思皆亡归。鄯善王上书，愿复遣子入侍，更请都

---

① 《后汉书》无《鄯善传》，其事散见各传中。
② 后汉初年，莎车称霸西域，至莎车王贤在位时（三三至六一）更强大。永平四年（六一），于阗王广德灭莎车，遂与鄯善分南道：且末、小宛、精绝、戎庐并入鄯善，渠勒、皮山、疏勒并入于阗。参看文（6）文（7）。

6

护，都护不出，诚迫于匈奴。天子报曰：今使者大兵未能得出，如诸国力不从心，东西南北自在也。于是鄯善、车师复附匈奴。……"①

（8）《后汉书》卷七七《班超传》："……'永平'十六年（七三），奉车都尉窦固，出击匈奴，以超为假司马，将兵别击伊吾。战于蒲类海，多斩首虏而还。固以为能，遣与从事郭恂俱使西域。超到鄯善，鄯善王广奉超礼敬甚备，后忽更疏懈。超谓其官属曰：宁觉广礼意薄乎？此必有北虏使来，狐疑未知所从故也。明者睹未萌，况已著邪？乃召侍胡诈之曰：匈奴使来数日，今安在乎？侍胡惶恐，具服其状。超乃闭侍胡，悉会其吏士三十六人，与共饮。酒酣，因激怒之曰：卿曹与我俱在绝域，欲立大功以求富贵。今虏使到裁数日，而王广礼敬即废，如令鄯善收吾属送匈奴，骸骨长为豺狼食矣。为之奈何？官属皆曰：今在危亡之地，死生从司马。超曰：不入虎穴不得虎子。当今之计，独有因夜以火攻虏使。彼不知我多少，必大震怖，可殄尽也。灭此虏，则鄯善破胆，功成事立矣。众曰：当与从事议之。超怒曰：吉凶决于今日，从事文俗吏，闻此必恐而谋泄，死无所名，非壮士也。众曰：善。初夜，遂将吏士往奔虏营。会天大风，超令十人持鼓藏虏舍后。约曰：见火然，皆当鸣鼓大呼。余人悉持兵弩夹门而伏。超乃顺风纵火，前后鼓噪。虏众惊乱，超手格杀三人。吏兵斩其使及从士三十余级，余众百许人悉烧死。明日乃还告郭恂，恂大惊，既而色动。超知其意，举手曰：掾虽不行，班超何心独擅之乎？恂乃悦。超于是召鄯善王广，以虏使首示之，一国震怖。超晓告抚慰，遂纳子为质。……"

① 可并参看文（6）文（8）。莎车王贤时代，几兼并南北两道诸国。贤死之后，莎车国势遂衰，夷为旁国之附庸矣。

（9）《后汉书》卷七七《班勇传》：[①]"……元初六年（一一九）敦煌太守曹宗遣长史索班将千余人屯伊吾，车师前王及鄯善王皆来降班。后数月，北单于与车师后部遂共攻没班，进击走前王，略有北道。鄯善王急求救于曹宗，宗因此请出兵五千人击匈奴，报索班之耻，因复取西域。邓太后召勇诣朝堂会议。……勇上议曰：……旧敦煌郡有营兵三百人，今宜复之，复置护西域副校尉居于敦煌如永元故事。又宜遣西域长史将五百人屯楼兰，西当焉耆龟兹径路，南疆鄯善于阗心胆，北扞匈奴，东近敦煌，如此诚便。尚书问勇曰：今立副校尉，何以为便？又置长史屯楼兰，利害云何？勇对曰：昔永平之末（七三）始通西域，初遣中郎将居敦煌，后置副校尉于车师。既为胡虏节度，又禁汉人不得有所侵扰。故外夷归心，匈奴畏威。今鄯善王尤还，汉人外孙，若匈奴得志，则尤还必死。此等虽同鸟兽，亦知避害。若出屯楼兰，足以招抚其心，愚以为便。……延光二年（一二三）夏，复以勇为西域长史，将兵五百人出屯柳中。明年（一二四）正月，勇至楼兰，以鄯善归附，特加三绶。……"

（10）《三国志》卷二：黄初三年（二二二）二月"鄯善龟兹于阗王各遣使奉献。诏曰：西戎即叙，氐羌来王，诗书美之。顷者西域外夷并款塞内附，其遣使者抚劳之。是后西域遂通，置戊己校尉。"[②]

---

① 此传楼兰鄯善并举，足证楼兰非国名，而所指者为蒲昌海北之楼兰城。《后汉书》七八《杨终传》云："建初元年（七六）大旱谷贵。终……乃上疏曰：……加以北征匈奴，西开三十六国。频年服役，转输烦费。又远屯伊吾楼兰车师戊己。民怀土思，怨结边域。……复上书曰：……今伊吾之役，楼兰之屯，久而未还，非天意也。……"此楼兰亦指楼兰城；盖自楼兰国改名鄯善，迄于建初元年，已有一百五十三年，不应复名楼兰也。此蒲昌海北之楼兰城，在后此所录前凉西域长史李柏致焉耆王书中，名称海头。《水经注》卷二云："河水又东径注宾城南，又东径楼兰城南而东注，盖垒田土所屯，故城禅国名耳。"明言楼兰城，而城禅国名，可以互证终矣。

② 《三国志》卷十六《仓慈传》云："……太和（二二七至二三三）中迁敦煌太守。郡在西陲，以丧乱隔绝，旷无太守二十岁。大姓雄张，遂以为俗。……又常日西域杂胡欲来贡献，而诸豪族多逆断绝。既与贸迁，欺诈侮易，多不得分明，胡常怨望。慈皆劳之，欲诣洛者，为封过所；欲从郡还者，官为平取，辄以府见物与共交市；使吏民护送道路。由是民夷翕然，称其德惠。数年卒官，吏民悲感，如丧亲戚；图画其形，思其遗像。及西域诸胡闻慈死，悉共会聚于戊己校尉及长吏治下发哀；或有以刀画面，以明血诚；又为立祠遥共祠之。……"《流沙坠简》王国维序曾节引此文，并云："长吏二字，语颇含混。汉末西域除戊己校尉外别无大官，魏当仍之。则长吏二字必长史之讹。"其说是也。戊己校尉旧居高昌壁，西域长史应居楼兰城，治下应指此二城。

8

（11）《三国志》卷三十注引《魏略·西戎传》曰："……南道西行且志国，小宛国，精绝国，楼兰国，皆并属鄯善也。戎庐国，扜弥国，渠勒国，皮冗国，皆并属于于阗。……"①

（12）《晋书》卷三《武帝纪》：太康四年（二八三）四月"鄯善国遣子入侍，假其归义侯。"②

（13）《晋书》卷八六《张骏传》：③"……自轨据凉州，属天下之乱，所在征伐，军无宁岁。至骏境内渐平，又使其将杨宣率众越流沙伐龟兹鄯善，于是西域并降。鄯善王元孟献女，号曰美人，立宾遐观以处之。……"

（14）西域长史李柏致焉耆国王书："五月七日，西域长史关内侯李柏顿首□□。阔久不相闻，□怀思想，不知亲相念□□见忘也。诏家见遣□使来慰劳诸国，月二日来到海头。不知王问，邑邑。天热，想王国大小平安。王使□，遂俱共发，从北虏中与严参事往，未知到来？今□使苻太往通消息。书不尽意。李柏顿

---

① 文（5）《后汉书·西域传》云：小宛精绝且末戎庐为鄯善所并。此传鄯善所属无戎庐国而代以楼兰国，此楼兰应指故楼兰城。且志应是且末之误。

② 《晋书》无《鄯善传》，《本纪》记录朝贡之文仅此一见，然不能谓晋与西域之关系仅限于此。斯坦因在尼雅北古城发现诸简，中有二残简，一题"晋守侍中大都尉奉晋大侯亲晋鄯善焉耆龟兹疏勒……"（见《古和阗》附图一一三页），一题"于阗王写下诏书到……"，（同书附图一一二页），王国维在《流沙坠简补遗》中以为"二简文义相属，书迹亦同，今定为一书之文"，其说不为无见，唯以简题官爵分属五国国王，似乎武断。沙畹在《古和阗》附录五三七页以焉耆国王龙会，其说较长。《晋书》卷九七《焉耆传》云："会有瞻气筹略，遂霸西胡，葱岭以东，莫不率服。"可以证也。此外别有一简上题："泰始五年十月戊午朔二十日丁丑敦煌太守都……"一行（《古和阗》附图一一二页），则在《晋书·本纪》记录鄯善国遣子入侍之前十四年（二六九）敦煌太守之命令已远及于尼雅北方之古城（精绝国）矣。

③ 《晋书》诸传年代最难考核。《骏传》系此事于咸和初（三二六）以后，石勒杀刘曜（三二八或三二九）之前，中间并言高昌郡事。同传在此条前云："西域长史李柏请击叛将赵贞，为贞所败。"又在此条后云："初戊己校尉赵贞不附于骏，至是骏击擒之，以其地为高昌郡。及石勒杀刘曜，……"徐坚《初学记》卷八引顾野王《舆地志》："晋咸和二年（三二七）置高昌郡立田地县。"似杨宣伐鄯善应在置高昌郡之前，唯《资治通鉴》卷九五系于咸康元年（三三五）下，不知其何所本。其文亦龟兹鄯善倒置，盖西行者先至鄯善，然后至龟兹，决不至先伐龟兹而于回兵时伐鄯善也。《后汉书》卷七七《班勇传》，当时焉耆国王名元孟，《晋书·张骏传》鄯善国王亦名元孟；时间相距二百年，南北两道二国国王名称相同，似非纯出偶然也。

首顿首。"①

（15）《晋书》卷一一三《苻坚载记》上："……鄯善王车师前部王来朝；大宛献汗血马；肃慎贡楛矢；天竺献火浣布；康居于阗及海东诸国凡六十有二王，皆遣使贡其方物。……"②

（16）《晋书》卷一一四《苻坚载记》下："太元七年（三八二）……车师前部王弥窴鄯善王休密驮朝于坚。坚赐以朝服，引见西堂。窴等观其宫宇壮丽，仪卫严肃，甚惧，因请年年贡献。坚以西域路遥不许，令三年一贡，九年一朝，以为永制。窴等请曰：大宛诸国遂通贡献，然诚节未纯，请乞依汉置都护故事；若王师出关，请为乡导。坚于是以骁骑吕光为持节都督西讨诸军事，与陵江将军姜飞轻骑将军彭晃等，配兵七万以讨定西域。……明年（三八三）吕光发长安。……加鄯善王休密驮使持节，散骑常侍，都督西域诸军事，宁西将军；车师前部王弥窴使持节，平西将军，西域都护；率其国兵为光乡导。……"③

---

① 日本学者橘瑞超在故楼兰城得书表四通，其中二纸较全，此其一也。别有一纸言同一事，文较简略。兹亦并录于此："五月七日口口西域长史关内侯李柏顿首顿首。口口口口恒不去心。今奉台使来西，月二日到此（此字旁注有海头二字）。未知王消息，想国中平安。王使回复罗从北房中与严参事往，想是到也。今遣使苻太往相闻通知消息。书不悉意。李柏顿首顿首。"前一纸阙文有数字可据此纸补之。别有一纸残存三行，盖为表文残稿，中有一行存"臣柏言焉耆王龙……"七字。因是推测前二纸为致焉耆国王书稿，时焉耆王龙会自称霸西域，与西域长史应有书使往来。唯可异者，书中所言之海头，应是故楼兰城；从故楼兰城至焉耆国都（今四十里城），应沿库鲁克河或宽车河往，其程较近，缘何取道北房中，诚不可解。

② 《苻坚载记》未言何年，仅位其事于太元七年（三八二）前。《高僧传》卷二《鸠摩罗什传》云：至建元十七年（三八一）二月，鄯善王前部王等又说坚请兵西伐，似鄯善车师王来朝事在三八一年。然《晋书·苻坚载记》记二王请西伐事，则位在太元七年（三八二）中。

③ 《出三藏记集》卷八《道安摩诃钵罗若波罗密经抄序》云："建元十八年（三八二）正（此下疑脱月字）车师前部王名弥第来朝……"此弥第即《苻坚载记》之弥窴。又《出三藏记集》卷十四《鸠摩罗什传》云：建元"十九年（三八三）即遣骁骑将军吕光将兵伐龟兹及焉耆诸国"。足证请伐西域为三八二年事，而吕光等发长安则在三八三年。

10

（17）《晋书》卷八七《李暠传》：① "……鄯善前部王遣使贡其方物。……"

（18）《法显行传》：② "……法显等五人随使先发。复与宝云等别敦煌，太守李浩供给度沙河。沙河中多有恶鬼热风，遇则皆死，无一全者。上无飞鸟，下无走兽，遍望极目，欲求度处则莫知所拟。唯以死人枯骨为标帜耳。行十七日，计可千五百里，得至鄯善国。其地崎岖薄瘠。俗人衣服粗与汉地同，但以毡褐为异。其国王奉法，可有四千余僧，悉小乘学。诸国俗人及沙门尽行天竺法，但有精粗。从此西行所经诸国，类皆如是。唯国国胡语不同，然出家人皆习天竺书天竺语。住此一月日，复西行十五日到焉夷国。……"

（19）《魏书》卷九九《沮渠传》："……罽宾沙门曰昙无谶③，东入鄯善。自云能使鬼治病，令妇人多子。与鄯善王妹曼头陀林私通，

---

① 《暠传》未系年月，当然为隆安四年（四〇〇）以后事。又同传云，隆安四年，"晋昌太守唐瑶移檄六郡，推玄盛（暠字）为大都督大将军凉公。……又遣宋繇东伐凉兴，并击玉门已西诸城皆下之。遂屯玉门阳关，广田积谷，为东伐之资。"当时玉门应尚未迁回敦煌以西，玉门以西诸城，除楼兰高昌等城莫属。高昌在前凉后凉时代并为中国郡县，吕光时曾遣子覆镇高昌（《晋书》卷一二二）。楼兰高昌既下，则楼兰附近之鄯善与高昌附近之车师遣使入贡西凉，为时必不甚远。

② 现存《法显行传》，旧题《佛国记》或《法显传》皆误。此传不专言佛国，并及往来行程，其非《佛国记》可知。又未志及出发前与归国后事，亦非《法显传》可知。《隋书》卷三三《经籍志》于《佛国记》、《法显传》两本外，并著录有《法显行传》一卷，应是现存之本。此传所录年月微有讹误。发足年岁干支作弘始二年（四〇〇）己亥（三九九），归国作义熙十二年（四一六）甲寅（四一四）。二年应是元年之误，十二年二字衍。传中之李浩，即前条之李暠，显于弘始二年（四〇〇）过敦煌，时暠尚未称凉公也。当时鄯善国人共有八千余家（参合《魏书》卷一〇二《且末传》与《宋书·沮渠传》语），而奉佛法之沙门多至四千余人，可谓众矣。"国国胡语不同"，与《大唐西域记》所记合，今已由新疆出土之各种语言写本证明矣。

③ 昙无谶，诸《经录》无亦作摩，谶亦作忏。僧祐《出三藏记集》卷十四，慧皎《高僧传》卷二皆有传；两传同出一源，《祐传》较简，然亦有未经《皎传》采录之文。《皎传》略曰，谶本中天竺人，后往罽宾，赍诸经本，东适龟兹。顷之，复进到姑臧，译写《大涅槃》等经。义和三年（四三三），谶固请西行，更寻涅槃后分。逊忿其欲去，密遣刺客于路害之。春秋四十九。根据《皎传》，谶为有道术之高僧。《祐传》有一节流露谶气量褊狭。两传皆言谶明解咒术，后随王入山，王渴乏须水不能得，谶乃密咒石出水。王悦其道术，深加优宠。顷之王意稍歇，待之渐薄。以下皎本接言出罽宾。祐本多四十余字云："谶怒曰：我当以罽水诣池，咒龙入罽，令天下大旱。王必请咒，然后放龙降雨，则见待何如。遂持罽造龙。有密告之者，王怒捕之，谶悔惧诛。"乃赍经本奔龟兹。总之，两传皆言谶从龟兹进到姑臧。兹据《魏书》此传，又知其中间曾经假道鄯善。根据《出三藏记集》卷八载阙撰人名《大涅槃经记》，知其又从鄯善进至敦煌。蒙逊灭西凉（四二一），始召之至凉州。译经之年，最早应在玄始十三年（四二四）以后。余对此别有考。

发觉，亡奔凉州。蒙逊宠之，号曰圣人。昙无谶以男女交接之术教授妇人，蒙逊诸女子妇均往受法。世祖闻诸行人言昙无谶之术，乃召昙无谶。蒙逊不遣，遂发露其事；拷讯杀之。……"

（20）《高僧传》卷三《智猛传》：[①]"……以伪秦弘始六年甲辰之岁（四〇四），招结同志沙门十有五人，发迹长安。……遂历鄯善龟兹于阗诸国。……"

（21）《魏书》卷四上：世祖太延元年（四三五）六月丙午高丽鄯善国并遣使朝献。——太延三年（四三七）三月癸巳……鄯善诸国各遣使朝献。——太延四年（四三八）三月庚辰鄯善王弟素延耆来朝。——太延五年（四三九）四月丁酉鄯善……诸国遣使朝献。……是岁鄯善……等国并遣使朝贡。

（22）《魏书》卷四下：世祖太平真君三年（四四二）四月［沮渠］无讳走渡流沙，据鄯善；李暠孙宝据敦煌，遣使内附。——太平真君六年（四四五）八月壬辰［万］度归以轻骑至鄯善，执其王真达，以诣京师，帝大悦，厚待之。——太平真君八年（四四七）十二月鄯善遮逸国并遣子[②]朝献。——太平真君九年（四四八）五月甲戌以交趾公韩拔为假节征西将军领护西戎校尉鄯善王，镇鄯善；赋役其民，比之郡县。

（23）《魏书》卷一〇二《西域传》总叙：[③]"……凉州既平（四三九），鄯善国以为唇亡齿寒，自然之道也；今武威为魏所灭，次及我也。若通其使人，知我国事，取亡必近；不如绝之，可以支久。乃断塞行路，西域贡献历年不入。后平鄯善（四四五），行人复通。……"

---

① 同传言以甲子岁（四二四）发天竺。前条引《大涅槃经记》言智猛曾暂憩高昌。其赴姑臧，或曾取道故楼兰城也。

② 鄯善国前王比龙已于四四二年走且末，后王真达已于四四五年执献京师，四四七年入朝之鄯善王子，未详为何人之子。

③ 《魏书》此卷原阙，后人取《北史》卷九七《西域传》补之。

（24）《魏书》卷一〇二《鄯善传》：①"鄯善国都扜泥城，古楼兰国也。去代七千六百里。所都城方一里。地多沙卤，少水草，北即白龙堆路。至太延初，始遣使来献。四年（四三八）遣其弟素延耆入侍。及世祖平凉州（四三九），沮渠牧犍弟无讳走保敦煌。无讳后谋渡流沙，遣其弟安周击鄯善（四四一）。王比龙恐惧欲降，会魏使者自天竺罽宾还，俱会鄯善，劝比龙拒之，遂与连战。安周不能克。退保东城。后比龙惧，率众西奔且末（四四二）。其世子乃应安周。（此下应有阙文）鄯善人颇剽劫之，令不得通。世子诏散骑常侍成周公万度归乘传发凉州兵讨之（四四五）。度归到敦煌，留辎重，以轻骑五千渡流沙。至其境时，鄯善人众布野，度归敕吏卒不得有所侵掠。边守感之，皆望旗稽服。其王真达面缚出降，度归释其缚。留军屯守，与真达诣京都。世祖大悦厚待之。是岁（四四八），拜交趾公韩牧为假节征西将军领护西戎校尉鄯善王以镇之，赋役其民，比之郡县。"

（25）《魏书》卷一〇二《且末传》：②"且末国，都且末城，在鄯善西，去代八千三百二十里。真君三年（四四二），鄯善王比龙避沮

① 此传亦据《北史》卷九七《西域传》补写。"世子应安周"下，应有脱误：盖不检《西域传总叙》将不知鄯善人剽劫何人，断塞何地也。"是岁"二字亦误：据文（22）万度归平鄯善是四四五年事，韩拔镇鄯善为四四八年事。韩拔此传作韩牧，亦有刊本作韩枝者，疑皆为韩拔之误：韩拔之名在本纪中凡两见。安周退保之"东城"，应是古之伊循，今之密兰，缘其为敦煌赴鄯善必由之路也。《水经注》之"东故城"，应亦指此城，其注意在伊循下，不知何人妄移写于扜泥下，遂令后人误以伊循在西，扜泥在东。后王真达与前王比龙不知有何关系，不知是否降应安周之世子。据《宋书》卷九八《沮渠蒙逊传》："李氏（西凉李恂）由是遂亡，于是鄯善王比龙入朝"，是知比龙在位年间最迟应始于四二一年。至四四二年奔且末后，不知所终。

② 此传亦据《北史》卷九七补写。《宋书》卷九八《沮渠蒙逊传》："……〔元嘉〕十八年（四四一）……时虏兵甚盛，无讳众饥惧不自立，欲引众西行。十一月遣弟安周五千人伐鄯善，（此下应脱鄯善二字）坚守不下。十九年（四四二）四月，无讳自率万余家弃敦煌西就安周。未至，而鄯善王比龙将四千余家走，因据鄯善。初，唐契自晋昌奔伊吾，是年攻高昌，高昌城主阚爽告急，八月无讳留从子丰周守鄯善，自将家户赴之。……"因知当时鄯善国人应有八千余家，较之前汉时多逾五倍矣。据《魏书》卷九九《沮渠传》，留守鄯善者，乃无讳弟安周，而此作从弟丰周。《魏书》卷三十《车伊洛传》又有"无讳卒（四四四），其弟天周夺无讳子乾寿兵……"语，天周早（四四一）在酒泉被执杀，应亦为安周之误。

渠安周之乱，率国人之半奔且末。后役属鄯善。……"

（26）《魏书》卷九九《沮渠传》："……无讳遂谋渡流沙，遣安周西击鄯善。鄯善王恐惧欲降，会魏使者劝令拒守，安周遂与连战不能克，退保东城。三年（四四二）春，鄯善王比龙西奔且末。其世子乃从安周。鄯善大乱。无讳遂渡流沙，士卒渴死者大半，仍据鄯善。先是高昌太守阚爽为李宝舅唐契①所攻，闻无讳至鄯善遣使诈降，欲令无讳与唐契相击。无讳留安周住鄯善，从焉耆东北趣高昌。……"

（27）《魏书》卷三十《王建传》：[建曾孙]②"安都袭，降爵为侯。世祖（四二四至四五二）拜为太子庶子，出为鄯善镇将。高宗（四五二至四六五）时为内都大官卒。"

（28）《魏书》卷三二《高湖传》：[湖孙]猛虎鄯善③镇录事。……"——[湖侄孙]干，历南青州征虏府司马，威远将军，鄯善镇远府长史。……太昌初（五三二）卒。"

（29）《南齐书》卷五九《芮芮传》："……益州刺史刘悛遣使江景玄使丁零，宣国威德，道经鄯善于阗。鄯善为丁零所破，人民散尽。于阗尤信佛法。丁零僭称天子，劳接景玄，使反命。"④

---

① 唐契附见其弟《唐和传》，参看《魏书》卷四十三。李宝《魏书》卷三十九有传。

② 其人疑与韩拔同时出镇鄯善，参看文（22）。韩拔镇鄯善止于何时，《魏书》未著录。唯卷七上高祖（四七一至四九九）《本纪》载延兴元年（四七一）十月庚寅："以征东大将军南安王桢为假节，都督凉州及西戎诸军事，领护西域校尉，仪同三司，镇凉州。"因是知韩拔已不复为"领护西域校尉"，而代以南安王桢矣。同卷载延兴二年（四七二）："正月乙卯，统万镇胡民相率北叛，诏宁南将军交趾公韩拔等追之。"是时韩拔官爵判与前异，足证其人不在鄯善。自是以后，鄯善似不为重镇，仅以镇远将军（四品）一人镇之，参看后条。

③ 此二人官鄯善时不可考，要在太和十七年（四九三）前，参看《辅仁学志》第十一卷第一第二期合刊之高车之西徙与车师鄯善国人之分散十二页附录。《魏书》卷三十《楼伏连传》载：伏连侄曾孙（毅）"后转都督凉二州鄯善镇诸军事，凉州刺史。车驾南伐（四九三），毅表谏……"。此河人或为最后都督鄯善军事之人，唯不兼领护西戎校尉。最后领护西戎校尉者似为南安王桢子英，《魏书》卷十九下并有传。

④ 《南齐书》卷三《武帝纪》，永明九年（四九一）正月甲午以刘悛为益州刺史；十一年（四九三）二月丙午以王文和代之。江景玄使丁零时，应在此两年中。此处丁零，即指高车，余于高车之西徙一文中别有考。由是观之，至四四八年，鄯善不复有本国国王；在四九三年前，人民复又分散，鄯善名存而已。

（30）《魏书》卷一〇一《吐谷浑传》：[①] "……拜伏连筹使持节，都督西垂诸军事，征西将军，领护西戎中郎将，西海郡开国公，吐谷浑王。……地兼鄯善且末。——"

（31）《洛阳伽蓝记》卷五引《宋云惠生行记》："……从吐谷浑西行三千五百里至鄯善城。其城自立王，为吐谷浑所吞。今城内主是吐谷浑第二息宁西将军，总部落三千，以御西胡。从鄯善西行一千六百四十里至左末城。……"[②]

（32）《水经注》[③] 卷二……释氏《西域记》曰："阿耨达山西北有大水，北流注牢兰海者也（今车尔成河）。其水北流，径且末南山，又北径且末城西。国治且末城，西通精绝二千里，东去鄯善七百二十里；种五谷，其俗略与汉同。又曰：且末河东北流，径且末北，又流而左会南河（今塔里木河）。会流东逝，通为注滨河（今库鲁克河）。注滨河又东径鄯善国北治伊循城（此应指故楼兰城或海头城，'治伊循'三字应为错简），故街兰之地也。……敦煌索劢，字彦义，有才略。刺史毛奕表行贰师将军，将酒泉敦煌兵千人，至楼兰（即故楼兰城）屯田起白屋。召鄯善焉耆龟兹三国兵各千，横断注滨河。

---

① 《魏书》此传原阙，亦取《北史》补之，据《魏书》卷七下高祖《本纪》，太和十七年（四九三）正月丙子，以伏连筹为吐谷浑王。则自丁零残破以后，即以鄯善且末委之吐谷浑。于是吐谷浑兼有鄯善，约百余年，而为西方之一大国，与嚈哒分有天山南路。《梁书》卷五十四河南国（吐谷浑）传识其疆界云："东至垒川。西邻于阗，北接高昌。东北通秦岭，方千余里。"

② 日本《新修大藏经》本第五十一函八六六页所录《北魏僧》《惠生使西域记》云："……又西行二十日至吐谷浑国。又西行三千五百里至鄯善城。又西行千六百里至且末城。……"应是从《洛阳伽蓝记》节出，而将国名城略为修改。此记所录里数多于其他行记，鄯善且末间，玄奘所记仅千余里，贾耽所记仅七百里。总之宋云等经行鄯善时（五一八），其地已属吐谷浑矣。

③ 郦道元《水经注》所录古遗址最多，然多未详其成书年代。而且传抄错讹，经注夹杂，读是篇者竟不辨何者为经，何者为注，何者为注中之注。今姑就错误之甚者分注于各条之下。道元在五二七年被害，成书年代未详，故次其文于宋云惠生《行记》后。索劢未详为何代人。敦煌索姓大姓也，徙居敦煌时，年代似甚古；余且疑为粟特人；其先至者姓索，后至者康。索劢治水事可以代表当时人开拓西域之遗迹。《汉书》卷九十四下《匈奴传》，杨雄上书言及白龙堆，注引孟康《注》曰："龙堆形如土龙身，无头有尾，高大者二三丈，坤者丈余，皆东北向相似也，在西域中。"此乃古盐泽之湖床，湖水迁徙，积盐成块，土人不识，讹为龙堆。由龙堆故事，复衍为龙城故事。东故城应为古之伊循，可以文（26）沮渠安周退保之东城证之。因《水经注》之错简，致使徐松误解于先，沙畹附会于后，而误以扜泥在东，伊循在西。

河断之日，……水乃回减，灌浸沃衍，胡人称神。大田三年，积粟百万。威服外国。其水东注泽，泽在楼兰（此楼兰应作鄯善解）国北。抒泥（应是伊循之误）城，其俗谓之东故城。……释氏《西域记》曰：南河自于阗东，于北三千里至鄯善，入牢兰海者也。北河自岐沙东分南河，即释氏《西域记》所谓二支北流径屈茨（龟兹）焉夷（焉耆）禅善（鄯善）入牢兰海者也。……河水又东径注滨城（今营盘）南，又东径楼兰城（故楼兰城）南而东注（上文应是经，下文应是注），盖堡田士所屯，故城禅国名耳。河水又东注于泑泽，即经所谓蒲昌海也。水积鄯善之东北，龙城之西南。龙城，故姜赖之虚，胡之大国也。蒲昌海溢，荡覆其国。城基尚存而至大：晨发西门，暮达东门。浍其崖岸，余溜风吹，稍成龙形，西面向海，因名龙城。地广千里，皆为盐而刚坚也。行人所径，畜产皆布毡卧之。掘发其下，有大盐方如巨枕，以次相累。类雾起云浮，寡见星日，少禽多鬼怪。西接鄯善，东连三沙，为海之北隘矣。故蒲昌，亦有盐泽之称也。……"

（33）《周书》卷五十《鄯善传》：[1]"鄯善，古楼兰国也，东去长安五千里。所治城方一里。地多沙卤，少水草，北即白龙堆路。魏太武时为沮渠安周所攻，其王西奔。且末西北有流沙数百里，夏日有热风，为行旅之患。风之欲至，唯老駞知之，即鸣而聚立，埋其口鼻于沙中。人每以为候，亦即将毡拥蔽鼻口。其风迅驶，斯须过尽，若不防者必至危毙。大统八年（五四二），其兄鄯米率众内附。"

（34）《隋书》卷二九《地理志·鄯善郡》："大业五年（六〇九）

---

[1]　此传与《北史》卷九七所本之源同，唯彼详而此略耳。《传》尾十二字似为《周书》新增之文。大统是西魏年号，其时鄯善地属吐谷浑；不复成国。所谓"其兄鄯米"，疑是徙居伊吾纳职等处之鄯善国人。可参看《旧唐书》卷四十《地理志》。

16

平吐谷浑①置，置在鄯善城，即故楼兰城也；并置且末西海河源，总四郡；有蒲昌海鄯善水。"（以上原注）统县二：显武济远。——《且末郡》"置在古且末城，有且末水萨毗泽"（以上原注）。统县二：肃宁伏戎。

（35）《元和郡县志》卷四十："伊州……及周又有鄯善人来居之。隋大业六年（六一〇）得其地以为伊吾郡。隋乱又为群胡居焉。贞观四年（六三〇），胡等慕化内附，于其地置伊州。"——"管县三：伊吾柔远纳职。"——"纳职县（原注云东北至州一百二十里）贞观四年置。其城鄯善人所立，胡谓鄯善为纳职，因名县焉。"

（36）《旧唐书》卷四十《地理志》：伊吾"后魏后周鄯善戎居之。隋始于汉伊吾屯城之东筑城为伊吾郡。隋末为戎所据。贞观四年（六三〇）款附，置西伊州。"——纳职"贞观四年于鄯善所筑之城置纳职县"。②

（37）《大唐西域记》卷十二："……至折摩驮那故国，即沮末地

---

① 据《隋书》卷八三《吐谷浑传》；铁勒勒兵袭吐谷浑，隋兵出浇河西平以掩之，吐谷浑主伏允南遁于山谷间。"其故地皆空，自西平临羌城以西，且末以东，祁连以南，雪山以北；东西四千里，南北二千里，皆为隋有。置郡县镇戍，发天下轻罪徙居之"。鄯善至是，始置郡县。后因隋乱，其地遂废。唐贞观中（六二七至六四九）粟特人（康国人）徙居其地。可看《沙州图经》。

② （35）（86）二文最可注意者"胡谓鄯善为纳职""后魏后周鄯善戎居之"二语。纳职古读若 Napčik，后一音应是语尾变化，犹言 Nap 人或地之意。证以密兰等地出土之西藏语写本之 Nob 名称，与近代之蒙古语 Lop（罗布）名称，皆有相连之关系。今哈密西有回庄名拉布楚喀（Lapčuk），后一音亦为语尾变化，所余之 Lap，与前三名似应亦有关联。则胡语藏语蒙古语东突厥语（回语）四名皆同出一源，仅韵母有开合之异，声音有泥来之别而已。纳职与楼兰同为一地名称，不知是否同出一种语言？隋唐之纳职县治，当然只有今之拉布楚喀可以当之。此皆伯希和教授所持之说，非余之创获也。《旧唐书》既云后魏后周鄯善戎居之，则当」零残破鄯善以后，鄯善国人除先有四千家奔且末外，其余似多逃往伊州。可参看《沙州图经》。——《旧唐书》卷一九八《吐谷浑传》，载贞观十五年（六四一）吐谷浑丞相王作乱，国王诺曷钵"率轻骑走鄯善城，其威信王以兵迎之，鄯州刺史杜凤举与威信王合兵击丞相王破之"，此文顿不可解，吐谷浑都城在青海附近，鄯善城（今卡克里克）在其西，鄯州（今乐都县治）在其东，兵颇不易"合"也。检《新唐书》卷二二一上《吐谷浑传》，作"轻骑走鄯城"（今西宁县治），乃知《旧唐书》衍善字；去此一字，意自明矣。同《传》，贞观九年（六三六）李靖等为西海积石鄯州且沫赤水盐泽六道行军总管，讨吐谷浑；《册府元龟》卷九八五，鄯州道作鄯善道，证以且沫盐泽等道名，鄯善道名似不误。当时追击至且末西境，鄯善道可谓名副其实，《旧唐书》此处鄯州又误。

17

也，城郭岿然，人烟断绝。复次东北行千余里，呈纳缚波故国，即楼兰地也。……"①

（38）《新唐书》卷四三下引贾耽《入四夷道里》云："……自蒲昌海南岸西经七屯城，汉伊循城也。又西八十里，至石城镇，汉楼兰国也，亦名鄯善；在蒲昌海南三百里，康艳典为镇使以通西域者。又西二百里至新城，亦谓之弩支城，艳典所筑。又西经特勒井，渡且末河，五百里至播仙镇，故且末城也。……"②

（39）《沙州图经》："鄯善之东一百八十里有屯城，即汉之伊循。"……"胡以西有鄯善大城，遂为小鄯善，今屯城也。"……"古屯城在屯城西北。"——"石城镇东去沙州一千五百八十里，去上都六千一百里，本汉楼兰国。《汉书·西域传》云，地沙卤，少田，出玉。傅介子既杀其王，汉立其地更名鄯善国。置鄯善镇，隋乱其城遂废。贞观中（六二七至六四九）康国大首领康艳典东来居此城，胡人随之，因成聚落，亦曰典合城。其城四面皆是以沙漠，上元二年（六七五）改为石城镇，隶沙州。"——"鄯善城周回一千六百四十步，西去石城镇二十步，汉鄯善城见今摧坏。"——"新城东去石城镇二百四十里。康艳典之居鄯善，先修此城，因名新城，汉为弩之城。"——"播仙镇故且末国也"。——"沮末河河源从南山大谷口出，其源去镇城五百里，经且末城下过，因此为名。"——"纳职，右唐初有土人鄯伏陁，属东突厥，以征税繁重，率城人入碛奔鄯善。至并吐浑居住。历焉耆，又经高昌，不安而归。胡人呼鄯

<hr>

① 《大慈恩寺三藏法师传》卷五亦云："……至折摩驮那故国，即沮沫地也。又东北行千余里，至纳缚波故国，即楼兰地。……"因是知鄯善梵名纳缚波。唯奘师所记甚简，不知在贞观十八年（六四四）经行时，康国侨民是否已经徙居其地也。

② 此文颇有脱误，应取斯坦因伯希和二氏先后在敦煌千佛洞所得《沙州图经》写本残卷正之。

善为纳职，既从鄯善而归，遂以为号耳。"[①]

补　录

（一）《宋书》卷九五《索虏传》："芮芮[②]……部众殷强，岁时遣使请京师与中国亢礼。西域诸国焉耆鄯善龟兹姑墨东道诸国并役属之。……"

（二）《隋书》卷十五《音乐志》："龟兹乐""……其歌曲有鄯善摩尼；[③]解曲有婆伽儿；舞曲有小天，又有疏勒盐。……"

---

① 据《图经》知鄯善伊循胡称大小鄯善，与西藏语写本之大小 Nob 相对。又知《新唐书》七屯城是古屯城之误。其他尚有讹夺，可以《图经》之文正之。胡名鄯善城曰典合城，如在元代，此名可对基督教名 Denha；盖元代也里可温有译此名作典合或天合者。然合字为入声字，在唐代应读若 Cthap，不能作此解也。弩之与《西域记》卷一之笯赤达（Najkand）皆为胡语之同名异译，弩之笯赤，犹言新，建者城也。又据《图经》云："大周天授二年（六九一）腊月得石城镇将康拂耽延弟地舍拨状称，其蒲昌海水旧来浊黑混杂；自从八月以来，水清明澈底。……"因知七世纪末叶石城（鄯善）镇将尚为康国人。广德元年（一六三）吐蕃陷河陇，石城播仙等镇应亦随之沦没。此时粟特移民或仍居其地，或再徙他所，皆未可知矣。自是以后，鄯善故地不见于载记千一百余年。清光绪末增设新疆州县，竟数典忘祖，于古鄯善故都（卡克里克）设婼羌县治；于唐蒲昌县城（辟展）设鄯善县治。可参看《新疆图志》卷一〇四新疆巡抚饶应祺会奏新疆增设府厅州县各缺折。

② 芮芮即柔然。《魏书》卷一〇三《蠕蠕传》无此语。当时柔然虽强大，与嚈哒分有天山北路，然其势力似未及山南。疑为传闻之误。

③ 此处鄯善应指鄯善；摩尼，梵文犹言珠，曲名意为鄯善珠，与疏勒盐正相对也。《大唐西域记》卷十二瞿萨旦那（于阗）内有勃伽夷城，应为此婆伽儿之同名异译，亦以地名为曲名。鄯善国名附见于史者，本编末尝辑录：如《后汉书》卷七七《班超传》永元六年（七四）发龟兹鄯善等八国兵讨焉耆，《班勇传》延光四年（一二五）发鄯善疏勒车师前部兵击后部之类是已。尚有不明书者，如《前汉书》卷七十《常惠传》本始三年（前七一）后惠发西国兵二万人，令副使发龟兹东国二万人，乌孙兵七千人，从三面攻龟兹之类，东国兵应含有鄯善兵在内。此类附见之例，书不胜书。今独录此鄯善者，因其写法特别。《释藏经传》除禅善外，因亦有书作善善者，且有书作鄯鄯者，然皆为传写之误，故亦不备录。

楼兰鄯善问题

楼兰鄯善问题，我前年在天津《人民日报》中曾经发表了一篇小小研究；不幸印刷太坏，不能将我的意思完全表出，现在将他重再提出。然而我要预先声明，我这篇研究只算法国人所称呼的"面壁舆地学家"（géographe en chambre）的假定，还要等待实地探考的学者证明，不能保我不错。

考证西域古国今地，往往一件简单问题，变成极复杂的问题，楼兰就是一例。楼兰疆域有多大？都城在何处？现在假定虽有几说，尚无定谳。我以为楼兰或鄯善的境界，东近阳关，南接古之婼羌，西尽巴什仕里（Vash shahri），北边移民也曾到过哈密辟展，他的都城就在现婼羌县治。这篇研究，就是证明我这一说的。

《汉书》卷九六上云："鄯善国本名楼兰，王治扜泥城，去阳关千六百里。""西北去都护治所（昔乌垒今轮台县治布古尔）千七百八十五里，至山国千三百六十五里，西北至车师千八百九十里。"元凤四年（纪元前七七年），傅介子刺杀楼兰王，"乃立尉屠耆为王，更名其国为鄯善。""王自请天子曰，身在汉久，今归单弱，而前王有子在，恐为所杀；国中有伊循城，其地肥美，愿汉遣一将屯田积谷，令臣得依其威重。于是汉遣司马一人吏士四十人，田伊循以镇抚之，其后更置都尉，伊循官置始此矣。鄯善当汉道，西通且末七百二十里。"

《汉书》的车师，《史记》卷一二三《大宛列传》作姑师，此处所指的当然是王治交河城（今雅尔和屯 Yar-khoto）的车师前国，山国《三国志》卷三十《魏略·西戎传》作山王国，《水经注》卷二作墨山国，《汉书》注师古曰："此国山居，故名山国。"核以方望，应在今库鲁克塔克山（Kuruk tagh）西部，且末后别有说。《汉书》既说楼兰在前七七年时改名鄯善，所改的当然是国名，同唐代改拔汗那（Farghana）为宁远国，改史国（Kesh）为来威国（《新唐书》卷二二一下）的例子一样，并未别建都城，尉屠耆所治的，当然仍是扜泥城，扜泥究竟在何处，《汉书》未说，《水经注》说在今罗布泊（Lop nor）南。

《水经注》卷二："其水（且末水今车尔成河 Charchan daria）东注泽，（盐泽一名蒲昌海，今罗布泊）。泽在楼兰国北，扜泥城谓之东故城，去阳关千六百里，西北去乌垒千七百八十五里，至墨山国千三百六十五里，北去车师千八百九十里。"

《水经注》所志的道里，同《汉书》一样，不过有两条新材料，一条是"泽在楼兰国北"，一条是"扜泥城谓之东故城"。史书中的"国"，大致指国都，泽在楼兰国北，就是说在楼兰国都城北，这个都城既然名东故城，可见西方必定有一个西新城，此条可与后引的唐代史料相参证。《水经注》这部书，讹字错简太多，有时几难句读；不过他是六世纪初年的作品，其可贵者在此。现在再取七、八世纪的著作来作参证。

《大唐西域记》卷十二云："从此（覩货罗 Tukhara 故国）东行六百余里，至折摩驮那故国，即沮末地也，城郭岿然，人烟断绝，复此东北行千余里，至纳缚波故国，即楼兰地也。"

大慈恩寺《三藏法师传》卷五，所志文略异，而内容则同。折摩驮那曾经有人还原为 Calmadana，后经新疆出土的文件，证明是不错，梵语写法同于阗语写法大概是一样，汉代且末一名大概是出于此。纳缚波有人还原为 Navapa，还原的方法虽不错，可是现在尚未见有证实他的文件；法国沙畹（E. Chavannes）见此名中有 nava-，曾经把他误作《新唐书·地理志》中之新城（见河内远东法国学校校刊 B. E. F，E-O. 卷三，《宋云行纪笺注》），其实新城还在纳缚波之西且末之东；《西域记》的睹货罗故国，经斯坦因（Stein）考察，在现在的于阗且末两县之间，今名安得悦（Endere），新疆东南部有吐火罗种所建之国，这是一种很可注意的事情，可惜还无人注意及此。汉之且末与扜泥相距七百二十里，《西域记》折摩驮那与纳缚波相距千余里，初视之，好像古地非今地，其实不然，从前人的行纪所志道里，不是有准的，同一路程两行纪中常不一律；现在姑将《西域记》所记的里数，与《新唐书·地理志》卷四三贾耽所记的同一路程里数，拿来比较。玄奘自奔那伐弹那（Pundravardhana）至迦摩缕波（Kamarupa）九百里，贾耽所志自迦摩波（Kamarupa）至奔那伐檀那（Pundravardhana）六百里，贾耽路程少于玄奘路程三分之一（此外还有他例，此处姑举一种），可见玄奘的道里，比别人短，所以比别人多，拿九百与六百比，同千余里与七百二十里之比，同是超出三分之一，则其不足为扜泥且末即是纳缚波和折摩驮那考订之障碍矣。

以前所引诸文，还未说到伊循，伊循他书也有作伊修者，古籍中修循婆娑等字互相错用的例子颇不少见，现在还无法证明此城是伊循或是伊修。唐代有三种史料，对于伊循特有说明：一种是斯坦因先在敦煌所得的一部《沙州都督府图经》写本；一种是伯希和（Pelliot）后在敦煌所得的八八六年《沙州都督府图经》写本；一种是贾耽所撰的《入四夷道里述》，原书已佚，此文幸尚为《新唐书·地理志》卷四三下所保存。现在把他分别列举于下：

斯坦因本《沙州都督府图经》云："鄯善之东一百八十里有屯

城，即汉之伊循。"

伯希和本云："屯城西去石城镇一百八十里，鄯善质子尉屠耆归单弱，请天子，国中有伊修城，城肥美，愿遣一将屯田积谷，得依其威重，汉遣司马及吏士屯田依修以镇之，即此城是也。胡以西有鄯善大城，遂为小鄯善，今屯城也。"后云："古屯城在屯城西北。"

《沙州图经》的新材料，则说石城镇同鄯善城在同一地方，又说伊修城胡名小鄯善。

斯坦因本云："石城镇东去沙州一千五百八十里，去上都（长安）六千一百里，本汉楼兰国；《汉书·西域传》云：地沙卤，少田，出玉，傅介子既杀其王，汉立其地更名鄯善国，置鄯善镇，隋乱其城遂废。贞观中（六二七至六四九），康国大首领康艳典东来居此城，胡人随之，因成聚落，亦曰典合城；其城四面皆是沙漠，上元二年（六七五）改为石城镇，隶沙州。"

伯希和本云："鄯善城周回一千六百四十步，西去石城镇二十步，汉鄯善城，见今摧坏。"

上举《图经》关于鄯善之文，可知鄯善，除石城镇一名外，尚有率利（Sulika）语之典合城一名，古鄯城就在今城东二十步，衡以斯例，古屯城必在屯城西北不远。

斯坦因本云："新城东去石城镇二百四十里，康艳典之居鄯善，先修此城，因名新城，汉（疑为胡之讹）为弩之城。"

此新城似是康艳典重新修缮之城，不是开始建筑之城，观《水经注》东故城一名，可以知之。徐松《后汉书·西域传补注》说，东故城是对伊循而言，是错误的，因为伊循在东故城之东。

伯希和本云："播仙镇，故且末国也。""沮末河河源从南山大谷口出，其源去镇城五百里，经且末城下过，因以为名。"又云："蒲昌海在石城镇东北三百二十里，其海周广四百里。"

前一文中的新证，证明鄯善在蒲昌海西南三百二十里，又证明且末在且末河旁。

《新唐书·地理志》所志贾耽入四夷道里云："又一路自沙州寿昌县西十里至阳关故城，又西至蒲昌海南岸千里，自蒲昌海南岸西经七屯城，汉伊修城也；又西八十里，至石城镇汉楼兰国也，亦名鄯善；在蒲昌海南三百里，康艳典为镇使以通西域者，又西二百里至新城，亦谓之弩支城，艳典所筑；又西经特勒井，渡且末河，五百里至播仙镇，故且末城也。"

上文显有脱误，"又西八十里至石城镇"，核以《图经》之文，应作一百八十里；七屯城应是古屯城之讹；"蒲昌海南三百里"似应作蒲昌海西南三百里；"渡且末河五百里至播仙镇"，应是且末河源去镇五百里，非渡河五百里至播仙镇也。观《图经》与贾耽之文，皆说鄯善在蒲昌海之南或西南，足见《水经注》泽在楼兰国北一语并非错简。

综合唐代的证据，皆说当时的鄯善就是古时的楼兰。此外唐人所修的史书，《周书·异域传》同《北史·西域传》皆云："鄯善国都扜泥城古楼兰国也。"

还有许多旁证，不过太简略，不能拿他来证明楼兰的方位；此处姑引两条，以见一斑：

《法显传》云：从"敦煌行十七日，计可千五百里，得到鄯善国"。复西北行十五日，到焉夷国。

法显是从三九九年出发，他的路程同别人不同，焉夷应是僧传中的乌耆，也就是史传里的焉耆。

《洛阳伽蓝记》卷五引《宋云行纪》云："从吐谷浑西行三千五百里至鄯善城，其城自立王为吐谷浑所吞，今城内主是吐谷浑第二息，宁西将军，总部落三千以御西胡，从鄯善西行一千六百四十里至左末城。"宋云等是五一八年出发的，他所经行的路程是假道青海到鄯善。《行纪》中之左末城应是且末，他的里数比玄奘更多，可见诸行纪中之"里"是无标准的。

现在把从前所引诸文中的地名综合起来，就不难知道他的今地所在了。下面这个表是由近及远的，从贾耽一直上溯到《汉书》：

贾耽	图经	玄奘	水经注	宋云	法显	汉书
七屯城	屯城		伊循城			伊循
	小鄯善					
石城镇	典合城	纳缚波	扜泥城	鄯善城	鄯善国	扜泥
	大鄯善		东故城			
弩支	驾之					
新城	新城					
播仙镇	播仙镇	折摩驮那		左末城		且末

上表所列的地名，是自东至西，我们再把斯坦因新撰的 Innermost Asia 所附的地图对照一下，对照的结果如下。伊循是今之弥朗（Miran）。扜泥可当今之婼羌县治卡克里克（Charklik）。新城可当今之巴什仕里（Vash-shahri）。且末可当今之且末县治车尔成（Charchan）。

从上述的考证结果看起来，楼兰都城即是鄯善都城，其城在罗布泊南北三百余里；可是有几种异说不能不纠驳一下。

二十多年前，瑞典学者斯文赫定（Sven Hedin）。在罗布泊北发现了一座古城，并发现了许多魏末晋初的木简，城在格林威治线北纬四十度三十分东经八十九度四十五分之间。后来斯坦因又在其地发现了好几个城，得了不少材料，并在写本之上发现了一个 Kroraina 名称，曾假定是楼兰的对音；就算是对音不错，也不能说发现地名的地方便是楼兰，若是仅有这一说，力量也不算大。不料中国载籍里面，也有帮他证明之文，考《汉书》西域通道只有两道，到了三世纪鱼豢撰《魏略》之时，又成三道，旁证的材料就在《魏略》之中，其文如下：

《三国志·魏志》卷三十引《魏略·西戎传》云："从敦煌玉门关入西域，前有二道，今有三道：从玉门关西出，经婼羌，转西越葱岭，经县度，入大月氏，为南道；从玉门关西出，发都护井，回三陇沙北头，经居卢仓，从沙西井转西北，过龙堆，到故楼兰，转西诣龟兹，至葱岭，为中道；从玉门关西北出，经横坑，辟三龙沙及龙堆，出五船北，到车师界戊己校所治高昌，转西与中道合龟兹为西道。凡西域所出有前史已具详，今故略说，南道西行且志国，小宛国，精绝国，楼兰国，皆并属鄯善也。"

《魏略》的记载，有可以注意的两点，中道别有"一故楼兰"，南道鄯善所属又有一楼兰国。这样看来，楼兰鄯善好像是二国了。所以沙畹曾经假定纪元前七七年楼兰改名鄯善之时，便迁都了。（见《通报》一九〇五年刊《〈魏略·西戎传〉笺注》）这一说完全是未细勘史文的错误。《魏略》中的且志国，是且末之误，沙畹的改正是不错的。不过南道中的楼兰国三字，怕是衍文。何以见得呢？《魏略》列举国名的次序，是按照《汉书》的，看他的后文"戎卢国，扜弥国，渠勒国，皮宂（应作山）国，皆并属于阗"一段，可以知之。《汉书》精绝戎卢二国中间，并未列举他国，想是鱼豢因楼兰鄯善两个国名，误把楼兰加在里面；就算是别有一个楼兰国，也不应该列在精绝国之后。《汉书》说精绝国北至都护治所二千七百二十三里，西通扜弥四百六十里，扜弥大概在今于阗县治之北 Uzun tati 地方，则精绝国似在哈喇木伦同尼雅两河之间。我们要是尽信《魏略》，岂不要把这个楼兰国位置于尼雅同克里雅两河之间吗？这当然是不对的。剩下来中道的故楼兰，这个楼兰上加故字，下无国字，我想所指必是楼兰之一旧城，不是楼兰国都。

鄯善迁都之说，可以拿《水经注》来附会，卷二伊循条下又说，"注滨河又东径鄯善国北，治伊循城，故楼兰之地也"。看一这条，好像伊循是鄯善国的都城，但是我觉得《水经注》此处必有脱讹。纵然不误，也只能假定鄯善都城六世纪初年在伊循，而不能证明五百多年前的楼兰迁都。

由此看来，《魏略》的记载不能补助赫定罗布泊北楼兰国一说了。除此以外，我想只有把陵谷变迁的话来搪塞，这一说表面上似乎可以主张。《史记》卷一二三《大宛列传》云，"楼兰姑师邑有城郭，临盐泽"，姑师就是车师，车师前部王治交河：交河就是今吐鲁番县治西之雅尔和屯（《西域水道纪》作雅尔湖），盐泽就是罗布泊，似乎古时罗布泊在北方了。其实临盐泽的话，是指车师国境，不是指交河都城。当时车师国境，可以南抵盐泽，鄯善移民亦曾北至伊吾，我们不能因此说盐泽在哈密附近。罗布泊迁徙是或有的事，证以鄯善在蒲昌海南或西南之文，与现在婼羌县治之方位，可以推之。然陵谷变迁不能如是之远。

考汉时楼兰境界，北接匈奴。匈奴在西域占的地方，据《后汉书》卷一一八说："北虏呼衍王常展转蒲类秦海之间，专制西域，共为寇钞。"蒲类应指昔之蒲类海，今之巴里坤湖（Barkul nor）。秦海李贤注谓："大秦国在西海西故曰秦海"，是错误的。核以《汉书》卷九六下《车师后国下》，"焉耆国近匈奴"一语，秦海应指今焉耆县之博斯腾湖（Bostang 今地图作 Bagratch），因为匈奴西边还有乌孙。何以知道楼兰与匈奴接境，可以下文证之。

《汉书》卷九六上鄯善条云："初武帝感张骞之言，甘心欲通大宛诸国，使者相望于道，一岁中多至十余辈，楼兰姑师当道苦之，攻劫汉使王恢等。又数为匈奴耳目，令其兵遮汉使，汉使多言其国有城邑，兵弱易击。于是武帝遣从票侯赵破奴将属国骑及郡兵数万击姑师，王恢数为楼兰所苦，上令恢佐破奴将兵，破奴与轻骑七百人先至，虏楼兰王，遂破姑师，因暴兵威以动乌孙大宛之属。还封破奴为浞野侯，恢为浩侯，于是汉列亭障至玉门矣。楼兰既降服贡献，匈奴闻，发兵击之，于是楼蘭遣一子质匈奴，一子质汉。后贰师军击大宛，匈奴欲遮之，贰师兵盛，不敢当；即遣骑囚楼兰候汉使后过者，欲绝勿通。时汉军正任文将兵屯玉门关为贰师后距，捕得生口，知状以闻。上诏文便道引兵捕楼兰王，将诣阙，簿责王。对曰，小国在大国间，不两属无以自安，愿徙国入居汉地。上直其言，遣归国，亦因使候伺匈奴，匈奴自是不甚亲信楼兰。"

上文说："破奴与轻骑七百人先至虏楼兰王，遂破姑师。"可见虏楼兰王之地，不在罗布泊南，而在吐鲁番东之一地。又云："小国在大国间，不两属无以自安，"当时楼兰国境，设若仅限于罗布泊南，此语则不可解；若是其地近匈奴，而抵哈密辟展一带，则不难解之；可以取证于下引诸文也。

《元和郡县志》卷四十云：纳职县"贞观四年（六三〇）置，其城鄯善人所立，胡谓鄯善为纳职，因名县焉"。又云："东北至伊州（哈密）一百二十里。"

《旧唐书》卷四十伊吾下云："后魏后周鄯善戎居之，隋始于汉伊吾屯城之东筑城为伊吾郡，隋末为戎所据，贞观四年款附，置西伊州治于此。"又纳职下云："贞观四年，于鄯善胡所筑之城，置纳职县。"

《新唐书》卷四十伊州纳职下云："贞观四年，以鄯善故城置。"

观上引诸文，可见从四世纪末年起，鄯善的领地已经到了哈密。可是有一异说。

八六六年写《沙州图经》云："纳职县东去州一百二十里"。"右唐初有土人鄯伏陁，属东突厥，以征税繁重，率城人入碛奔鄯善，至并吐浑居住，历焉耆，又投高昌（哈剌和卓），不安而归；胡人呼鄯善为纳职，既从鄯善而归，遂以为号耳。"

《图经》之文似以纳职名称之起源在唐初，不过要注意的，"土人鄯伏陁"五字，既然是土人，必是居于本地之人。既然以鄯为姓同当时归化中国的蕃胡以国为姓之例正合，可见其是鄯善人。虽有《图经》之文，我仍取《旧唐书》"后魏后周鄯善戎居之"一说，我以为鄯善戎在汉晋时早已到了此地。现在再将纳职的名称考究一下。

28

《元和郡县志》同《沙州图经》皆说胡谓鄯善为纳职，可见纳职是个译名，本于何种胡语，这就很难说了。鄯善国除开假定原有的土著之外，还有吐火罗人康国人吐谷浑人吐蕃人同其他种种"胡"人。在西域的语言尚未研究整理告一段落以前，我们不敢断定他属于何种。不过我们知道纳职唐人读法等若 napcik 而已。他的方位既在哈密西南或西一百二十里，我想只拉布楚克（Lapchuk）一地可以当之。楚克（chuk）是突厥语的接尾词，新疆现在的地名，用的不少。比方：巴尔楚克（Barchuk）此言有虎地，现今的巴楚县治，虽然在玛喇尔巴什（Maral bashi），可是用的是巴尔楚克的省称。硕尔楚克（Shorchuk），今属焉耆县，此言有硝地。拉布楚克（Lap-chuk），拉布无义。

由拉布（Lap-）我就联想到罗布（Lop）来了。我想楼兰鄯善与罗布泊的名称很有关系，不是拿国名作湖名，便是拿湖名作国名。《水经注》卷二引释氏《西域记》名罗布泊为牢兰海，这个牢兰与楼兰，恐怕也是同名异译。吐蕃语，别言之西藏语，名罗布泊为 Nob，名大鄯善城为 Nob-chen，名小鄯善城为 Nob-chung，国舆湖名同一称呼。西藏人的译法，向来是谨严的，可见罗布泊原来的发音用 N，后来一转而为 L，这样看起来 Lap，Lop，Nob 诸名，都是指的罗布泊或鄯善国。唐朝的纳职（Napcik）是 N 字发音还未变作 L 字发音时的对音，也是指的是鄯善，-cik 或者也是同-chuk 一样的接尾词。

以前所说的，无非证明楼兰鄯善的北界很远，而他的都城好像始终在罗布泊南；不能因为在泊北发现了一座古城，便来翻案。又况泊北的楼兰鄯善人的居地不止一处，设若有人到拉布楚克去发掘，也许得着不少的史料。《魏略》同《水经注》的记载必有讹文错简，这个弊病传抄一两千年的古书，皆恐难免。试再举一个例子来说：《魏略》中有阿兰国，又有柳国，《后汉书·西域传》将这两国合成一国，又把柳字写成聊字，一变而为"阿兰聊"；这类错误非互相对勘，不能明白。我们不能拿古书中的一点异文孤证，便把他奉作金科玉律。我此次检寻材料，发现了几个古书传写印刷的错误，还有许多与本文无涉的，其中有一条与本文略微有点关系，姑把他附志于此，以殿此文。

罗布泊昔亦名蒲昌海（《括地志》中还有几个别名），我就联想到蒲昌县，先把《新唐书·地理志》检出一看。注云，"本隶庭州，后来属，西有七屯城，弩支城，有石城镇播仙镇"，这一段注子，使我迷离不明。庭州在今孚远县治北二十里，蒲昌县既隶庭州，应该在博克达（Bogdo）山之北，哪里来的这些鄯善国的地名？后把《旧唐书·地理志》检出一看，才晓得唐时的蒲昌县在昔蒲类海，今巴里坤湖之西北。修《新唐书》的人把蒲昌县同蒲昌海混而为一，又把贾耽的入四夷道里中的几个鄯善地名牵合附志于后，所以有这样不明地理的成绩。《地理志》中既然有这样的缺点，《四裔传》可以类推。所以我们读史书的《四裔传》，尤其是《北史》《新唐书》《明史》的《四裔传》，必须要特别注意。

此稿付校后，我又查出现在鄯善县的土名辟展，就是昔之蒲昌的今读，唐时的蒲昌县治恐在此处。

——《辅仁学志》三卷二期——

高车之西徙与车师鄯善国人之分散

　　《魏书》卷一〇三《高车传》云：[1]"高车盖古赤狄之余种也，初号为狄历，北方以为敕勒，诸夏以为高车丁零。其语略与匈奴同，而时有小异。或云其先匈奴之甥也。其种有狄氏表纥氏斛律氏解批氏护骨氏异奇斤氏。"此文牵涉种族之名甚多，赤狄狄历姑不论，丁零早见《史记》卷一一〇《匈奴传》，而写作丁灵，《三国志》卷三十引《魏略》作丁令；敕勒即后之铁勒。元魏时高车丁零敕勒并见《魏书》纪传。当时内附之丁零多姓翟[2]与高车似有别，然传谓其种有狄氏，意者高车强盛之时，丁零亦为高车所役属。内附之翟氏即高车之狄氏欤？

　　高车种有表纥氏，同传后云"北袭高车余种袁纥"，又云"高车不愿南行，遂推表纥树者为主"；又卷二《太祖纪》登国五年（三九〇）"帝西征次鹿浑海袭高车袁纥部大破之"，则表纥袁纥必有一误。《隋书》卷八四《铁勒传》云："铁勒之先，匈奴之苗裔也。种类最多，自西海之东，依据山谷，往往不绝。独洛河北有仆骨同

　　① 《魏书》卷一〇三原阙，后人取《北史》九八《高车传》补之，然《北史》皆采辑诸史之文而成，安知后人所补者非魏收之原文欤，故本文除引证异文外不录《北史》。

　　② 古代翟狄通用，唐代敦煌多翟姓，疑来自西域故改音宅，以别于古之狄。《魏书》卷三《太宗纪》：泰常三年（四一八）正月丁酉，"诏护高车中郎将薛繁率高车丁零十二部大人众北略至弱水……"足证高车丁零部族有别。

罗韦纥拔也古覆罗。……"韦纥《旧唐书》卷一九五作回纥，《新唐书》卷二一七上作回纥回鹘。则《魏书》之表纥袁纥应皆为韦纥之误：回纥曾一度附属于高车也。[1]

高车种有斛律氏，《北齐书》卷十七《斛律金传》："金字阿六敦，朔州敕勒部人也。高祖倍侯利，以壮勇有名塞表，道武时率户内附。"同书卷二《神武纪》，高欢病危时"使斛律金作敕勒歌"；又谓世子曰："库狄干鲜卑老公，斛律金敕勒老公，并性遒直，终不负汝。"足证斛律种属敕勒。倍侯利《魏书·高车传》作斛律部部帅倍侯利，"侯"字疑误：倍侯利疑为突厥语 bäg quli 之对音。唐代铁勒十五部[2]无斛律名，疑已同化于中国。

高车种有解批氏，《隋书》卷八四《铁勒传》，焉耆之北傍白山有契弊，是即唐代铁勒十五部中之契苾，亦曰契苾羽者是也。疑皆为同名异译，唯唐译名独用有-t声尾之苾字为异耳。

高车种有护骨氏，《隋书》卷八四铁勒诸部在焉耆之北有纥骨，疑为其同名异译。唯异奇斤氏未悉为何种云。

以上六氏，除内附者外，后来多附突厥，所谓敕勒铁勒，似仅限于此类部族。然此皆非高车之本族也，《魏书·高车传》云："高车之族又有十二姓：一曰泣伏利氏，二曰吐卢氏，三曰乙旃氏，四曰大连氏，五曰窟贺氏，六曰达簿干氏，七曰阿仑氏，八曰莫允氏，九曰俟分氏，十曰副伏罗氏，十一曰乞袁氏，十二曰右叔沛氏。"是为高车十二姓，与前此所举之诸客部有别。高车之与诸部，犹之突

---

[1] 《新唐书》卷二一七上《回纥传》云："袁纥者，亦曰乌护，曰乌纥，至隋曰韦纥。……臣于突厥。……韦纥乃并仆骨同罗拔野古叛去，自为俟斤，称回纥。"王君静如曾据此文而辨回纥韦纥乌纥（乌护）为三种（见《辅仁学志》第七卷第一二期《突厥文回纥英武威远毗伽可汗碑译释》）。以乌纥别于回纥，吾意与之同，并拟与《辽史》之乌古部比附。然以袁纥当碑文中之十姓回纥，立说虽巧，然余未敢赞同。盖《新唐书》袁集诸名，以多为贵，而符其"事增于旧"之本旨，殊不知"袁"字传写之误，宋初已然。

[2] 《旧唐书》卷一九五《回纥传》；《新唐书》卷二一七下《回鹘传》。

厥与铁勒诸部，回纥九姓与歌逻禄拔悉密等部，关系相同耳。高车盛时所役属之部族或不止此。《魏书》卷二《太祖纪》，天兴二年（三九九）太祖分命诸将大袭高车："二月丁亥朔，诸军同会，破高车杂种三十余部，获七万余口，马三十余万匹，牛羊百四十余万。骠骑大将军卫王仪督三万骑别从西北绝漠千余里破其遗迸七部，获二万余口，马五万余匹，牛羊二十余万头，高车二十余万乘，并服玩诸物。"则当四世纪末年高车所役属者，至少有三十余部。魏讨高车不止一次，而以此役受创为最深。嗣后又败于柔然（亦作蠕蠕，芮芮，茹茹），遂被柔然所役服。

高车是否出于丁零，已无从考证。唯据《史记·匈奴传》，丁零在匈奴北；又据《魏略》，三国时似已徙居康居北，去匈奴庭七千里，不类四世纪时仍居漠北之高车也。高车之称，则以其"车轮高大，辐数至多"，盖以善造大车而得名，与唐代之黑车子，元代之康里，得名之理同；似为他种人指称此种之名，至其自称似已为高车之名所掩。

高车本族十二姓皆不可考，其中仅有副伏罗氏延存较久，《隋书·铁勒传》之覆罗，即指此族。[①]《魏书·高车传》云："先是副伏罗部为蠕蠕所役属，豆仑之世，蠕蠕乱离，国部分散，副伏罗阿伏至罗与从弟穷奇俱统领高车之众十余万落。太和十一年（四八七），豆仑犯塞，阿伏至罗等固谏不从，怒率所部之众西叛至前部西北，自立为王。国人号之曰候娄匐勒，犹魏言大天子也。穷奇号候倍，犹魏言储主也。二人和穆，分部而立：阿伏至罗居北，穷奇在南。豆仑追讨之，频为阿伏至罗所败，乃引众东徙。十四年（四九〇），阿伏至罗遣商胡越者至京师，以二箭奉

---

① 《北史》卷九九《铁勒传》脱罗字，《旧唐书》卷一九五《回纥传》亦作覆罗。《魏书》卷九《肃宗纪》，"正光三年（五二二）夏四月庚辰，以高车国主覆罗伊匐为镇西将军西海郡开国公高车王。"伊匐是穷奇子，足证副伏罗覆罗并是同名异译。伊匐疑是突厥语 Ilbäg 之对音，盖官号也。

贡云：蠕蠕为天子之贼臣，谏之不从，遂叛来至此，而自竖立，当为天子讨除蠕蠕。"

据上文知高车十二姓中之副伏罗氏于太和十一年（四八七）率所部西叛至车师前部（今吐鲁番）西北自立为王，后三年入贡于魏。《魏书》卷七下《高祖纪》太和十年（四八六）十二月壬申"蠕蠕犯塞"；十一年（四八七）八月壬申"蠕蠕犯塞，遣平原王陆叡讨之，事具《蠕蠕传》"。然检《魏书》卷一○三《蠕蠕传》，则谓太和十六年（四九二）八月"高祖遣阳平王颐左仆射陆叡并为都督，领军斛律桓等十二将七万骑讨豆仑，部内高车阿伏至罗率众十余万落西走自立为主"。似高车西走事在太和十六年，而非太和十一年。《魏书》卷七下所识与《蠕蠕传》合，亦云十六年八月己未诏阳平王颐左仆射陆叡督十二将七万骑北讨蠕蠕。《魏书》卷四十《陆叡传》记讨蠕蠕凡三次：初以叡为北征都督击蠕蠕大破之；蠕蠕又犯塞，诏叡率骑五千余讨之，蠕蠕遁走，追至石碛，擒其帅赤阿突等数百人而还；十六年（四九二）与阳平王颐等北征，率步骑十余万讨蠕蠕。《魏书》卷十九上《阳平王颐传》仅识与陆叡同破蠕蠕事。然则究以何年为是？余以为高车西走应在太和十一年，而不在太和十六年。《魏书·蠕蠕传》载豆仑立于太和九年（四八五），性残暴好杀，曾杀谏其勿侵中国之臣石洛侯。阿伏至罗等固谏，疑在同时。太和十四年（四九○）遣使至京师，已云"谏之不从，遂叛来至此"，则在太和十六年（四九二）不应有阿伏至罗等谏阻事。意者太和十六年讨蠕蠕之役用兵较多，史官不察，误以阿伏至罗叛走事系于此年之下也。

关于高车西徙之年代错误，不仅限于此也。《魏书》卷一○一《高昌传》，太平真君中（四四二），沮渠氏据高昌。和平元年（四六○）为蠕蠕所并，以阚伯周为高昌王。太和（四七七至四九九）初，伯周死，子义成立。岁余，为其兄首归所杀，自立为高昌王。五年（四八一），高车王可至罗杀首归兄弟，以敦煌人张孟明为王。

《高昌传》之可至罗，应是蠕蠕高车两传之可伏至罗。太和五年蠕蠕可汗予成尚在位，其子豆仑尚未继立，安有高车西迁之事。此处太和五年疑是太和十五年（四九一）之误，如是诸传之说始能调和。

蠕蠕常所会庭在敦煌张掖之北，[①] 则与阿伏至罗西迁之地，相距不远，然则曷不远徙欤？是亦有说也。当时嚈哒之势正强，天山南路诸国多役属之。[②] 天山北路自龟兹以北，西抵伊丽河下流，似为悦般国人居地，而此悦般之"风俗言语与高车同"。[③] 四十年前悦般曾请魏师夹击蠕蠕。[④] 则悦般与蠕蠕为仇敌，故高车移其部众就之。由此推测，高车所徙之地，似在今迪化一带。其语言似为一种突厥语，观其称号中之匐（bäg）勒（ilig）伊（il）弥俄突（Baqatur?）等译名可以知之。至若蠕蠕之语言，诚如伯希和（P. Pelliot）教授之说，为一种蒙古语。[⑤]《魏书·蠕蠕传》，始光元年（四二四）被军士射杀之于陟斤，与蒙古时代之斡赤斤，似皆为 Otčigin 之同名异译，乃最幼子之称；成吉思汗幼弟铁木哥即有此号也。

则当高车西徙之后，其新居地东有蠕蠕，西有悦般；悦般之西与天山之南，尽属嚈哒。天山南路东部，仅吞并车师未久之高昌，与或尚未为吐谷浑所吞并之鄯善而已。车师鄯善二国，虽皆亡于五世纪中叶，然其遗民尚存。高车西徙以后，兵祸遂及于二古国，其残余之土著，由是散亡。

---

① 《魏书》卷一〇三《蠕蠕传》。

② 《魏书》卷一〇二《嚈哒传》："其人凶悍能斗战，西域康居于阗沙勒安息及诸小国三十许皆役属之。号为大国，与蠕蠕婚姻。"《梁书》卷五四《滑国传》："元魏之居桑干也，滑犹为小国，属芮芮。后稍强大，征其旁国，波斯盘盘厨宾焉耆龟兹疏勒姑墨于阗句盘等国，开地千余里。"

③ 《魏书》卷一〇二《悦般传》云：悦般国在乌孙西北，汉时"走康居，其羸弱不能去者住龟兹北。地方数千里，众可二十余万"。同卷《乌孙传》云：乌孙"数为蠕蠕所侵，西徙葱岭山中"。又同卷《车师传》："其地北接蠕蠕。"因知蠕蠕盛时，兵力抵于伊丽流域，高车西徙时，乌孙旧境似属悦般。而此悦般不见后来史传著录，疑已并入铁勒诸部。

④ 《魏书》卷四下《世祖纪》：太平真君九年（四四八）六月丁卯"悦般国遣使，求与王师俱讨蠕蠕，帝许之"。并参看卷一〇二《悦般传》。

⑤ 见所撰《汉语突厥名称之起源》，译文见《西域南海史地考证译丛续编》。

车师后部灭亡似已久矣。然前部在四世纪时尚尽流传佛经之责。《出三藏记集》卷九阙撰人名《四阿鋡暮抄序》云："有外国沙门，字因提丽（Indriyasena），先赍诣前部国，秘之佩身，不以示人。其王弥第①求得讽之，遂得布此。余以壬午（三八二）之岁八月，东省先师寺庙，于鄯寺令鸠摩罗佛提（Kumarabuddhi）执胡本，佛念佛护为译，僧道崇笔究，僧叡笔受至冬十一月乃讫。"又卷八道安撰《摩诃钵罗若波罗蜜经抄序》云："建元十八年（三八二）正月车师前部王，名弥第来朝，其国师字鸠摩罗跋提，献胡大品一部，四百二牒，言二十千失卢。"

且渠无讳袭据高昌（四四二），与车师前部国境相接，遂不免于争战。《魏书》卷一〇二《车师传》载真君十一年（四五〇）车师王车夷落遣使上书云："臣国自无讳所攻击，经今八岁。人民饥荒，无以存活。贼今攻臣甚急，臣不能自全，遂舍国东（疑为南之误）奔，三分免一，即日已到焉耆东界。思归天阙，幸垂赈救。于是下诏抚慰之，开焉耆仓给之。"车夷落《魏书》卷三〇有传，作车伊洛。传载两国争战事甚详，②知正平元年（四五一）车伊洛遣子歇入朝。次年车伊洛身自入朝，兴安二年（四五三）卒。歇袭爵，延兴三年（四七三）卒，子伯主袭爵。③

车夷洛或车伊洛上书既云舍国东奔，三分免一，具见车师王朝虽亡，人民尚有三分之二留居国内。阚氏王高昌时代，车师遗民，

---

① 《晋书》卷一一四下《苻坚载记》："车师前部王弥寘鄯善王休密驮朝于坚……。寘等请曰：大宛诸国虽通贡献，然诚节未纯，请乞依汉置都护故事。若王师出关，请为乡导。坚于是以骁骑吕光为持节都督西讨诸军事，与陵江将军姜飞轻骑将军彭晃等配兵七万以讨定西域。"并参看《高僧传》卷二《鸠摩罗什传》。案弥第弥寘应是同名异译，疑为梵语弥勒（maitreya）之吐火罗语译名之对音。休密驮亦颇类梵语 Sumitra 之对音，此言善友。

② 参看《魏书》卷四三《唐和传》。

③ 据近年洛阳出土《车师前部王车伯生息鄯月光墓铭》，证明《魏书》伯主是伯生之误，而月光卒于正始二年（五〇五）。月光缘何姓鄯，不可解。原拓本未见，兹据向达《唐代长安与西域文明》十一页所引之文。

36

似隶于高昌。太和十五年（四九一）高车王可伏至罗灭阚氏，以敦煌人张孟明为王。在位六年，为国人所杀，立马儒为王。两年后高昌人又杀儒而立麴嘉。嘉既立，又臣于蠕蠕。"及蠕蠕主伏图为高车所杀，嘉又臣高车。初，前部胡人悉为高车所徙，入于焉耆。焉耆又为嚈哒所破灭，国人分散。众不自立，请王于嘉，嘉遣第二子为焉耆王以主之。熙平（应是永平之误）元年嘉遣兄子私署左卫将军田地太守孝亮朝京师，仍求内徙，乞军迎援。于是遣龙骧将军孟威发凉州兵三千人迎之，至伊吾失期而反。"①

据上文，"前部胡人"，质言之，车师遗民，悉为高车所徙入于焉耆。然则应在何时？上引《魏书》之文，所记年代前后颠倒。高车徙前部胡人事应在先，似在可伏至罗灭阚氏后。前部胡人既徙，高昌人不自安，所以马儒麴嘉皆请内徙。遣孟威发兵迎嘉事，又在其后。高车杀蠕蠕主伏图，又在孟威兵抵伊吾之时。嚈哒破焉耆，嘉遣第二子为焉耆王一事，更在其后。

兹先考证孝亮朝京师请求内徙之年。《魏书》《北史》皆误作熙平元年（五一六），熙平为肃宗年号，是年固有高昌朝献请求内徙事，然为八年后之第二次请徙。《魏书·高昌传》盖误永平为熙平。《魏书》卷八《世宗纪》永平元年（五〇八）下云："是岁高昌国王麴嘉遣其兄子私署左卫将军孝亮奉表来朝，因求内徙，乞师迎接。"则孝亮入朝请求内徙，确在永平元年，唯《魏书》本纪未著月日，《册府元龟》九九九系其事于永平元年十月。遣孟威往迎，应在十月以后。考《宋史》卷四九〇《高昌传》，王延德往使高昌之行程，往来皆需时一年，则孟威兵至伊吾，最早应在次年秋季。《魏书》卷一〇三《高车传》云：高车主"弥俄突寻与蠕蠕主伏图战于蒲类海北，为伏图所败，西走三百余里，伏图次于伊吾北山。先是高昌王

---

① 《魏书》卷一〇一《高昌传》。

麴嘉表求内徙，世宗遣孟威迎之，至伊吾，蠕蠕见威军怖而遁走。弥俄突闻其离骇，追击大破之，杀伏图于蒲类海北，割其发送于孟威。又遣使献龙马五匹金银貂皮及诸方物"。《魏书》卷八《世宗纪》，永平三年（五一〇）十月戊戌，高车遣使贡献，应为此次之遣使。

高车既破蠕蠕，麴嘉遂臣高车。至若嚈哒破灭焉者，似距斯时不远。嘉第二子王焉者时，前部胡人被徙者，应尚留居焉者。车师本土应为高昌国人所据。然当时高昌国内，究为何种人居住；高昌诸城皆有华人，其事无疑，然为数恐甚少。《周书》卷五十《高昌传》云："服饰丈夫从胡法，妇人略同华夏。兵器有弓箭刀楯甲矟，文字亦同华夏，兼用胡书。有《毛诗》《论语》《孝经》，置学官弟子以相教授。虽习读之，而皆为胡语。"足证胡法胡语颇占优势。《梁书》卷五四《高昌传》云："国人言语与华略同，有五经历代史诸子集。面貌类高丽，辫发垂之于背，着长身小袖袍缦裆袴。女子头发辫而不垂，着锦缬缨络环钏。"此处又证明当时高昌人辫发，从山北游牧部落之服饰，与焉者等国之剪发者不同也。突厥强盛时，高昌又附突厥。《麴斌造寺碑》有云："突厥强盛……乃欲与之交好遂同盟结婚。"此碑建于建昌元年（五五五），国王麴宝茂号俟利发，令尹麴干固号鍮屯发，可见其与突厥关系之深。《隋书》卷八四《高昌传》载：大业八年（六一二）冬伯雅归蕃，下令国中解辫削衽。"然伯雅先臣铁勒，而铁勒恒遣重臣在高昌国，有商胡往来者则税之，送于铁勒。虽有此令取悦中华，然竟畏铁勒不敢改也。"

综合上引诸文，足证高昌国内多胡人，故用胡书胡语；所谓胡人，应指土著。高昌北有强国，不能不依附而自存，所以历附蠕蠕高车突厥铁勒，而用其官号，从其服饰。国王与突厥通婚姻，臣民自亦难免。则西域变为"突厥斯单"之动机早已肇于六世纪中叶，不必等待九世纪中叶回纥抵其地之时也。

鄯善初名楼兰，立国之古亦不晚于车师。据近年之发掘，初似为印度侨民所居之地，所用之胡语为印度俗语（prakrit），所用之胡书为佉卢（kharostri）书。佛教亦大行于国中。晋隆安四年（四〇〇）法显从敦煌抵鄯善（今婼羌县治卡克里克），其行传有云："其地崎岖薄瘠。俗人衣服粗与汉地同，但以毡褐为异。其国王奉法，可有四千余僧，悉小乘学。"其国运与车师同，王朝之废与人民之分散，殆与车师同时。沮渠无讳未据高昌时，先据鄯善（四四二），鄯善王比龙率国人之半四千余家西奔且末。[①] 已而无讳趣高昌，鄯善王真达主国事。太平真君六年（四四五），魏遣万度归袭鄯善，执其王真达以谒京师。九年（四四八）魏以交趾公韩拔为假节征西将军领护西戎校尉鄯善王镇鄯善，赋役其民，比之郡县。[②] 其后未久，北魏似将鄯善镇放弃，而以地属吐谷浑。[③]

神龟二年（五一九）宋云等经行鄯善时，其城已为吐谷浑之一屯戍："从吐谷浑行三千五百里至鄯善城。其城自立王，为吐谷浑所吞。今城内主是吐谷浑第二息宁西将军，总部落三千以御西胡。"[④]此记未言其城是否尚有土著，然据吾人所知别一史料，宋云等经过鄯善之前约三十年时，鄯善遗民业已散尽矣。

《南齐书》卷五九《芮芮传》："益州刺史刘悛遣使江景玄使丁零，宣国威德。道经鄯善于阗：鄯善为丁零所破，人民散尽；于阗尤信佛法。丁零僭称天子，劳接景玄，使反命。芮芮常由河南道而抵益州。"悛《南齐书》卷三七有传，未明载其何年为益州刺史。然

① 《魏书》卷九九《沮渠传》，又一〇二《鄯善传》《且末传》。《宋书》卷九八《沮渠传》。
② 《魏书》卷四下《世祖纪》。
③ 《魏书》卷七上《高祖纪》延兴二年（四七二）正月统万镇胡氏相率北叛，诏宁南将军交趾公韩拔等进灭之。——又卷七下《高祖纪》太和十七年（四九三）正月丙子，以吐谷浑伏连筹为其国王。——又卷一〇一《吐谷浑传》，拜伏连筹使持节都督西垂诸军事征西将军领护西戎中郎将西海郡开国公吐谷浑王。同传又云"地兼鄯善且末"。
④ 《洛阳伽蓝记》卷五。

同书卷三《武帝纪》曾明白著录：永明九年（四九一）正月甲午以刘悛为益州刺史；十一年（四九三）二月丙午以王文和为益州刺史。则悛于永明九年正月初一日为益州刺史，十一年二月二十五日以王文和代之，合计在任仅两年五十四日。遣江景玄使丁零应在此时间中。所谓丁零，证以《魏书·高车传》"诸夏以为高车丁零"一语，应指高车。盖从益州假河南道（青海）而赴吐鲁番西北之丁零王庭，固须经过鄯善国境，然无须远至于阗（和阗）。又一方面，不得谓此丁零为嚈哒，若赴嚈哒，则所经过之地尚多，不仅鄯善于阗而已，可取《宋云行记》覆按也。意者景玄在道闻知"于阗尤信佛法"，并未亲莅其境。总之鄯善人民散尽，应系事实。其事或在高车尽徙前部胡人之后。高车既破车师前国，南下越库鲁克山抄略鄯善国境，亦意中必有之事。其时疑在太和十七年（四九三）前，北魏罢镇戍，或即为此，所以拜伏连筹为护西戎中郎将，而吐谷浑由是"地兼鄯善且末"。

　　鄯善人民散尽，然有一部分可以寻其踪迹也。五世纪中叶国王比龙率领西走且末之四千家或者散居且末一带。留居国内之四千家，似有一部分北走伊吾，《旧唐书》卷四十伊吾（今哈密）条下云："后魏后周鄯善戎居之"；又纳职（哈密西南之拉布楚克）条下云："贞观四年（六四〇）于鄯善胡所筑之城置纳职县"。[①] 光启元年十二月（八八六年二月二日）写本《沙州图经》纳职县条下云："右唐初有土人鄯伏陁，属东突厥，以征税繁重，率城人入碛奔鄯善。至并吐浑居住。历焉耆，又投高昌，不安而归。胡人呼鄯善为纳职，既从鄯善而归，遂以为号耳。"

　　既云"后魏后周鄯善戎居之"，则鄯善人民之来伊州，应上溯至五世纪末年。至唐初时，鄯善故地已为吐谷浑人之居地，故鄯伏陁

---

① 参看《元和郡县志》卷四十纳职条；《新唐书》卷四十纳职条。

复返纳职。"既从鄯善而归",归字应作来字解,盖其地之名纳职,应早在鄯伏陁重来此地之前也。又据《图经》,贞观四年,伊吾群胡慕化,伊吾城主石万年率七城内附,因于其地置西伊州。又可见当时居留伊州者尚有昭武九姓之人。唐于伊州置三县:曰伊吾,曰柔远,曰纳职。纳职一城独置一县,具见其城之重要,今拉布楚克之废城尚存也。

由高车覆罗部之西迁,遂致车师鄯善两国遗民之分散,世事之转达有如此者。西域人种分并离合之例若此者尚不知有若干,今天山南路已无 Homo Alpinus 之纯粹种型,此治新疆人种学者所不知者也。

补 录

《魏书》卷三十《王安都传》:世祖(四二四至四五一)拜为太子庶子,出为鄯善镇将;高宗时(四五三至四六五)为内都大官卒。其人应与韩拔同时出镇鄯善。同书卷三二《高湖传》,湖孙猛虎,鄯善镇录事。湖侄孙干,历青州征虏府司马,威远将军,鄯善镇远府长史,大昌初(五三二)卒。传文甚简,未著拜官年月。高湖四子,猛虎为第二子各拔之子。湖第三子谧为高欢之祖,因是生卒年皆可考见。谧为四二八至四七二年间人;谧长子树生(《北齐书》本纪仅作树),为四七二至五二六年间人;树生长子欢为四九六至五四七间人。猛虎与干,似均年长于树生;假定猛虎等长于树生十岁,官鄯善时,得在三十岁左右。则又可间接证明江景玄经过鄯善(四九二至四九三年间)前,丁零残破鄯善时,其地或尚有元魏镇戍。四九三年拜伏连筹为吐谷浑王,领护西戎中郎将,盖以西陲委之。韩拔伏连筹皆拜征西将军(第二品),而高干时仅置镇远将军(第四品),具见当时已不重视鄯善矣。

高昌事辑

西陲交通枢纽，在有文献可征以前，似为敦煌。敦煌似译音，《汉书》应劭注："敦，大也，煌，盛也。"望文生义，未足据也。《汉书·息夫躬传》，乌孙有地名强煌，亦为相类之译名，训为壮盛可乎？古代苏勒河似注入蒲昌海，后之白龙堆，乃盐泽之遗迹，湖水迁徙，盐泽积而成堆。海之西岸又有塔里木河东注。古之行旅即沿河湖行，是一天然孔道，因知必止于敦煌。张骞凿空以后，开四郡，列两关，置亭燧，屯田于渠犁，汉威由是西展。顾当时匈奴势未衰，必须置戍卒以守通道。于是敦煌以西有楼兰城，是为当时汉威西渐之中心。此城之南有伊循城（今密兰），西有注滨城（今营盘），北有高昌壁，皆为当时屯戍援应之地。其后楼兰、伊循、注滨先后荒废，仅有高昌一地延存至于元代。其初八百余年间，中国文化移植西域，仅在斯地饶有成绩，则研究其沿革变迁，亦东西交通史中之一重要章节也。

高昌之建置凡三变，其始也为戊己校尉屯驻之所，始汉初元元年（前四八）迄晋咸和二年（三二七），是为高昌壁时代。前凉张骏于其地置郡县，始咸和二年，迄魏太平真君三年（四四二），是为高昌郡时代。沮渠无讳据其地而立国，始沮渠氏承平元年（四四三），迄麹氏延寿十七年（六四〇）而为唐所灭，是为高昌国时代。高昌壁时代，中国与山北游牧种族互争其地，史文记录最简。高昌郡时代史文亦简，然有释藏记传可以补充。高昌国时代，吾人所知较详。沮渠氏凡二王十八年（四四二至四六〇）而灭于蠕蠕。阚氏继之，凡三王三十一年（四六〇至四九一）而灭于高车。次张氏立五年（四九一至四九六）为国人所杀。次马氏在位三年（四九六至四九九）亦为国人所杀。最后麴氏享国最久，凡十王，传一百四十一年（四九九至六四〇）而灭。唐灭高昌置郡县，贞元七年（七九一）没入吐蕃。六十年后又为回纥所据，立国迄于元时。

自汉迄元，高昌中心应在今哈喇和卓之东，阿斯塔纳之南，夷都护城废址之中。历代虽有和州、火者、霍州、水州诸名，或于此名之上加以哈剌（此言黑）之号，然皆为高昌二字重译之讹。元末明初土鲁番兴，似徙国于今之哈喇和卓地方，而为土鲁番所并。《明史》卷三二九《火州传》云："火州又名哈剌（此下应脱火州二字），在柳城（古柳中，今鲁克沁）西七十里，土鲁番东三十里（里数误，应作土鲁番东百里，盖同卷《土鲁番传》云，'土鲁番在火州西百里'），东有荒城即高昌国都"，可以证已。

是编专就有文可征者辑之，至若语言、宗教、艺术，别有专书在，未能傍及也。——一九四三年四月二十四日命九儿先铭笔受讫。

（1）《汉书》卷九六下《车师传》："……元始（一至五）中，车师后王国有新道出五船北，通玉门关，往来差近。戊己校尉徐普欲开以省道里半，避白龙堆之阸。车师后工姑句以道当为拄置，心不便也。地又颇与匈奴南将军地接，普欲分明其界，然后奏之。召姑句使证之，不肯，系之。姑句数以牛羊赇吏，求出不得。姑句家矛端生火，其妻股紫陬谓姑句曰：矛端生火，此兵气也，利以用兵。前车师前王为都护司马所杀，今久系必死，不如降匈奴。即驰突出高昌壁，^① 入匈奴……"

（2）《后汉书》卷一一八《西域》总叙："……自敦煌西出玉门阳关，涉鄯善；北通伊吾千余里。自伊吾北通车师前部高昌壁千二百里。自高昌壁北通后部金满城五百里。此其西域之门户也。故戊己校尉更互屯焉。……"^②

（3）《后汉书》卷一一八《西域传》总叙："[永元]三年（九一），班超遂定西域，因以超为都护，居龟兹；复置戊己校尉领兵五百人，

---

① 高昌壁之称始见于此，因此元始中戊己校尉即居高昌壁。《汉书》卷十九上《百官公卿表》云：戊己校尉元帝初元元年（前四八）置。卷九六上《西域传》总叙云：自元帝时（前四八至三三）复置戊己校尉，屯田车师前王庭。似戊己校尉之置不始于元帝时，其实非也。同传神爵二年（前六〇）始置都护，并护南、北二道。"于是徙屯田于北胥鞬，披莎车之地，屯田校尉始属都护。"是知戊己校尉初名屯田校尉，元帝时复置屯田校尉，特改名为戊己校尉而已。"莎车"应是车师之误，盖莎车在今叶尔羌，远去千数百里外，常时不应有屯田之事。《两汉书》莎车、车师互误之事，不只一见。《后汉书》卷七七《班超传》云："初月氏尝助击车师有功……因求汉公主。"检同传：先是超击莎车，康居引兵救之。是时月氏新与康居婚，超乃赂遗月氏王，晓示康居罢兵。则助超击莎车有功，与车师无涉。此处误莎车为车师，与前文误车师为莎车之例正同。《车师传》："车师后王国有新道出五船北，通玉门关"一语，疑有讹误。当时玉门关在今敦煌西之小方盘城，出西域者必经此。五船固不能确指为今之何地，要在库鲁克山中。"徐普欲开以省道里半，避白龙堆之阨"，其意欲言前者从玉门关赴车师前王庭，须越白龙堆至蒲昌海北之楼兰城，然后北车师；今改用新道，可省道里之半。与天山北之车师后国毫无关系；此条"车师后王国"疑系涉下文车师后王而致误。当时车师前后国关系密切。徐普之时"前王为都护司马所杀"，疑后王姑句兼摄前国事，故普召使证之。传抄者以事涉车师后王，因误以新道经过车师后国中，于是改前国为后国，殊不知地理方位皆不合也。《沙州图经》残卷，高昌国通道中有大海道，"出柳中界，东南向沙洲一千三百六十里，常流沙，人行迷误。有泉井，咸苦，无草。行旅负水担粮，履践沙石，往来困敝。"此道疑是今从鲁克沁（柳中）南通六十个泉、又东南通敦煌之支道。《新疆图志》卷八十（四页），注云："若干程未知其详。光绪三年（一八六七）陕回余匪数百人，由敦煌掠粮出此道，至破城子休息。逾旬，西合于安集延，而哈密吐鲁番守兵皆不知觉。"徐普所欲通者或即此道。总之，当时赴西域各国者，皆出玉门，不经伊吾（哈密）。而屯田车师前王国之屯田校尉或戊己校尉应居高昌壁。不仅徐普之时唯然也，古之高昌壁，似与后之高昌郡治高昌国并在今哈喇和卓东之废址中。欧阳玄《高昌偰氏家传》云："高昌者，今哈剌和绰，"元人早已有此考定。近年出土写本有 Qo-Co，乃回鹘语译写之高昌名称，是知高昌一地经过千四百年，方位未迁徙也。

② 《汉书》卷九六上《西域传》总叙云："自玉门阳关出西域有两道：从鄯善傍南山北波河西行至莎车为南道……自车师前王庭随北山波河西行至疏勒为北道。……"仅录南北两道之起讫点，未言自敦煌循何道至鄯善、车师。细绎《汉书》之文，似其始也出阳关，经婼羌西北至鄯善。其后玉门关西徙，而于故楼兰城置屯戍，似南北两道皆出玉门。西行至故楼兰城，或由此城北通高昌壁，或由此城南通鄯善，或由此城西北通焉耆、龟兹：此城盖为通西域之枢纽。至后汉时（七三年）与匈奴争伊吾，由是又辟伊吾西通高昌壁一道；然此道自汉迄隋不常为中国有。根据《后汉书·西域传》文，似出玉门涉鄯善而后北通伊吾，然与地势不合，疑文有脱误，今小方盘城（古之玉门）以西，不闻有道北通伊吾，赴哈密（古之伊吾）者，今皆从安西（唐之瓜州）西北出猩猩峡。然敦煌亦有支路北通此道之大泉子。《后汉书·西域传》原文似言自敦煌北通伊吾千余里，"西出玉门阳关涉鄯善"九字疑为错简。今之哈喇和卓（古西高昌）在哈密西，传言"北通"亦误。

居车师前部高昌壁……。"①

（4）《三国志》卷二："黄初三年（二二二）二月，鄯善、龟兹、于阗王各遣使奉献。诏曰：西戎即叙，氐、羌来王，《诗》《书》美之。顷者西域外夷并款塞内附，其遣使者抚劳之。是后西域遂通，置戊己校尉。"②

（5）《三国志》卷三十引《魏略·西戎传》："……从玉门关西北北经横坑，辟三陇沙及龙堆，出五船北，到车师界戊己校尉所治高昌，转西与中道合龟兹为新道。……"③

（6）《晋书》卷八六《张骏传》："……西域长史李柏请击叛将赵贞，为贞所败。议者以柏造谋致败，请诛之。骏曰：吾每以汉世宗之杀王恢，不如秦穆之赦孟明，竟以减罪论。群心咸悦。……初戊己校尉赵贞不附于骏，至是骏击擒之。以其地为高昌郡。……"④

------

① 以此文与《汉书·车师传》文合观之，足证戊己校尉始终屯驻高昌壁也。《后汉书》卷七八《杨终传》有"远屯伊吾、楼兰、车师戊己"语。此楼兰所指者应是蒲昌海北之故楼兰城，而非海南之鄯善国都。此戊己当然是戊己校尉所治之高昌壁。先是，匈奴、车师围戊己校尉（七五），次年汉兵大破车师于交河城。章帝不欲疲敝中国，乃迎还戊己校尉。杨终上疏即在此年。后至班超定西域，遂复置戊己校尉。永初元年（一〇七）西域背畔，又弃西域。延光二年（一二三）班勇进屯柳中，破平车师，应稷置戊己校尉于高昌壁。可参看《后汉书》卷七七《班勇传》与卷一一八《车师传》。

② 《三国志》卷十六《仓慈传》，太和（二二七至二三三）中，慈迁敦煌太守，劳抚西域诸胡。及慈死，西域诸胡悉共会聚于戊己校尉及长吏治下发哀。《流沙坠简》王国维《序》曾节引此文，并云长吏二字必长史之讹，其说是也。则当时戊己校尉与西域长史自班勇以来屯驻故楼兰城，至前凉张骏时（三二四至三四六）尚然。可参看《鄯善事辑》引文十四。

③ 《晋书》卷十四《地理志》载，魏时复分雍州为凉州，刺史领戊己校尉，护西域如汉故事，至晋不改。证以此文，足见戊己校尉仍治高昌。可与前文（1）所录《车师传》文参看。

④ 《晋书》纪传既经改订，往往有年代不明或年代颠倒之病。《张骏传》系此二事于咸和初（三二六）以后，石勒杀刘曜（三二九）之前，而于中间夹叙有杨宣伐龟兹、鄯善，分西界三郡置沙州等事。《资治通鉴》卷九五系杨宣伐龟兹、鄯善事于咸康元年（三三五）。又卷九七系分敦煌等三郡等沙州事于永和元年（三四五）。皆未详何所本。然考《初学记》卷八引顾野王《舆地志》："晋咸和二年（三二七）置高昌郡，立田地县，"则高昌郡之设置应在三二七年也。李柏败后，击擒赵贞者，似为杨宣，疑与西伐龟兹鄯善同时，得高昌后，始置郡县。《晋书》卷十四《地理志》载"敦煌晋昌西域都护张茂以校尉玉门大护军三郡三营为沙州"二十五字语义不明。张茂（三二〇至三二四）已早死，与置沙州事无涉，应是传抄之误。三营似西域都护为一营。案自班勇以后，西域只设长史，晚至吕光时始有都护之命，此处西域都护犹言西域长史。长史居地，证以橘瑞超在故楼兰城所得西域长史李柏致焉耆国王书，名曰海头，应是故楼兰城之别名。一营隶校尉，此二字上《晋志》有脱文，疑脱戊己二字，或西胡二字，盖当时有西胡校尉杨宣，并见《元和郡县志》《资治通鉴》著录也。一营隶玉门大护军，应驻玉门关一带。三郡只录其二，尚阙一郡。洪亮吉《十六国疆域志》卷七断为西海郡。案西海郡在张掖郡北，应属凉州，不应隔酒泉郡而遥隶沙州也。若论地势，所阙之郡应是高昌。如作此解，《晋书·张骏传》之文，始可得明。盖骏即位以后，戊己校尉赵贞叛于高昌，西域长史李柏近在海头，以兵讨之。柏失利后，骏乃命西胡校尉杨宣讨之。高昌既平，改置郡县，于是论功行赏，合三郡三营置沙州，以杨宣为刺史。自是以后，高昌壁一变而为高昌郡，戊己校尉之职似废。田地县应在高昌东南五十里之柳中，晚至贞观十四年（六四〇）灭高昌时，其名尚存也。

（7）《晋书》卷一一二《吕光载记》："……坚闻光平西域，以为使持节散骑常侍，都督玉门已西诸军事、安西将军、西域校尉，道绝不通。光既平龟兹，有留焉之志。时始获鸠摩罗什，罗什劝之东还，语在西夷传。光于是大飨文武，博议进止，众咸请还，光从之。以驼二万余头，致外国珍宝及奇伎异戏殊禽怪兽千有余品，骏马万余匹。而苻坚高昌太守杨翰说其凉州刺史梁熙距守高桐伊吾二关，熙不从。光至高昌，翰以郡迎降。……"①

（8）《晋书》卷一二二《吕光载记》："……群议以高昌虽在西垂，地居形胜，外接胡虏，易生翻覆，宜遣子弟镇之。光以子覆为使持节镇西将军，都督玉门已西诸军事，西域大都护，镇高昌；命大臣子弟随之。……"②

（9）《法显行传》："……于是还与宝云等共为焉夷国人不修礼义，遇客甚薄。智严、慧简、慧嵬遂返向高昌，欲求行资。法显等蒙符公孙供给，遂得直进西南。……"③

（10）《出三藏记集》卷二："《方等檀持陀罗尼经》四卷，晋安

---

① 《资治通鉴》卷一〇六：太元十年（三八五）九月，"吕光自龟兹还至宜禾，秦凉州刺史梁熙谋闭境拒之。高昌太守杨翰言于熙曰：吕光新破西域，兵强气锐，闻中原丧乱，必有异图。河西地方万里，带甲十万，足以自保。若光出流沙，其势难敌。高梧谷口，险阻之要，宜先守之，而夺其水。彼既穷渴，可以坐制。如以为远，伊吾关亦可拒也。度此二阨，虽有子房之策，无所能矣。熙弗听。"胡三省注曰："高梧谷口当在高昌界"；"伊吾县，晋置，属晋昌郡，有伊吾关。"载记谷口作高桐。《通鉴》作高梧。此名若为昔译，则未知孰是；若为汉名，似应以高桐为是，胡桐为西域特产，梧桐决不能移植于南疆也。胡三省注如不误，高桐谷口应在脱克逊南；伊吾或在今安西境内，盖不可必伊吾关即是古之伊吾卢也。吕光用兵来去皆经高昌，归时且至玉门，所循者应是唐代柳中、敦煌间之大海道。由此文可知前秦时仍置高昌郡也。
② 《晋书》系其事于太元二十一年（三九六）前。《资治通鉴》卷一〇八系其事于太元十九年（三九四）七月。具见后凉时高昌仍置郡，并为西方重镇。
③ 是为弘始二年（四〇〇）庚子年事。是年西凉建国，然法显经过敦煌时，李暠《行传》作李浩）尚为太守。此处焉夷，诸本多误乌夷，即焉耆也。时在吕光用兵十六年后，无怪其遇秦土沙门甚薄。

帝时（三九七至四一八），高昌郡沙门释法众所译出。"①

（11）《宋书》卷九八《沮渠传》："……高祖践阼（四二〇），以歆为使持节都督高昌、敦煌、晋昌、酒泉、西海、玉门、堪泉七郡诸军事护羌校尉征西大将军酒泉公。"②

（12）《高僧传》卷三《昙无竭传》："……尝闻法显等躬践佛国，乃慨然有妄身之誓，遂以宋永初元年（四二〇）召集同志沙门僧猛昙朗之徒二十五人，发迹此土，远适西方。初至河南国，仍出海西郡，进入流沙到高昌郡。经历龟兹沙勒诸国。……"③

（13）《出三藏记集》卷八《大涅槃经记》："……其《胡本》本是东方道人智猛从天竺将来，暂憩高昌。……河西王遣使高昌取此《胡本》，命昙无谶译出。……"④

（14）《出三藏记集》卷十五《沮渠安阳侯传》："……少时尝渡流沙到于阗国。……既而东归，于高昌郡求得《观世音弥勒二观经》各一卷。及还河西，即译出禅要，转为汉文。……"⑤

---

① 晋安帝时，适当西凉立国之时，由此可见西凉亦置有高昌郡。法众译经所在，《大唐内典录》卷三引《竺道祖晋世杂录》，谓在张掖；《开元释教录》卷四并引《宝唱录》云："在高昌郡译，未详孰是。"当时张掖、敦煌、高昌等郡皆有译场，法众既是高昌人，译经本郡，亦为意中必有之事。当时高昌人尚有道普法盛等游历西域，撰有《行传》。此二人皆附见《高僧传》卷二《昙无谶传》。

② 歆，西凉王李暠子。宋高祖践阼之年，即李暠败亡之年。《十六国疆域志》卷九所录西凉诸郡名二十有一，然无高昌、玉门、堪泉。高昌为郡，已见前条《晋书》卷八七《李暠传》，暠被推为凉公后，"又遣宋繇东伐凉兴，并击玉门已西诸城，皆下之；遂屯玉门、阳关，广田积谷，为东伐之资"。疑当时曾置玉门郡，而史有阙文。晋昌郡有渊泉县，歆在位时或曾分置一郡，而经唐人避讳，改作堪泉，抑堪泉为湛泉之误欤？——《晋书》卷一二九《沮渠蒙逊传》载蒙逊以隗仁为高昌太守。当时高昌尚属西凉，此高昌疑为晋昌之误。北凉并西凉后应仍置高昌郡。《魏书》卷九九《沮渠传》有高昌太守阚爽，可以证已。

③ 考其行程，与法显等大同小异，似从吐谷浑境逾山至张掖，然后进至敦煌，出玉门，径赴高昌。

④ 《出三藏记集》卷十五《智猛传》，猛于弘始六年（四〇四）招结同志沙门十有五人发迹长安，至凉州城。既而西出阳关，入流沙，遂历鄯善、龟兹、于阗诸国而抵天竺。后于甲子岁（四二四）发天竺，唯猛与昙纂独还凉州。证以此文，《大涅槃经》翻译之时，最早应在四二四年冬季。然则《高僧传》卷二《昙无谶传》谓《大涅槃》前分系由谶自己携来，误矣。《出三藏记集》卷二谓"伪河西王沮渠蒙逊玄始十年（四二一）十月二十三日译出"，亦误。

⑤ 《出三藏记集》卷二又载录云："前《二观》先在高昌郡，久已译出，于彼赍来京都。"安阳侯名京声，蒙逊之从弟也，凉亡（四三九）后奔宋。

（15）《出三藏记集》卷二《贤愚经》十三卷："宋元嘉二十二年（四四五）出。""宋文帝时（四二四至四五三），凉州沙门释昙学威德于于阗国得此经胡本，于高昌郡译出。"①

（16）《魏书·本纪》卷七下：太和二十一年（四九七）十二月己卯"高昌国遣使朝贡"。——卷八"永平元年（五〇八）是岁高昌国王麹嘉遣其兄子私署左卫将军孝亮奉表来朝，因求内徙，乞师迎接。"——永平二年（五〇九）正月乙未，"高昌国遣使朝贡"。六月，"高昌国遣使朝献"。八月戊申，"高昌……诸国并遣使朝献"。——永平三年（五一〇）二月丙午，"高昌邓至国并遣使朝献"。——延昌元年（五一二）十月，"……高昌……诸国并遣使朝献"。——延昌二年（五一三）三月丙寅，"高昌国遣使朝献"。——卷九延昌四年（五一五）九月庚申，"高昌……诸国并遣使朝献"。熙平元年（五一六）四月戊戌，"高昌阴平国并遣使朝献"。七月乙酉，"高昌国遣使朝献"。——神龟元年（五一八）五月，"……高昌诸国并遣使朝贡"。——正光二年（五二一）六月己巳，"高昌国遣使朝贡"，十一月乙未朔，"高昌国遣使朝贡"。——卷十，建义元年（五二八）六月癸卯，"以高昌王世子光为平西将军瓜州刺史，袭爵泰临县开国伯高昌王"。——卷十一，太昌元年（五三二）九月丙辰，"高昌国遣使朝贡"。——永熙二年（五三三）十月癸未，"以卫将军瓜州刺史泰临县开国伯

---

① 昙学亦作昙觉，威德亦作成德。高昌郡应从《大唐内典录》卷四作高昌国，盖沮渠无讳业已建国高昌，出经之年，为其承平三年也。然《内典录》"于高昌国天安寺译"一语微误。《出三藏记集》卷九《贤愚经记》云："……河西沙门释昙学威德凡有八僧，结志游方，远寻经典。于于阗大寺遇般遮于瑟之会。……于是竞习胡音，析以汉义，精思通译，各书所闻。还至高昌，乃集一部。既而逾越流沙赍到凉州。……元嘉二十二年，岁在乙酉（四四五），始集此经。京师天安寺沙门释弘宗者，……随师河西……躬睹其事……。"则天安寺在建康不在高昌也。当时高昌有一尼寺名都郎中寺，见《宝唱比丘尼传》卷四《冯尼传》。略云："冯尼者，本姓冯，高昌人也。时人敬重，因以姓为号。年三十出家，住高昌都郎中寺。……时有法慧法师，精进迈群，为高昌一国尼依止师。冯后忽谓法慧言——阇梨可往龟兹国金花寺帐下直月闻当得胜法。……冯年九十六，梁天监三年（五〇二）卒。"此传专言灵异，故不列为耳条，仅附识于此。

高昌王，麹子坚为仪同三司，进爵郡王"。①

（17）《魏书》卷一〇一《高昌传》：②"高昌者，车师前王之故地，汉之前部地也。东西二百（原误千，从《北史》改）里，南北五百里，四面多大山。或云，昔汉武遣兵西讨，师旅顿敝，其中尤困者因住焉。地势高敞，人庶昌盛，因云高昌。亦云其地有汉时高

① 《魏书·本纪》于四九七、五〇八、五〇九、五一〇、五一二、五一三、五一五、五一六、五一八、五二一、五二八、五三二、五三三等年下，著录有高昌朝贡之事。唯在五〇九年著录三次，五一六与五二一年各著录二次。《册府元龟》卷九六九尚著录有五三三年六月一次。高昌王名见于《魏书·本纪》者三人：曰麹嘉，曰麹光，曰麹坚。证以近年高昌出土墓碑，嘉年号重光（五〇〇至五二三），光年号未详（五二四至五三〇），坚年号章和（五三一至五四八）。罗振玉《高昌麹氏纪年》云："江西李氏藏敦煌石室所出高昌人书《维摩义记》，卷二末署甘露二年正月二十七日沙门静志写记。不署干支，初不知当何代。高昌嗣君即位，皆逾年改元，疑甘露为光世元。"案：历代年号甘露可考者有五：汉宣帝（前五三至前四九）；三国魏高贵乡公（二五六至二六〇）；三国吴主孙皓（二六五至二六六）；前秦苻坚（三五九至三六五）；辽东丹王（九二六至九二七）。余疑此甘露是苻坚年号，前凉不奉中兴正朔，张骏曾于咸和五年（三三〇）称臣于石勒（《晋书》卷七）；张玄靓称臣于苻坚，其事亦有可能也。余初亦采用罗说，近复检出苻坚年号，并识于此，以俟续考。

② 《魏书》此卷原阙，用《北史》补。此据商务印书馆影印《百衲本》转录，唯增二字，改四字。高昌东西距离，《北史》原作二百里，《周书》、《隋书》并作三百里，千字应误，从《北史》改。唐代东西疆域较广，亦不过八百里，魏时不应有二千里。高车王杀首归兄弟，原作太和五年（四八一），今考《魏书》卷一〇三《高车传》，太和十一年（四八七）豆仑犯塞，阿伏至罗等固谏不从，怒率所部之众西叛至前部西北自立为王。太和五年蠕蠕可行予成尚在位，其子豆仑尚未继立，则高车尚未西迁，焉有杀高昌王兄弟事，五年上应夺一"十"字。余在《辅仁学志》第十一卷《高车之西徙与车师鄯善国人之分散》一文中别有考，兹不重述。高车王名原作可至罗，应为脱误，《魏书·纪传》皆作阿伏至罗，今改正。永平元年（五〇八）原误熙平元年（五一六），《北史》误同。案孟亮入朝请求内徙，《魏书·本纪》系于永平元年下。即据本传下文，有"世宗又遣孟威使诏劳"语。熙平（五一六至五一七年八月）是肃宗年号，永平（五〇八至五一二年三月）是世宗年号。孝亮请徙之年如为熙平元年，则其后不得有世宗又遣孟威事，又后更不得重言"熙平初"也。"于理未帖"，帖字原作怙，意虽勉强可通，究不如帖字之妥。刘爕原作刘变，并据《北史》改正。——高昌之立国始于沮渠无讳，无讳已称王，不自阚伯周始也。伯周与爽似为同族，然未详其亲属关系。义成之立，似在四七七年，首归杀义成，似在四七八年。阿伏至罗杀首归而立张孟明，应为四九一年事。高昌人杀孟明而立马儒，若据《元和郡县志》卷四十，事在太和二十年（四九六）。次年（四九七）请求内徙，《魏书·本纪》书高昌国遣使朝贡，事在是年十二月己卯。是年十二月甲寅朔，小建，己卯为二十六日，则太和二十一年仅余三日。《资治通鉴》卷一四四书马儒请内徙，魏遣使迎之，至立麹嘉为王等事于太和二十一年内，时间未免太速。黄文弼高昌麹氏纪年表所得高昌"墓表所署之重光年号及干支推算，则魏景明元年即重光元年。高昌制度多同中国，新君即位，逾年改元，如宝茂、伯雅、文泰皆然。是知景明之前一年，即太和二十三年，为嘉立之年，次年即改元为重光也，与《周书》嘉立、太和末之说亦相合"。其说是也。则儒立三年而被杀，嘉立于四九九年，而于次年改元重光。当时王高昌者逼于北方强邻，多不自安，故请内徙。既知内援不足恃，遂历臣于蠕蠕高车突厥以自保。马儒时，与嘉同为左右长史之巩顾礼，随麹子义舒至洛阳后，似又降蠕蠕。《魏书》卷一〇三《蠕蠕传》，熙平二年（五一七）朝魏之蠕蠕使臣中有顾礼名，应属一人也。

昌垒，故以为国号。东去长安四千九百里。汉西域长史戊己校尉并居于此。晋以其地为高昌郡，张轨、吕光、沮渠蒙逊据河西，皆置太守以统之。去敦煌十三日行。国有八城，皆有华人。地多石碛。气候温暖。厥土良沃，谷麦一岁再熟。宜蚕，多五果，又饶漆。有草名羊刺，其上生蜜，而味甚佳。引水溉田。出赤盐，其味甚美。复有白盐，其形如玉，高昌人取以为枕，贡之中国。多蒲桃酒。俗事天神，兼信佛法。国中羊马牧在隐僻处以避寇，非贵人不知其处。北有赤石山，七十里有贪汗山，夏有积雪。此山北，铁勒界也。世祖时（四二四至四五二），有阚爽者，自为高昌太守。太延中（四三五至四三九），遣散骑侍郎王恩生等使高昌，为蠕蠕所执。真君中（四四〇至四五一），爽为沮渠蒙逊所袭，夺据之。无讳死，弟安周代立。和平元年（四六〇）为蠕蠕所并，蠕蠕以阚伯周为高昌王。其称王自此始也。太和初（四七七至四九九），伯周死，子义成立。岁余，为其兄首归所杀，自立为高昌王。[十]五年（四九一，原作五年，今补'十'字，说详后）高车王阿伏至罗（原作可至罗，今改正，说后详）杀首归兄弟，以敦煌人张孟明为王。后为国人所杀，立马儒为王，以巩顾礼、麴嘉为左右长史。二十一年（四九七）遣司马王体玄奉表朝贡，请师迎接，求举国内徙。高祖纳之，遣明威将军韩安保率骑千余赴之。割伊吾五百里，以儒居之。至羊榛水，儒遣礼嘉率步骑一千五百迎安保；去高昌四百里而安保不至。礼等还高昌，安保亦还伊吾。安保遣使韩兴安等十二人使高昌，儒复遣顾礼将其世子义舒迎安保至白棘城，去高昌百六十里。而高昌旧人情恋本土，不愿东迁，相与杀儒而立麴嘉为王。嘉字灵凤，金城榆中人。既立，又臣于蠕蠕那盖。顾礼与义舒随安保至洛阳。及蠕蠕主伏图为高车所杀（五〇九），嘉又臣高车。初，前部胡人悉为高车所徙，入于焉耆。焉耆又为嚈哒所破灭，国人分散，众不自立，请王于嘉，嘉遣第二子为焉耆王以主之。永平元年（五〇八，原误熙

50

平元年，今改，说详后），嘉遣兄子私署左卫将军田地太守孝亮朝京师，仍求内徙，乞军迎援。于是遣龙骧将军孟威发凉州兵三千人迎之。至伊吾，失期而反。于后十余遣使献珠像、白黑貂裘、名马、盐枕等，款诚备至。惟赐优旨，卒不重迎。三年（五一〇），嘉遣使朝贡，世宗又遣孟威使诏劳之。延昌中（五一二至五一五），以嘉为持节平西将军瓜州刺史泰临县开国伯，私署王如故。熙平初（五一六），遣使朝献。诏曰：'卿地隔关山，境接荒漠，频请朝援，徙国内迁。虽来诚可嘉，即于理未帖（原作怗，从《北史》改）何者，彼之甿庶，是汉、魏遗黎，自晋氏不纲，困难播越。成家立国，世积已久，恶徙重迁，人怀恋旧。今若动之，恐异同之变爰在肘腋，不得便如来表。'神龟元年（五一八）冬，孝亮复来求援内徙，朝廷不许。正光元年（五二〇），肃宗遣假员外将军赵义等使于嘉。嘉朝贡不绝。又遣使奉表，自以边遐不习典诰，求借《五经》诸史，并请国子助教刘燮（原作挛，从《北史》改）以为博士，肃宗许之。嘉死，赠镇西将军凉州刺史。子坚立。于后关中贼乱，使命遂绝。普泰初（五三一），坚遣使朝贡。除平西将军瓜州刺史泰临县伯，王如故，又加卫将军，至永熙中（五三二至五三四），特除仪同三司，进为郡公。后遂隔绝。"

（18）　《魏书》卷九九《沮渠传》："……［太平真君］三年（四四二）春，鄯善王比龙西奔且末，其世子乃从安周，鄯善大乱，无讳遂渡流沙，士卒渴死者大半，仍据鄯善。先是，高昌太守阚爽为李宝舅唐契所攻，闻无讳至鄯善，遣使诈降，欲令无讳与唐契相击。无讳留安周住鄯善，从焉耆东北趣高昌。会蠕蠕杀唐契，爽拒无讳。无讳将卫兴奴诈诱爽，遂屠其城，爽奔蠕蠕。无讳因留高昌。

五年（四四四）夏，无讳病死，安周代立。后为蠕蠕国所并。"①

（19）《魏书》卷四三《唐和传》："……李氏为沮渠蒙逊所灭，和与兄契携外甥李宝避难伊吾。招集民众二千余家，臣于蠕蠕，蠕蠕以契为伊吾王。经二十年，和与契遣使来降。为蠕蠕所逼，遂拥部落至于高昌。蠕蠕遣部帅阿若率骑讨和，至白力城，和率骑五百先攻高昌，契与阿若战殁。和收余众奔前部王国，时沮渠安周屯横截城，和攻拔之，斩安周兄子树。又克高宁、白力二城，斩其戍主。遣使表状，世祖嘉其诚款，屡赐和。和后与前部王车伊洛击破安周，斩首三百。世祖遣成周公万度归讨焉耆，和与伊洛率所领赴度归……。"②

（20）《魏书》卷三十《车伊洛传》："车伊洛，焉耆胡也，世为东境部落帅。恒修职贡，世祖录其诚款。延和中（四三二至四三四），授伊洛平西将军，封前部王；赐绢一百匹，绵一百斤，绣文一具，金带靴帽。伊洛大悦。规欲归阙，沮渠无讳断路，伊洛与无讳连战破之。时无讳卒（四四四），其弟天周（应是安周之误）夺无讳子乾寿兵。规领部曲，伊洛前后遣使招喻，乾寿等率户五百余家来奔，伊洛送之京师。又招喻李宝弟钦等五十余人送诣敦煌。伊洛又率部众二千余人伐高昌。讨破焉耆东关七城，虏获男女二百人，驼千头，马千匹；以金一百斤奉献。先是，伊洛征焉耆，留其子歇

---

① 先是，西凉亡（四二一），晋昌太守唐契率其甥李宝奔伊吾（四二三），臣于蠕蠕。北凉亡（四三九），沮渠无讳走鄯善（四四二），宝自伊吾南归敦煌，又臣于魏。蠕蠕讨唐契，契乃西图高昌。阚爽因求救于无讳，无讳袭据其地，仍建国号曰凉。次年（四三三）改元承平。中村不折所藏高昌写本佛经有"承平十五年岁在丁酉"，又"岁在己丑凉王大沮渠安周所供养经"等题记。己丑是太平真君十年（四四九），丁酉是太安三年（四五七），因知无讳年号安周仍相沿未改。德国考察团在高昌故址得有承平三年（四四五）刻石，上题"凉王大沮渠安周造象记"，又证其国号仍曰凉也。

② 此传关系高昌之史地甚巨，余在《中央亚细亚》创刊号《高昌城镇与唐代蒲昌》一文中别有考证，兹仅言其大略而已。白力城应是文（17）《高昌传》之白棘，《梁书·高昌传》之白刀，今之辟展。横截城似今之胜金。高宁城应是今之罕都。"和率骑五百先攻高昌"，高昌应从《北史》卷二七《唐和传》作高宁。和先攻高宁，闻契战殁，乃收余众奔前部王国。中途攻拔横截，与车师取得联络，复率众东攻，连下高宁、白力二城。由是高昌国北境与东境皆为和据，其后不久安周得蠕蠕之助夺回故地，并灭车师。可参看后条。

52

守城，而安周乘虚引蠕蠕三道围歆，并遣使谓歆曰：尔父已投大魏，尔速归首，当赐尔爵号。歆固守，连战久之，外无救援，为安周所陷，走奔伊洛。伊洛收集遗散一千余家归焉耆镇。世祖嘉之，正平元年（四五一）诏伊洛曰：歆年尚幼，能固守城邑，忠节显著，朕甚嘉之，可遣歆诣阙，伊洛令歆将弟波利等十余人赴都。正平二年（四五二）伊洛朝京师，赐以妻妾奴婢田宅牛羊，拜上将军，王如故。兴安二年（四五三）卒。……"①

（21）《魏书》卷一〇二《车师传》：②"……沮渠无讳兄弟之渡流沙也，鸠集遗人破车师国。真君十一年（四五〇），车师王车夷落遣琢进薛直上书曰：臣亡父僻处塞外，仰慕天子威德，遣使表献，不空于岁。天子降念，赐遗甚厚。及臣继立，亦不阙常贡。天子垂矜，亦不异前世。敢缘至恩，辄陈私艰。臣国自无讳所攻击，经今八岁。人民饥荒，无以存活。贼今攻臣甚急，臣不能自全，遂舍国东奔，三分免一。即日已到焉耆东界。恩归天阙，幸垂账救。于是下诏抚

---

① 车伊洛，后条《车师传》作车夷落。无讳占高昌前，车师朝贡见于《魏书·本纪》者，仅太延元年（四三五）二月一次，太延三年（四三七）三月一次。此传延和（四三二至四三四）似为太延（四三五至四三九）之误，然《车师传》车夷落上书有其亡父"遣使表献不空于岁"语，是知史有阙文。无讳弟天周早死，此传文天周应是安周之误。《宋书》卷九八《沮渠传》书天周死事较《魏书·纪传》为详，据云元嘉十八年（四四一）"七月拓跋焘遣军围酒泉。十月城中饥，万余口皆饿死。天周杀妻以食战士，食尽城乃陷。执天周至平城杀之。"无讳尚有一弟，《宋书》作仪德，不知所终。《魏书》卷三十《奚眷传》作宜得，据云："无讳与宜得奔高昌，获其二城。"则《伊洛传》之天周，得亦为宜得之误也。据此传与《车师传》，伊洛似为无讳兄弟所逼，先走焉耆而留其子歆守交河；已而歆亦奔焉耆。时焉耆已在太平真君九年（四四八）为万度归所破，伊洛父子依附魏兵以自存。其后魏兵退，伊洛遣歆先入朝（四五一），次年（四五二）身自入朝。逾年（四五三）死于洛阳。四五四年魏分东西，东魏迁邺，车氏一族似尚留居洛阳。据《伊洛传》，知歆有子名伯生（原误伯主，据墓铭改）；又据洛阳出土车师前部王车伯生墓都月光墓铭，知伯生有子名都月光。车师国已在太平真君十一年（四五〇）并入高昌，墓铭之"车师前部王"盖为魏之封号；六百年来见于载籍之车师，至是已名存而实亡矣。

② 此卷用《北史》补。《传》中之车夷落，即前条之车伊洛。观其上书，知夷落先世岁有表献，而《魏书·本纪》失载，则所阙遗者多矣。无讳攻击，延有八载，可见车师、高昌年年皆有争战。"舍国东奔"，东字应为南字之误；焉耆在交河西，然从交河赴焉耆，先须南行入山，出银山后西行；东奔须经高昌、蠕蠕疆界，为事实所不许也。《车伊洛传》载正平元年（四五一）遣子歆入朝，二年（四五二）伊洛自身入朝。举族内徙，本国已为高昌所并，何来使臣入朝。"自后每使朝贡"，盖李延寿想象之词也。

慰之；开焉耆仓给之。正平初（四五一）遣子入侍，自后每使朝贡。"

（22）《魏书》卷一〇三《高车传》：[①] "……弥俄突既立，复遣朝贡。……世宗（原文误世祖，今改）诏之曰：卿远据沙外，频申诚款，览揖忠志，特所钦嘉。蠕蠕、嚈哒、吐谷浑所以交通者，皆路由高昌，犄角相接。今高昌内附，遣使迎引，蠕蠕往来，路绝奸势，不得妄令群小敢有陵犯，拥塞王人，罪在不赦。……"

（23）《宋书》卷五《文帝纪》，元嘉十九年（四四二）"六月壬午以大沮渠无讳[②]为征西大将军凉州刺史"。——二十一年（四四四）"九月甲辰以大沮渠安周为征西将军凉州刺史，封河西王"。——卷六《孝武帝纪》，大明三年（四五九）十月"戊申河西国遣使献方物。庚戌以河西王大沮渠安周为征虏将军凉州刺史。"

（24）《宋书》卷九八《沮渠传》：[③] 元嘉十八年（四四一）十月，"……执天周至平城杀之。于时虏兵甚盛，无讳众饥，惧不自立，欲引众西行。十一月，遣弟安周五千人伐鄯善，坚守不下。十九年（四四二）四月，无讳自率万余家弃敦煌西就安周，未至，而鄯善王比龙将四千余家走，因据鄯善。初，唐契自晋昌奔伊吾（四二三），是年攻高昌。高昌城主阚爽告急，八月，无讳留从子丰周守鄯善，

① 此卷亦用《北史》补。补者常将《北史》中之谥号改为庙号。《北史·高车传》此处世祖（四二四至四五二）作宣武，宣武是世宗（五〇〇至五一五）谥号，因知世祖乃世宗之误。《魏书》卷八《世宗纪》，永平元年（五〇八）高昌国王麹嘉求内徙，乞师迎接。又同书《高昌传》遣孟威发凉州兵三千迎之，则此诏为五〇八年诏也。弥俄突是豆仑从子。

② 无讳虽在四四二年得宋册封，然在次年改元承平，自号凉王。安周亦自称为大凉王，可参看文（18）《沮渠传》后所引《佛经题记》与《造象记》。

③ 此传可补《魏书·沮渠传》之阙遗。《魏书·沮渠传》留守鄯善者是无讳弟安周，而此传作从子丰周，未知孰是。沮渠氏与北魏为敌，南联宋国以拒之，所以《宋书》识其事较《魏书》为详。芮芮即《魏书》之蠕蠕，尚有茹茹，皆柔然之别称。沮渠氏初据高昌时曾假其力以灭车师，嗣后不知缘何与芮芮失和，国为芮芮所并，而以阚伯周为高昌王。疑伯周为阚爽之亲属，假芮芮力而报十八年前袭据之旧怨欤？

自将家户赴之。未至，而芮芮遣军救南昌，杀唐契。部曲奔无讳。九月，无讳遣将卫繇夜袭高昌，爽奔芮芮。无讳复据高昌，遣常侍汜儁奉表使京师献方物。太祖诏曰：往年狡虏纵逸，侵害凉土。西河王茂虔遂至不守。沦陷寇逆。累世著诚，以为矜悼。次弟无讳克绍遗业，保据方隅，外接邻国，内辑民庶，系心阙庭，践修贡职。宜加朝命，以褒笃勋，可持节散骑常侍，都督凉、河、沙三州诸军事，征西大将军，领护匈奴中郎将，西夷校尉，凉州刺史，河西王。无讳卒，弟安周立，二十一年（四四四）诏曰：故征西将军河西王无讳弟安周，才略沈到，世笃忠款，统承遗业，民众归怀。虽亡士丧师，孤立异所，而能招率残寡，攘寇自今，宜加荣授，垂轨先烈，可使持节散骑常侍，都督凉、河、沙三州诸军事，领西域戊己校尉，凉州刺史，河西王。世祖大明三年（四五九），安周奉献方物。"

（25）《梁书》卷五四《高昌传》：①"高昌国阚氏为主，其后为河西王沮渠茂虔弟无讳袭破之。其王阚爽奔于芮芮，无讳据之，称王一世而灭。国人又立麹氏为王，名嘉，元魏授车骑将军司空公，都督秦州诸军事，秦州刺史金城郡开国公，在位二十四年卒，谥曰昭武王。子子坚，使持节骠骑大将军散骑常侍都督瓜州诸军事，瓜州刺史，河西郡开国公，仪同三司，高昌王嗣位。其国盖车师之故地也，南接河南，东连敦煌，西次龟兹，北邻敕勒。置四十六镇，交河、田地、高宁、临川、横截、柳婆、洿林、新兴、由宁、始昌、笃

①　此传与《周书·高昌传》，在高昌墓砖未发现前，皆为研究高昌官制者取材之源。而其独有之资料，厥为高昌十二镇名。高昌城镇，《魏书》有城八，《周书》十六，《隋书》十八，《唐书》二十二，《通典》作三十二，疑为二十二之误。梁、周时代相错，高昌镇不至多至四十六，"四"字疑衍。诸城今地所在，余已在《高昌城镇与唐代蒲昌》一文中别有考。兹仅言：交河在今吐鲁番西二十里之雅尔，田地在今鲁克沁，笃进在脱克逊，高宁疑在罕都，横截疑在胜金，新兴疑在阿斯塔纳，白刀在《大慈恩寺三藏法师传》卷一作白力，应是《魏书·高昌传》之白棘与《通典》卷一九一之东镇城，只有今之辟展足以当之；唐于始昌置天山县，核以《元和郡县志》卷四十所识之距离，应在脱克逊之东不远；由宁，南史作宁由，疑是传写之误；证以高宁之例，此应作由宁也。可参看文（19）。

进、白刀等，皆其镇名。官有四镇将军及杂号将军、长史、司马、门下校郎、中兵校郎、通事舍人、通事令史、咨议、校尉、主簿。国人言语与中国略同。有五经，历代史，诸子集。面貌类高骊，辫发垂之于背。着长身小袖袍，缦裆袴。女子头发辫而不垂，着锦缬璎珞环钏。姻有六礼。其地高燥，筑土为城，架木为屋，土覆其上。寒暑与益州相似。备植九谷，人多唵麨及羊牛肉。出良马、蒲陶酒、石盐。多草木，草实如茧，茧中丝如细纑，名为白叠子，国人多取织以为布。布甚软白，交市用焉。有朝乌者，旦旦集王殿前为行列，不畏人，日出然后散去。大同（五三五至五四六）中，子坚遣使献鸣盐枕、蒲陶、良马、氍毹等物。"

（26）《续高僧传》卷十二《道判传》：[①] "……保定二年（五六二），达于京邑。武帝赏接崇重，仍令于大乘寺厚供享之。经逾两载，上表乞循先志。又蒙开许，敕给国书，并资行调。西度沙碛千五百里，四顾茫然，绝无水草。乘饥急行，止经七夕，便至高昌国，是小蕃附庸突厥。又请国书，至西面可汗所。……不令西过，乃给其马乘，遣人送还。……"

（27）《周书》卷四《明帝纪》：武成元年（五五九）闰五月，"庚申，高昌遣使献方物"。卷五《武帝纪》保定元年（五六一）正月"癸酉，吐谷浑、高昌并遣使献方物"。

---

① 此条足资考证者无多。唯证明突厥初兴时，高昌即与修好，与延昌十五年（五七五）麴斌《造寺铭》所称"见机而作，乃欲与之交好，永固邦疆。……遂同盟结婚"等语正合。又一方面证明当时西突厥可汗尚未识佛教。道判经行其地时，似在保定五年（五六五），下距《造寺铭》刊建之年仅十年矣。

（28）《周书》卷五十《高昌传》：[1] "高昌者，车师前王之故地。东去长安四千九百里。汉西域长史及戊己校尉并治于此。晋以其地为高昌郡，张轨、吕光、沮渠蒙逊据河西，皆置太守以统之。其后有阚爽及沮渠无讳，并自署为太守。无讳死，茹茹杀其弟安周，以阚伯周为高昌王。高昌之称王自此始也。伯周之从子首归为高车所灭。次有张孟明、马儒相继王之，并为国人所害，乃更推立麹嘉为王。嘉字灵凤，金城榆中人，本为儒右长史。魏太和末（四九九）立。嘉死，子坚立。其地东西三百里，南北五百里，国内总有城

---

① 　此《传》识高昌官制独详，证以近年所发现之碑铭墓砖，多与《传》合。唯八部长史司马，碑表有田部都官，而无史部祀部，疑史官误记。将军有建武、威远、殿中，而无陵江、伏波，别有奋威、广威、虎威、冠军、宁朔、振武、建义等号。诸城有户曹、田曹、而无水曹，别有客曹、兵曹、贼曹、杂曹，凡六曹。《通典》卷一九一《高昌传》云：平高昌国，下其郡三，县五，城三十二（应为二十二之误）。城主之外应有郡守、县令。《魏书·高昌传》有田地太守；《麹斌造寺碑》有横截太守；高昌诸墓砖上书交河郡者殆有十砖，则应亦有交河太守。同一《造寺碑》有横截令、新兴令；《张延冲墓表》有洿林令（斯坦因《亚洲腹地考古记》第二册一〇三五页）。城主名称，《范羔墓表》有之（同书一〇四三页）。据此《传》，吾人又知麹嘉立于太和末年，参合《梁书·高昌传》在位二十四年之文，与逾年改元之例，可知其在位年代为五〇〇至五二三。黄君文弼所得墓砖，确定嘉之年号为重光，其元年即为魏景明元年（五〇〇），足以订正《通鉴》之误。又一方面此传识有二王名，一为世子玄喜，一为田地公茂。玄喜《北史》作玄嘉，应误，决无祖孙同名之理。以墓砖证之，玄喜年号永平，在位二年（五四九至五〇〇）。茂，麹斌《造寺碑》作宝茂，年号建昌（《新疆图志》卷八九误作延昌），墓砖干支证其在位六年（五五五至五六〇）。中间尚有一和平年号（五五一至五五四）应别属一王。麹斌《造寺碑》有云："又愿昭武王已下五王之灵，济爱欲之河，登解脱之岸"等语。昭武为麹嘉谥号，见《梁书·高昌传》；合光坚、玄喜只有四王，所阙一王，应是改元和平者。其名不见中国史书，或因在位不久，未曾朝贡中国。此佚名之王与其后王宝茂，似为兄弟行。盖此《传》云："官有令尹一人，比中夏相国；次有公二人，皆其王子也：一为交河公，一为田地公。"又云："其大事决之于王，小事则世子及二公随状断决。"因知高昌制度以世子为令尹，其他王子为二公。宝茂既以田地公嗣位，疑是兄终弟及，于是《旧唐书·高昌传》伯雅为嘉六世孙，始得其解。麹斌《造寺碑》题名首高昌王麹宝茂，次高昌令尹麹□固；此人应是宝茂世子，宝茂后袭位者应即斯人。高昌年号尚有延昌，必属此王；推算墓砖所书之干支与年数，在位四十一年之久（五六一至六〇一），在位时应已朝贡中国，特史佚其名而已。《新疆图志录》麹斌《造寺碑》：写其名作麹纯固，顾《图志》讹误甚多，不能必其是也。大谷光瑞《西域考古图谱》卷下有《佛说仁王般若波罗蜜经》卷上残卷一纸，后有题记云："延昌三十三年癸丑岁八月十五日白衣弟子高昌王乩□。"乩字下一字残阙，又下一字漫漶不明。法国马伯乐教授在《亚洲腹里考古记》（第二册六一九页，又九八六页）中根据斯坦因所得《般若波罗蜜经》第十八卷残卷卷尾延昌三十九年（五九九）题记，识其王名为麹韩固。两字人名而上一字用韩字者罕见，似亦不可从。最后日本大谷胜真教授在《高昌麹氏王统考》（京城帝国大学《文学论纂》第五辑一至四二页）中，比较拓本与题记，断为乾固，盖乾字省写为乩，其说似较长。余欲证《旧唐书》伯雅为嘉六世孙之说不误，曾假拟玄喜与其后王为兄弟，然延昌三十三年（五九三）残卷题记有"愿七世先灵考妣往识济……"语；自嘉迄乾固，恰为七世，若世作世代解，似又为父死子继，颇难决也。

一十六。官有令尹一人。比中夏相国；次有公二人，皆其王子也：一为交河公，一为田地公。次有左右卫；次有八长史：曰吏部、祠部、库部、仓部、主客、礼部、民部、兵部等长史也。次有建武、威远、陵江、殿中、伏波等将军，次有八司马，长史之副也。次有侍郎、校书郎、主簿、从事。阶位相次，分掌诸事。次有省事，专掌导引。其大事决之于王，小事则世子及二公随状断决。平章录记，事讫即除，籍书之外，无久掌文按。官人虽有列位，并无曹府，唯每旦集于牙门评议众事。诸城各有户曹、水曹、田曹。每城遣司马侍郎相监检校，名为城令。服饰：丈夫从胡法，妇人略同华夏。兵器有弓箭刀楯甲矟。文字亦同华夏，兼用胡书。有《毛诗》、《论语》、《孝经》。置学官弟子以相教授，虽习读之，而皆为胡语。赋税则计输银钱，无者输麻布。其刑法、风俗、婚姻、丧葬，与华夏小异而大同。地多石碛，气候温暖，谷麦再熟，宜蚕，多五果。有草曰羊刺，其上生蜜焉。自嘉以来，世修蕃职。于魏大统十四年（五四八）诏以其世子玄喜为王。恭帝二年（五五五）又以其田地公茂嗣位。武成元年（五五九），其王遣使献方物。保定初（五六一），又遣使来贡。自敦煌向其国。多沙碛，道里不可准记，唯以人畜骸骨及驼马粪为验。又有魍魉怪异，故商旅来往多取伊吾路云。"

（29）《续高僧传》卷二《达摩笈多传》："……又经二年，渐至高昌，客游诸寺。其国僧侣，多学汉言。虽停二年，无所宣述。又至伊吾，便停一载。值难避地西南，……达于瓜州。……寻蒙帝旨，延入京城，处之名寺，供给丰渥。即开皇十年（五九〇）冬十月也。……"①

----

① 笈多以五九〇年至京师，停留高昌似为五八五至五八七年事。停留伊吾，似为五八七至五八八年间事。所值之难，疑指开皇八年（五八八）突厥可汗处罗侯西征阿波事。"其国僧侣，多学汉言"，足证当时汉语流行佛寺，不尽为胡语也。根据此传，笈多有《大隋西国传》一部，《隋书·经籍志》未著录，则在唐初已佚而不传矣。

（30）《隋书》卷三《炀帝纪》，大业三年（六〇七）六月己亥，"吐谷浑、高昌并遣使贡方物"。[①]——五年（六〇九）四月壬寅"高昌、吐谷浑、伊吾并遣使来朝"。六月壬子，"高昌王麹伯雅来朝，伊吾吐屯设等献西域数千里之地，上大悦"。……景辰"上御观风行殿，盛陈文物，奏九部乐，设鱼龙曼延，宴高昌王伊吾吐屯设于殿上，以宠异之。其蛮夷陪列者三十余国"。——卷四，八年（六一二）十一月己卯"以宗女华容公主嫁于高昌王"。

（31）《隋书》卷八三《高昌传》：[②]"高昌国者，则汉车师前王庭也。去敦煌十三日行。其境东西三百里，南北五百里，四面多大山。昔汉武帝遣兵西讨，师旅顿敝，其中尤困者因住焉。其地有汉时高昌垒，故以为国号。初，蠕蠕立阚伯周为高昌王，伯周死，子义成立，为从兄首归所杀。首归自立为高昌王，又为高车阿伏至罗所杀。以敦煌人张孟明为主。孟明为国人所杀，更以马儒为王；以巩顾麹嘉二人为左右长史。儒又通使后魏，请内属。内属人皆恋土，不愿东迁，相与杀儒立嘉为王。嘉字灵凤，金城榆中人。既立，又臣于茹茹。及茹茹王为高车所杀，嘉又臣于高车。属焉耆，为挹怛所破，众不能自统，请主于嘉。嘉遣其第二子为焉耆王，由是始大，益为

---

①　高昌朝贡于隋，不始于炀帝时，文帝（33）开皇六年（五八六）已有献《圣明乐曲》事。《隋书》卷二《高祖纪》仁寿四年（六〇四）有"尝令左右送西域朝贡使出玉门关"语，高昌最近，贡使中应有高昌使臣。

②　此传前半几尽录前史文。而且连缀前史之文，未加整理：同一柔然，在前名曰蠕蠕，在后名曰茹茹。后半仅录有高昌王伯雅名，而谓其为坚子。中间阚玄喜，宝茂，乾固，与玄喜后年号和平者凡四王，此四干中姑无论有无兄终弟及之人，伯雅要为坚之四五代孙。据高昌墓砖，伯雅在位时，两次改元，一曰延和（六〇二至六一三），一曰义和（六一四至六二三），开高昌国未有之先例。或因伯雅朝隋以后，响慕华风，变夷为夏与民更始，而再改元欤？伯雅"大母本突厥可汗女，其父死，突厥令依其俗"。此与延昌十五年（五七五）麹斌《造寺铭》同盟结婚之语合。伯雅大母应是宝茂之妻。突厥俗，父死子妻其群母。则宝茂死，乾固曾妻之；乾固死，突厥又逼伯雅妻之。宝茂之死（五六〇）下距乾固之死（六〇一）已有四十一年，则此突厥可汗女应已老矣。高昌原附突厥，此云"先臣铁勒"，亦为事实。《隋书》卷八四《铁勒传》：铁勒诸部叛突厥处罗可汗（六一九至六二〇），而立契弊歌楞为莫何可汗。莫何得众心，为邻国所惮："伊吾、高昌、焉耆诸国悉附之。"然其后西突厥强盛时，复又隶属于突厥。

国人所服。嘉死，子坚立。其都城周回一千八百四十步。于坐室画鲁哀公问政于孔子之像。国内有城十八，官有令尹一人，次公二人，次左右卫，次八长史，次五将军，次八司马，次侍郎、校郎、主簿、从事、省事。大事决之于王，小事长子及公评断。不立文记。男子胡服；妇人裙襦，头上作髻。其风俗政令与华夏略同。地多石碛，气候温暖，谷麦再熟，宜蚕，多五果。有草名为羊刺，其上生蜜，而味甚佳。出赤盐如朱，白盐如玉。多蒲陶酒。俗事天神，兼信佛法。国中羊马牧于隐僻之处，以避外寇，非贵人不知其所。北有赤石山，山北七十里有贪汗山，夏有积雪。此山之北，铁勒界也。从武威西北有捷路，度沙碛千余里，四面茫然无有蹊径。欲往者，寻有人畜骸骨而去。路中或闻歌哭之声，行人寻之，多致亡失，盖魑魅魍魉也。故商客往来多取伊吾路。开皇十年（五九〇）突厥破其四城，有二千人来归中国。坚死，子伯雅立。其大母本突厥可汗女，其父死，突厥令依其俗。伯雅不从者久之，突厥逼之，不得已而从。炀帝嗣位，引致诸蕃。大业四年（六〇八）遣使贡献，帝待其使甚厚。明年，伯雅来朝，因从击高丽，还尚宗女华容公主。八年（六一二）冬归蕃。下令国中曰：夫经国字人，以保存为贵。宁邦缉政，以全济为大。先者以国处边荒，境连猛狄，同人无咎，被发左衽。今大隋统御，宇宙平一，普天率土，莫不齐向。孤既沐浴和风，庶均大化。其庶人以上，皆宜解辫削衽。帝闻而甚善之。下诏曰：彰德嘉善，圣哲所隆。显诚遂良，典谟贻则。光禄大夫弁国公高昌王伯雅，识量经远，器怀温裕，丹款夙著，亮节遐宣。本自诸华，历祚西壤。昔因多难，沦迫獯戎。数穷毁冕，翦为胡服。自我皇隋平一宇宙，化偃九围，德加四表。伯雅逾沙忘阻，奉贡来庭。观礼容于旧章，慕威仪之盛典。于是袭缨解辫，削衽曳裾，变夷从夏，义光前载。可赐衣冠之具，仍班制造之式，并遣使人部领将送。被以采章，复见车服之美；弃彼毡毳，还为冠带之国。然伯雅先臣铁勒，而铁勒恒遣重臣在高昌国，有商胡往来者则税之送于铁勒。虽有此令取悦中华，然竟畏铁勒而不敢改也，自是岁令使人贡其方物。"

（32）《隋书》卷十四《音乐志》："太祖辅魏之时，高昌款附，乃得其伎教习，以备飨宴之礼。及天和六年（五七一，应为元年之误），武帝罢掖庭四夷乐。其后帝娉皇后于北狄，得其所获康国、龟兹等乐，更杂以高昌之旧，并于大司乐习焉。采用其声，被于钟石，取周官制以陈之。"①

（33）《隋书》卷十五《音乐志》"……［开皇］六年（五八六）高昌献《圣明乐曲》，②帝令知音者于馆所听之，归而肄习。及客方献，先于前奏之，胡夷皆惊焉。……"

（34）《隋书》卷六七《裴矩传》："……自敦煌至于西海凡为三道：……其中道从高昌……至波斯达于西海。……故知伊吾、高昌、鄯善，并西域之门户也。总凑敦煌，是其咽喉之地。……帝复令矩往张掖，引致西蕃，至者十余国。大业三年（六〇七），帝有事于恒岳，咸来助祭。帝将巡河名，复令矩往敦煌。矩遣使说高昌王麴伯雅及伊吾吐屯设等，啖以厚利，导使入朝。及帝西巡，次燕支山，高昌王伊吾设等及西蕃胡二十七国谒于道左。皆令佩金玉，被锦罽，焚香奏乐，歌舞喧噪。复令武威张掖士女盛饰纵观，骑来填咽，周

---

① 太祖指周太祖，西魏始大统元年（五三五），终恭帝三年（五五六），凡二十二年间，高昌王麴坚，与年号和平者，皆似未入贡于魏。仅玄喜、宝茂二王受魏册封，则高昌乐伎输入中国，应在五四八至五五六年间。天和六年（五七一）应是天和元年（五六六）之误，盖皇后阿史那氏至自突厥，乃天和三年（五六八）三月癸卯日事，并见《周书》卷五五《武帝纪》与卷九《阿史那皇后传》。至若罢掖庭四夷乐，《周书》卷四《武帝纪》天和元年五月甲午诏词有"省事停乐"语，应指此事。则其事在天和元年无疑。否则年代颠倒矣。

② 《册府元龟》卷五七〇亦载有开皇六年高昌献《圣明乐》事。《隋书》卷一《高祖纪》阙而不书。开皇六年为麴乾固延昌二十六年（五八六），足证乾固在位时，高昌亦有贡献矣。其事经过，似在达摩笈多停留高昌时，可参看文（29）。

亘数十里，以示中国之盛。……"①

（35）《大慈恩寺三藏法师传》卷一《高昌传》："……时高昌王魏文泰使人先在伊吾，是日欲还，适逢法师，归告其王。王闻，即日发使敕伊吾王遣法师来。仍简上马数十匹，遣贵臣驱驰，设顿迎候。比停十余日，王使至，陈王意，拜请殷勤。法师意欲取可汗浮图过，即为高昌所请，辞不获免。于是遂行涉南碛，经六日至高昌界白力城。时日已暮，法师欲停。城中官人及使者曰：王城在近，请进。数换良马前去，法师先所乘赤马留使后来。即以其夜半到王城。门司启王，王敕开门。法师入城，王与侍人前后列烛，自出宫迎法师入后院，坐一重阁宝帐中。拜问甚厚，云：弟子自闻师名，喜忘寝食，量准涂路，知师今夜必至，与妻子皆未眠，读经敬待。须臾，王妃共数十侍女又来礼拜。是时渐欲将晓，言久疲勌欲眠。王始还宫，留数黄门侍宿。方旦，法师未起，王已至门，率妃以下俱来礼问。王云：弟子思量碛路艰阻，师能独来，甚为奇也。流泪称叹，不能已已。遂设食解斋讫。而宫侧别有道场，王自引法师居之，遣阉人侍卫。彼有彖法师，曾学长安，善知法相，王珍之，命来与法师相见。少时出，又命国统王法师年逾八十，共法师同处。仍遣劝住，勿往西方。法师不许，停十余日，欲辞行。王曰：已令统师咨请，师意何如？师报曰：留住实是王恩，但于来心不可。王曰：朕与先王游大国，从隋帝历东西二京，及燕、代、汾、晋之间，多见名僧，心无所慕。自承法师名，身心欢喜，手舞足蹈，拟师至止，受弟子供养，以终一身。令一国人皆为师弟子，望师讲授，僧徒虽少，亦有数千，并使执经，充师听众。伏愿察纳微心，不以西游为念。法师谢曰：王之厚意，岂贫道寡德所当。但此行不为供养

---

① 时西域诸蕃多至张掖与中国交市，炀帝令矩掌其使。矩撰《西域图记》三卷入朝奏之。《图记》已佚，其《序》已录入矩《本传》中。上录前数语，乃节抄《序》中语。

62

而来，所悲本国法义未周，经教少阙，怀疑蕴惑，启访莫从。以是毕命西方，请未闻之旨。欲令方等甘露不但独洒于迦维；决择微言，庶得尽沾于东国。波仑问道之志，善财求友之心，只可日日坚强，岂使中途而止。愿王收意，勿以讯眷为怀。王曰：弟子慕乐法师，必留供养，虽葱山可转，此意无移。乞信愚诚，勿疑不实。法师报曰：王之深心，岂待屡言然后知也。但玄奘西来为法，法既未得，不可中停。以是敬辞，愿王相体。又大王曩修胜福，位为人主，非唯苍生恃仰，固亦释教攸凭，理在助扬，岂宜为碍。王曰：弟子亦不敢障碍，直以国无导师，故屈留法师以引迷愚耳。法师皆辞不许。王乃动色攘袂大言曰：弟子有异涂处师，师安能自去？必定相留，或送师还国，请自思之，相顺犹胜。法师报曰：玄奘来者，为乎大法，今逢为障，只可骨被王留，识神未必留也。因呜咽不复能言。王亦不纳，更使增加供养。每日进食，王躬捧盘。法师既被停留，违阻先志，遂誓不食，以感其心。于是端坐，水浆不涉于口三日。至第四日，王觉法师气息渐惙，深生愧惧。乃稽首礼谢云：任法师西行，乞垂早食。法师恐其不实，要王指日为言。王曰：若须尔者，请其对佛更结因缘。遂共入道场礼佛，对母张太妃共法师约为兄弟。任师求法，还日请住此国三年，受弟子供养。若当来成佛，愿弟子如波斯匿王频婆娑罗等与师作外护檀越。仍屈停一月讲《仁王般若经》，中间为师营造行服。法师皆许。太妃甚欢，愿与师长为眷属，代代相度。于是方食，其节志贞坚如此。后日，王别张大帐开讲，帐可坐三百余人。太妃已下王及统师大臣等各部别而听。每到讲时，王躬执香炉自来迎引。将升法座，王又低跪为蹬，令法师蹑上。日日如此。讲讫，为法师度四沙弥以充给侍。制法服三十具，以西土多寒，又造面手衣靴韈等各数事。黄金一百两，银钱三万，绫及绢等五百疋，充法师往返二十年所用之资。给马三十匹，手力二十五人。遣殿中侍御史欢信送至叶护可汗衙。又作二十四封书，通屈支等二十四国。每一封书附大绫一疋为信。又以绫绢五百疋，果味两车，献叶护可汗。并书称：法师者，是奴弟，欲求法于婆罗门国。愿可汗怜师如怜奴，仍请敕以西诸国，给邬落马递送出境。法师见王送沙弥及国书绫绢等至，惭其优饯之厚。上启谢曰：……王报曰：法师既许为兄弟，则国家所畜，共师同有，何因谢也？发日，王与诸僧大臣百姓等倾都送出城西。王抱法师恸哭，道俗皆悲，伤离之声，震动郊邑。敕妃及百姓等还，自与大德已下，各乘马送数十里而归。其所经诸国，王侯礼重，皆此类也。从是西行，度无半城笃进城后入阿耆尼国。旧曰焉耆，讹也。"[①]

高昌王麹伯雅之殁年。《资治通鉴》卷一九〇作武德六年（六二三），与墓砖正合。《旧唐书》卷一九八《高昌传》作武德二年（六一九），乃传抄之误，伯雅子文泰应嗣位于武德六年，次年改元延寿。玄奘抵高昌时，当在延寿五年（六二八）。

可汗浮图在天山北，后改庭州，在今孚远县北。玄奘先欲逾山循北道西行，既经高昌延请，乃涉南碛。经六日至高昌界白力城。

---

① 玄奘发足之年，旧说并作贞观三年（六二九），梁任公曾疑其误。道宣，玄奘同时人也，所撰《续高僧传》卷四中之《玄奘传》有云："时遭霜俭，下敕道俗，随丰四出。辛因斯际，经往姑臧。"《旧唐书》卷二贞观元年（六二七）八月"关东及河南陇右沿边诸州霜害秋稼"，"是岁关中饥，至有鬻男女者"。三年无秋霜害稼事，对照二文，玄奘发足应在贞观元年。兹再以玄奘年寿证之。唐人所撰《传状铭录》，多以其寿六十五岁，斯盖根据《续高僧传》麟德元年（六六四）殁前告诸僧"行年六十五矣，必卒玉华"二语。若证以冥详所撰《玄奘行状》，则作"今麟德元年六十有三，似"五"为"三"之误。《慈恩寺传》识其发足之年岁云："时年二十六也。"殁年既为六六四，上溯其生年应为仁寿二年（六〇二），贞观元年（六二七）恰年二十有六。《续高僧传》谓武德五年（六二二），二十有一，则亦证明其生于六〇二年也。玄奘西行至素叶城（《唐书》作碎叶城），逢西突厥统叶护可汗。据《新唐书》卷二一七下《薛延陀传》，贞观二年（六二八）叶护死。《册府元龟》卷九七四云：贞观元年（六二七）西突厥统叶护为伯父所杀。《元龟》颇有脱简。其文不足据。总之，玄奘如在贞观三年（六二九）首途，必不能见统叶护，彰彰明矣。贞观十八年（六四四）玄奘还至于阗，上表有云："历览周游一十七载。"除贞观元年八月至贞观二年初行程在国内不计外，恰为一十七载。若作贞观三年发足，纵加入在国内之一年计算，亦不过十有六载。诸书皆作贞观三年发足者，盖经传抄者臆改，与《大藏》中凡焉耆皆改为乌耆之例正同。此外诸书中关于玄奘之年月岁数，经人改易者甚众，余对此别有考。总之，玄奘为六〇二至六六四年间人；发足于贞观元年八月；抵高昌时得在贞观二年春间（脱稿后，检出《女师大学术季刊》一卷三期刘汝霖撰《玄奘法师年谱》，持论与余多合，亦主张其发足于贞观元年）。

此城即《魏书·高昌传》之白棘，《梁书·高昌传》之白刀，《通典·高昌传》之东镇城，余在《高昌城镇与唐代蒲昌》一文中有考。今自辟展至哈喇和卓百余里，从日暮时乘良马前进，夜半到王城（高丽藏本夜半作夜鸡鸣时），坐未久天将晓，骑驰时间应有十余小时，可推知为冬末春初事。

王云："弟子思量，碛路艰阻，师能独来，甚为奇也。"文泰当时颇重视碛路。《旧唐书·高昌传》，文泰闻唐师将至，谓所亲曰："碛路艰险，自然疲顿，吾以逸待劳，坐收其敝。"此即《慈恩寺传》卷一之莫贺延碛，今苦水格子烟墩间之沙碛是已。玄奘记此碛云："是时四顾茫然，人马俱绝，夜则妖魑举火，灿若繁星，昼则惊风拥沙，散如时雨。"

王曰朕与先王游大国云云，则大业五年（六〇九）伯雅入朝时曾携文泰与俱。伯雅尚华容公主宇文氏，伯雅死后似又嫁文泰。文泰之母张氏，似为伯雅之嫡妻。

侯君集下高昌时得户八千，口三万七千余，则高昌国人口不逾四万。王云："僧徒虽少，亦有数千。"足见高昌佛法盛行。

文泰与玄奘约"还日请住此国三年"，不幸未如所期。玄奘于贞观二年（六二八）离高昌，十八年（六四四）从南路东还，未经高昌；盖文泰于贞观十四年（六四〇）死，而国即随亡矣。

邬落马，突厥语驿马之谓也，后蒙古语满洲语曾袭用之。

玄奘从高昌西行，"度无半城笃进城后，入阿耆尼国"，阿耆尼即焉耆之梵名，当时都城在今珠勒都斯河西，不似今之焉耆县治在河东。笃进应为今之脱克逊。《新唐书》卷四十西州注云：州西南有南平、安昌两城。《通典》卷一九一《高昌传》以始昌城为天山县，余疑始昌、安昌同为一地，不知孰误。南平城余疑即《慈恩寺传》之无半城，而此两名亦必有一误也。

玄奘后至屈支（古龟兹，今库车），"有高昌人数十于屈支出家，别居一寺，寺在城东南。以法师从家乡来，先请过宿，因就之"。则高昌有僧人留居屈支矣（见卷三）。贞观十八年（六四四）迁至于阗，遣高昌俗人马玄智奉表先闻，则高昌有在于阗经商者矣（见卷五）。麟德元年（六六四）"有弟子高昌僧玄觉因向法师自陈所梦"，则弟子中有高昌沙门矣（见卷十）。活国"即叶护可汗长子呾度设所居之地；又是高昌王妹婿"，（见卷二）则文泰与西突厥可汗有姻戚之关系，足证自麹宝茂（五五五至五六〇）至是历代与突厥通婚矣。

（36）《旧唐书》卷一《高祖本纪》，武德二年（六一九）七月，"西突厥叶护可汗及高昌并遣使朝贡"。三年（六二〇）三月癸酉，"西突厥叶护可汗高昌王麹伯雅遣使朝贡"。卷二《太宗本纪》贞观三年（六二九）十一月丙午，"西突厥高昌遣使朝贡"。卷三《太宗本纪》贞观四年（六三〇）十二月甲寅，"高昌王麹文泰来朝"。八年（六三四），"是岁……高昌……遣使朝贡"。十三年（六三九）十二月丁丑，"吏部尚书陈国公侯君集为交河道行军大总管帅师伐高昌。……是岁……高昌……相次遣使朝贡"。十四年（六四〇）八月癸巳，"交河道行军大总管侯君集平高昌，以其地置西州。九月癸卯，曲赦西州大辟罪。乙卯于西州置安西都护府。……十二月丁酉交河道旋师。吏部尚书陈国公侯君集执高昌王麹智盛献捷于观德殿，行饮至之礼。赐酺三日"。[①]

（37）《旧唐书》卷一九八《高昌传》："高昌者，汉车师前王之庭，后汉戊己校尉之故地，在京师西四千三百里。其国有二十一（应是二之误，《新书》误同）城。王都高昌；其交河城，前王庭也；田地城，校尉城也。胜兵且万人。厥土良沃，谷麦岁再熟，有蒲萄酒，宜五果。有草名白叠，国人采其花，织以为布。有文字，知书

---

① 《册府元龟》卷九七〇，尚有贞观元年（六二七）闰三月，三年（六二九）二月，七年（六三三）七月，高昌朝贡事，《旧唐书》失载。

计。所置官亦采中国之号焉。其王麴伯雅，即后魏时高昌王嘉之六世孙也。隋炀帝时入朝，拜左光禄大夫，车师太守，封弁固公。仍以戚属宇文氏女为华容公主以妻之。武德二年（六一九，应为武德六年之误），伯雅死，子文泰嗣。遣使来告哀，高祖遣前河州刺史朱惠表往吊之。七年（六二四），文泰又献狗，雄雌各一，高六寸，长尺余，性甚慧，能曳马衔烛。云本出拂菻国，中国有拂菻狗自此始也。太宗嗣位（六二七），复贡玄狐裘，因赐其妻宇文氏花璬一具。宇文氏复贡玉盘，西域诸国所有动静，辄以奏闻。贞观四年（六三○）冬，文泰来朝。及将归蕃，赐遗甚厚。其妻宇文氏请预宗亲，诏赐李氏，封常乐公主，下诏慰谕之。时西戎诸国来朝贡者，皆途经高昌，文泰后稍壅绝之。伊吾先臣西突厥，至是内属，文泰又与叶护连结，将击伊吾。太宗以其反复，下书切让。征其大臣冠军阿史那矩入朝，将与议事。文泰竟不遣，乃遣其长史麴雍来谢罪。初大业之乱，中国人多投于突厥。及颉利败，或有奔高昌者，文泰皆拘留不遣。太宗诏令括送，文泰尚隐蔽之。又寻与西突厥乙毗设击破焉耆三城，虏其男女而去。焉耆王上表诉之，太宗遣虞部郎中李道裕往问其状。十三年（六三九），太宗谓其使曰：高昌数年来朝贡脱略，无藩臣礼，国中署置官号，准我百僚，称臣于人岂得如此？今兹岁首万国来朝，而文泰不至，增城深堑，预备讨伐。日者我使人至彼，文泰云：鹰飞于天，雉窜于蒿，猫游于堂，鼠安于穴，各得其所，岂不活耶？又西域使欲来者，文泰悉拘留之。又遣使谓薛延陀云：既自为可汗，与汉天子敌也，何须拜谒其使？事人阙礼，离间邻好。恶而不诛，善者何劝？明年，当发兵马以击尔。是时薛延陀可汗表请为军向导以击高昌，太宗许之。令民部尚书唐俭至延陀，与谋进取。太宗冀其悔过，复下玺书，示以祸福。征之入朝，文泰称疾不至。太宗乃命吏部尚书侯君集为交河道大总管，率左屯卫大将军薛万均及突厥契苾之众步骑数万以击之。时公卿近臣皆以行经沙碛，万里用兵，恐难得志。又界居绝域，纵得之不可以守，竞以为谏，太宗皆不听。文泰谓所亲曰：吾往者朝觐，见秦陇之北，城邑萧条，非复有隋之比。设今伐我，发兵多则粮运不给；若发兵三万以下，吾能制之。加以碛路艰险，自然疲顿。吾以逸待劳，坐收其弊，何足为忧也？及闻王师临碛口，惶骇计无所出，发病而死。其子智盛嗣立。既而君集兵奄至柳谷，进趋田地城。将军契苾何力为前军，与之接战而退。大军继之，攻拔其城，虏男女七千余口。进逼其都。智盛移君集书曰：有罪于天子者先王也，咎深谴积，身已丧亡。智盛袭位无几，君有赦诸。君集谓曰：若能悔祸，当面缚军门也。又命诸军引冲车抛车以逼之，飞石雨下。城中大惧，智盛穷蹙出城降。君集分兵掠地：下其三郡，五县，二十二城，户八千，口三万七千七百，马四千三百匹。其界东西八百里，南北五百里。先是其国童谣云：高昌兵马如霜雪，汉家兵马如日月，日月照霜雪，迴手自消灭。文泰使人捕其初唱者，不能得。初文泰与西突厥欲谷设通和，遗其金帛约有急相为表里。及闻君集兵至，欲谷设惧而西走，不敢救。君集寻遣使告捷，太宗大悦，宴百寮班赐各有差。曲赦高昌部内从军兵士以上父子犯死罪，以下期亲犯流，以下大功犯徒，以下小功缌麻犯杖罪，悉原之。时太宗欲以高昌为州县，特进魏征谏曰：陛下初临天下，高昌夫妇先来朝谒。自后数月，商胡被其遏绝贡献（此处应有脱文）。加之不礼大国，遂使王诛载加。若罪止文泰，斯亦可矣。未若抚其人而立其子，所谓伐罪吊民，威德被于遐外，为国之善者也。今若利其土壤，以为州县，常须千余人镇守。数年一易，每及交番，死者十有三四。遣办衣资，离别亲戚。十年之后，陇右空虚。陛下终不得高昌撮谷尺布，以助中国，所谓散有用而事无用，臣未见其可。太宗不从，竟以其地置西州。又置安西都护府，留兵以镇之。初西突厥遣其叶护屯兵于可汗浮图城，与高昌相影响。至是惧而来降，以其地为庭州。于是勒石纪功而旋。

其智盛君臣及其豪右皆徙中国。麹氏有国至智盛凡九世，一百三十四年而灭。寻拜智盛为左武卫将军，封金城郡公。弟智湛为右武卫中郎将，太山县公。及太宗崩，刊石像智盛之形，列于昭陵玄阙之下。智湛，麟德中（六六四至六六五）终于左骁骑大将军，西州刺史。天授（六九〇至六九二）初，其子崇裕授左武卫大将军，交河郡王卒，封袭遂绝。"①

《旧唐书》仅言"进逼其都"，《新唐书》则云："中郎将辛獠儿以劲骑夜逼其都。"《旧唐书》云："城中大惧，智盛穷蹙出城降。"《新唐书》则云："城中大震，智盛令大将麹士义居守，身与绾曹麹德俊谒军门，请改事天子。君集谕使降，辞未屈。薛万均勃然起曰：当先取城，小儿何与语，麾而进。智盛流汗，伏地曰：唯公命！"此外《新唐书》增者魏征褚遂良谏改高昌为州县语；智湛有子昭，好学，昭弟崇裕有武艺云云。

文泰遏绝贡道事，并见《旧唐书》卷一九八《焉耆传》："贞观六年（六三二）［焉耆王］突骑支遣使贡方物。复请开大碛路以便行李，太宗许之。自隋末罹乱，碛路遂闭，西域朝贡者皆由高昌。及是，高昌大怒，遂与焉耆结怨，遣兵袭焉耆，大掠而去。……十二年（六三八）处月、处密与高昌攻陷焉耆五城，掠男女一千五百人，焚其庐舍而去。十四年（六四〇）侯君集讨高昌，遣使与之相接。

<hr>

① 《新唐书》卷二二一上《高昌传》文略省而事不多增。《旧唐书》讨高昌者只书侯君集、薛万均二人，《新唐书》则云："拜侯君集为交河道大总管，左屯卫大将军薛万均、萨孤、吴仁副之；契苾何力为葱山道副大总管，武卫将军牛进达为行军总管；率突厥、契苾骑数万讨之。"贞观十四年（六四〇）六月二十五日《姜行本碑》云："诏使持节光禄大夫吏部尚书上柱国陈国公侯君集交河道行军大总管，副总管左武卫大将军上柱国永安郡公薛万均，副总管左屯卫将军上柱国通川县开国男姜行本等。……并率骁雄，鼓行而进。以贞观十四年（六四〇）五月十日师次伊吾时罗漫山……。"碑左侧书："交河道行军总管左骁卫将［中阙十字］吴仁领右军［下阙三字］。"碑右侧书"交河道行军总管左武卫将军上柱国［中阙二字］县开国公牛进达领兵十五万"（《新疆图志》卷八八）。无契苾何力而有姜行本。《旧唐书》卷五九《姜行本传》云："高昌之役，以行本为行军副总管，率众先出伊州。未至柳谷百余里，依山造攻具。其处有班超记功碑，行本磨去其文更刻，颂陈国威德而去。遂与侯君集进平高昌。"碑文即记此事。

焉耆王大喜，请为声援。及破高昌，其王诣军门称谒。焉耆人先为高昌所虏者悉归之。"取道高昌而赴中国，乃循当时所称之伊吾路。大碛路即《沙州图经》残卷中之大海道，从柳中南行入库鲁克山，后东行至敦煌。

"征其大臣冠军阿史那矩入朝。"冠军乃冠军将军之省称，麹斌《造寺碑》中早已有此官号。阿史那是突厥种姓，而将军辄领部事，可见当时高昌大官亦用突厥人。

田地城即昔之柳中，今之鲁克沁，柳各应在辟展西进向鲁克沁之途中。

唐平高昌置西州，亦分五县。《通典》卷一九一云："以交河城为交河县，始昌城为天山县，田地城为柳中县，东镇城为蒲昌县，高昌城为高昌县。"《新旧唐书·地理志》西州条皆有错讹，仅有《通典》之文为得其实。

"麹氏有国至智盛凡九世，一百三十四年而灭。"《新唐书·高昌传》年数同。《唐会要》卷九五作一百四十四年。皆误。兹从黄文弼《高昌麹氏年表》，作一百四十一年。九世，质言之十王：一嘉，年号重光（五〇〇至五二三）二光，年号未详（五二四至五三〇）；三坚，年号章和（五三一至五四八）；四玄喜，年号永平（五四九至五五〇）；五阙名，年号和平（五五一至五五四）；六宝茂，年号建昌（五五五至五六〇）；七乾固，年号延昌（五六一至六〇一）；八伯雅，年号延和（六〇二至六一三）义和（六一四至六二三）；九文泰，年号延寿（六二四至六四〇）；十智盛，未及改元而国亡。

（38）《旧唐书》卷六九《侯君集传》："……高昌王麹文泰，时遏绝西域商贾，太宗征文泰入朝，而称疾不至，诏以君集为交河道行军大总管讨之。文泰闻王师将起，谓其国人曰：唐国去此七千里，涉碛阔二千里。地无水草，冬风凉寒，夏风如焚。风之所吹，行人多死。常行百人，不能得至，安能致大军乎？若顿兵于吾城下，二十日食必尽；自然鱼溃，乃接而虏之，何足忧也？及军至碛口，而文泰卒。其子智盛袭位。君集率兵至柳谷，候骑言文泰克日将葬，国人咸集。诸将请袭之，君集曰不可。天子以高昌骄慢无礼，使吾恭行天罚，今袭人于墟墓之间，非问罪之师也。于是鼓行而前，攻其田地。贼婴城自守，君集谕之不降。先是大军之发也，上召山东善为攻城器械者悉遣从军。君集遂刊木填隍，推撞车撞其睥睨，数丈颓穴，抛车石击其城中。其所当者，无不糜碎。或张毡被用障抛石。城上守陴者不得复立，遂拔之。虏其男女七千余口，仍进兵围其都城。智盛穷蹙，致书于君集曰：有罪于天子者先王也。天罚所加，身已丧背。智盛袭位未几，不知所以偻阙，冀尚书哀怜。君集报曰：若能悔祸，宜束手军门。智盛犹不出，因命士卒填其隍堑，发抛车以攻之。又为十丈高楼，俯视城内，有行人及飞石所中处，皆唱言之。人多入室避石。初文泰与西突厥欲谷设约，有兵至，共为表里。及闻君集至，欲谷设惧而西走千余里。智盛失援，计无所出，遂开门出降。君集分兵略地，遂平其国。俘智盛及其将吏，刻石纪功而还。……"[①]

——国立华北编译馆《馆刊》二之九——

[①] 此文可与《旧唐书·高昌传》及《姜行本碑文》（《新疆图志》卷八八之文颇多讹误）参看。

高昌城镇与唐代蒲昌

　　高昌一地，西汉早置屯戍。晋咸和二年（三二七）前凉张骏始立郡县①，前秦后凉北凉因之。元魏太平真君三年（四四二）沮渠无讳从鄯善进据其地，建国称王。嗣后历阚张马麴凡五姓，而以麴氏传国为最久。据近年发现之碑铭墓砖，以及经论题记，传位世次班班可考②。唐贞观十四年（六四〇）平高昌，重立郡县；贞元七年（七九一）没入吐蕃③。嗣后历经回鹘蒙古占领，晚至清代始重列版图。当晋魏周隋唐五朝，其地久被汉化，虽不免参用胡服胡语，然制度文物多同中国。其郡县名称与今地所在，应皆历历可考，殊知有不然者。即以贞观十四年所置之五县例之，可以确知者三，尚难考证者二；尤使人迷离不明者，厥为蒲昌县治。本文研究之范围，即在寻求其方位。

　　诸史《高昌传》著录高昌城镇之数：《魏书》卷一〇一与《北史》卷九七谓"国有八城"；《梁书》卷五四谓"置四十六镇"；《周

---

　　① 徐坚《初学记》卷八引顾野王（五一九至五八一）《舆地志》："晋咸和二年置高昌郡，立田地县。"

　　② 参看罗振玉《高昌麴氏年表》，见《辽居杂著》乙集；黄文弼《高昌麴氏纪年》，见《高昌》第一分本；大谷胜真《高昌麴氏王统考》，见京城帝国大学《文学会论纂》第五辑。

　　③ 似仅见李吉甫（七五六至八一四）《元和郡县图志》卷四十著录。疑以贞元六年庭州陷没，因推测西州于次年陷吐蕃。

书》卷五十谓"国内总有城一十六";《隋书》卷八四谓"国内有城十八";《旧唐书》卷一九八与《新唐书》卷二二一上谓"国有二十一城",然后作"二十二城"。梁周时代相接,高昌城镇不应多至四十有六,《梁书》"四"字疑衍。《通典》卷一九一作城三十二,核以《新旧唐书》与《元和郡县志》卷四十,应是二十二城之误。载籍著录城镇之名,以《梁书》为最多,除高昌都城外,计有城名十二:交河、田地、高宁、临川、横截、柳婆①、洿林、新兴、由宁②、始昌、笃进、白刃③。他书著录之城名重见者不再录,《新唐书》卷四十载西州西南有南平安昌二城,《大慈恩寺三藏法师传》卷一有无半城。《魏书·高昌传》有白棘城,疑是白刃或白力之同名异译。《通典》卷一九一有东镇城,后别有说。兹于考证蒲昌今地以前,试先考求其他诸城所在。

其中三城,历年最久,考证较易。高昌在今哈剌和卓之西,三堡之南,西北距吐鲁番六十里,业经东西考古诸家证明。交河自西汉迄元魏太平真君十一年（四五〇）④为车师前王庭,沮渠安周在位之承平八年（四五〇）始并入高昌。故城在今吐鲁番西二十里之雅尔,说见《新疆识略》卷一。田地之名亦古,前凉张骏时始置田地县,⑤麹文泰时（五〇〇至五二三）有田地太守⑥,则已升为郡矣。贞观十四年（六四〇）侯君集讨高昌,先至伊吾（今哈密）⑦,而后进攻田地城,拔之,虏其男女七千余口；进兵围其都城⑧。所虏人数

---

① 诸史地名常误娑为婆,此名疑是柳娑之误。
② 《南史》卷七九《高昌传》作宁由,此二由字疑均为田字之误,史书田由互误之例固甚多也。
③ 《魏书》卷四三《唐和传》与《大慈恩寺三藏法师传》卷一,均作白力城。《慈恩寺传》同卷卷末之无半城,如非音译,得为《新唐书》南平城传写之误。此二城名见后。
④ 参看《魏书》卷三十《车伊洛传》。
⑤ 参看本文注①。《西域图志》卷十四早以田地当柳中。
⑥ 见《魏书》卷一〇一《高昌传》。
⑦ 参看《姜行本碑》,见《新疆图志》卷八八《金石一》。
⑧ 《旧唐书》卷六九《侯君集传》。

足当是时高昌全国人口五分之一，则为重要城镇可知，而其城必当伊西两州往来之孔道也。今日吐鲁番辟展①两县境内，当东西孔道而足容七千余人之城，除鲁克沁之外莫属。其地可当汉之柳中。《后汉书》卷七七《班勇传》："延光二年（一二三）夏复以勇为西域长史，将兵五百人出屯柳中"，足证其地在汉时已为屯戍之所，唐于其地置柳中县，非无据也。

《魏书》卷四三《唐和传》：西凉"李氏为沮渠蒙逊所灭，和与兄契携外甥李宝避难伊吾，招集民众二千余家，臣于蠕蠕，蠕蠕以契为伊吾王。经二十年，和与契遣使来降，为蠕蠕所逼，遂拥部落至于高昌（四四二）。蠕蠕遣部帅阿若率骑讨和，至白力城，和率骑五百先攻高昌②，契与阿若战殁，和收余众奔前部王国。时沮渠安周屯横截城，和攻拔之，斩安周兄子树；又克高宁白力二城，斩其戍主。遣使表状，世祖嘉其诚款，屡赐和。和后与前部王车伊洛击破安周，斩首三百"。③

上引《唐和传》著录有白力高宁横截三城名，可借以考求其今地所在。高昌国境东西距离，魏时仅二百里，周隋时三百里，唐时八百里。其初境界大概东限白力，西抵笃进；嗣后逐渐扩张，东越赤亭，西抵银山；麹文泰（六二四至六四〇）时，国力或者东被伊吾，西境包括焉耆数城。唐时伊（哈密）西（高昌）两州通道有南北两道，北道自纳职县（今拉布楚克）西行三百九十里至罗护守捉（今七角井，七角疑为赤谷之转），又西南百九十里至赤亭守捉（今齐克塔木），与南道合④。西行至今之辟展又分南北两道：北道所经者罕都连木沁胜金，西至吐鲁番境与南道合；南道经鲁克沁洋赫哈

① 辟展为今鄯善县治所，清季学者以蒲昌海（今罗布泊）南之鄯善，当南距鄯善古都千数百里之辟展，为史地考证之一最大错误，故不称鄯善，俾免混淆。
② 此处高昌二字应从《北史》卷二七《唐和传》作高宁。
③ 参看《魏书》卷三十《车伊洛传》。
④ 参看《新唐书》卷四十伊州条。

刺和卓西行与北道合。侯君集进兵乃取南道。唐和之进兵则取北道，兵至白力（辟展），和率骑先攻高宁，此高宁只能为辟展西二十余里之罕都，亦即俗称之汉墩也[1]。后闻唐契在白力战殁，和乃率余众西奔雅尔（交河）。今自罕都赴雅尔之道途，须经连木沁苏巴什胜金等城。此较诸城，胜金较为重要，必是沮渠安周所守之横截城无疑。既得胜金，与车师前部王庭（雅尔）取得联络，复率众东攻，连下高宁白力二城。如是《唐和传》往来用兵之地始得其解。

至若临川，应以今之连木沁当之，古今对音约略相合，陶葆廉《辛卯侍行记》卷六早已有此比附也。《唐和传》未举其名，或系省略。柳婆（疑是柳娑），洿林似在哈剌和卓之南，爱丁库勒（Aidin-köl）湖东，柽柳丛生，有古城二，一名大城（Chong-hassar），一名小城（Kichik-hassar），必有一城属此柳婆；洿林疑在湖之附近。新兴应是三堡，新兴令《麴斌造寺碑》[2]已有证明。由宁（疑是田宁）今地未详，核以《梁书》所载次序，似应在胜金之西。《梁书》所载十二镇名，原列次序，疑是自东至西，首为白刃或白力，或以名不雅驯，移置于末，而将或者原在临川后之田地，由宁后之交河移置于前，盖此二城在高昌国内颇为重视也[3]。始昌似应位在脱克逊为宜，然《梁书》始昌笃进并列，而此并见于《大慈恩寺传》之笃进（Tokčin），必为脱克逊（Toksun）今名之所本，可无疑也。今脱克逊城东二三十里有古城，或为昔之始昌欤？南平安昌二城既在西川

---

① 高昌诸城海拔以罕都为最高（一〇七〇英尺），高宁之称或本于此。

② 见《新疆图志》卷八九《金石二》。《图志》讹误甚多，此碑题年应是建昌元年丁亥（五五五），乃误作延昌元年（五六一）。考高昌九王：一麴嘉年号重光（五〇〇至五二三），二麴光年号疑是甘露（五二四至五三〇），三麴坚年号章和（五三一至五四八），四麴玄喜年号永平（五四九至五五〇），第五王名未详，年号和平（五五一至五五四），六麴宝茂年号建昌（五五五至五六〇），七麴乾固年号延昌（五六一至六〇一），八麴伯雅年号延和（六〇二至六一三），后改元义和（六一四至六二三），九麴文泰年号延寿（六二四至六四〇）。《麴斌造寺碑》若刻于延昌元年，则不应题有高昌王麴宝茂名，而麴乾固（《图志》误作纯固），应为当时之高昌王，结衔不得作令尹也。

③ 《周书》卷五十《高昌传》："官有令尹一人，比中夏相国，次有公二人，皆其王子也，一为交河公，一为田地公。"

西南，则应在哈剌和卓脱克逊之间。《慈恩寺传》之无半城，亦在此两地间，唯玄奘所取之道未明，或遵今日驿道，经行吐鲁番布干台而抵脱克逊，或径由哈剌和卓西行，未能决也。

《魏书》卷一零一《高昌传》：太和二十一年（四九七）[①] 马儒请"举国内徙，高祖纳之，遣明威将军韩安保率骑千余赴之。……儒遣礼、嘉率步骑一千五百迎安保，去高昌四百里而安保不至。礼等还高昌，安保亦还伊吾。安保遣使韩兴安等十二人使高昌，儒复遣顾礼将其世子义舒迎安保至白棘城，去高昌百六十里；而高昌旧人情恋本土，不愿东迁，相与杀儒而立麹嘉为王。"

此白棘城舍辟展外莫属，古里较今里为短，故超过今日距离四分之一。兹再引《大慈恩寺三藏法师传》卷一之文，以证白棘即为白力之说。《传》曰："法师意欲取可汗浮图（今孚远县北二十里）过，既为高昌所请，辞不获免。于是遂行涉南碛，经六日至高昌界白力城。时日已暮，法师欲停，城中官人及使者曰：王城在近，请进。数换良马前去，法师先所乘赤马留使后来。即以其夜半到王城。门司启王，王敕开门。法师入城，王与侍人前后列烛，自出宫迎法师入后院。坐一重阁宝帐中，拜问甚厚。云弟子自闻师名，喜忘寝食，量准途路，知师今夜必至，与妻子皆未眠，读经敬待。须臾，王妃共数十侍女又来礼拜。是时渐欲将晓，言久疲勌欲眠。王始还宫，留数黄门侍宿。"玄奘抵伊吾时，应在贞观二年（六二八）冬末春初，当时夜长日短。行六日至白力城，日已暮，数换良马前行，夜半到王城，坐未久夭将晓。则骑驰时间应有十余小时，可当百余里之距离，故余以为《魏书》之白棘，即《奘书传》之白力，亦即今之辟展也。

高昌诸城镇方位可考者已备述于前。贞观十四年（六四〇）平

---

① 《魏书》卷七下作太和二十一年十有二月己卯。己卯为二十六日，十二月小建。

高昌，下其三郡五县二十二城。吾人已知《魏书·高昌传》有田地太守，《麹斌造寺碑》有横截太守，三郡已得其二，所余一郡似除交河莫属。又据《麹斌造寺碑》，知新兴横截二城有令，余皆无考。前此列举之城名十六，尚余六城未详其名。今日吐鲁番辟展一带之聚落，若木头沟吐峪沟等处，智有佛教遗迹，洋赫雅木什等地皆属繁盛村镇，或者在此六城之内。唐于高昌置西州，领县五，曰高昌（后改前庭）[①]柳中交河天山蒲昌。《旧唐书》卷四十，《新唐书》卷四十，《元和郡县志》卷四十并见著录；除后二书高昌改前庭外，余四县名皆同。唯《旧唐书》于蒲昌县下云："贞观十四年于始昌故城置。县东南有蒲类海，胡人呼为婆悉海。"其他四县在何高昌故城设置，皆无说明。《元和郡县志》曾列举州治前庭与四县之距离云：柳中县西至州三十里；交河县东南至州八十里；天山县东至州一百五十里；蒲昌县西南至州一百八十里。所著录之方里设若不误，则《旧唐书》于始昌城置蒲昌县一说大误矣；盖蒲昌既在西州或哈剌和卓东北，何以设置于西州西一百五十里之地，别言之，何以设置在脱克逊附近之始昌欤？

杜佑（七三五至八一二）《通典》可以答此问也。卷一九一云："十四年（六四〇）八月，交河道行军大总管侯君集平高昌国，下其郡三，县五，城三（应作二）十二，户八千四十六，口（此下应脱'三'字）万七千七百三十四，马千三百匹。太宗以其地为西州：以交河城为交河县，始昌城为天山县，田地城为柳中县，东镇城为蒲

---

① 高昌在宝应元年（七六二）改前庭，唯《元和郡县志》作天宝元年（七四二）改，天宝应是宝应之误。罗振玉云（见《东方文库》中《考古学零简》第一篇《莫高窟石室秘录》）：《西州志》残卷"所载凡六县，曰高昌，曰前庭，曰柳中，曰蒲昌，曰大山，曰交河；高昌前庭并载，足正史志之误"。案至德（七五六至七五八）以后，河陇沦没，西域交通只有回鹘一道，往来不便可知。居留边陲之人，或误以增置一县，或抄胥误将小注作正文，致使罗氏疑有六县，其实非也。今本《旧唐书》卷四十西州条下，每县名上空一字，而于交河县名独接上文，初读之，几疑西州仅存四县；又北庭都护府条下之伊吾军，原置在甘露川，乃误川为州，于甘字上留一空白，使人误以甘露为州名，皆此例也。

昌县，高昌城为高昌县。"诸书所载高昌分置州县之文，以此为最明，则为天山县者乃始昌城，为蒲昌县者乃东镇城，与《元和志》蒲昌县西南至州一百八十里之文相符；唯《元和志》之里较小，与玄奘所计之里长度相同。此东镇城只有今之辟展可以当之。《旧唐书·地理志》仅存始昌城，而传抄者以蒲昌始昌并有昌字，致有此误①。虽然，难题尚未完全解决也。

《元和郡县志》卷四十庭州后庭县条下云："贞观十四年（六四〇）于州南置蒲昌县；长安二年（七〇二）改为金蒲县；宝应元年（七六二）改为后庭县。"此文之前云庭州"管县三：后庭蒲类轮台"。《旧唐书》卷四十庭州条下，后庭作金满，余二县名同。《新唐书》卷四十庭州条下县四：金满轮台后庭（注云，本蒲类，隶西州，后来属，宝应元年更名）西海（注云，宝应元年置）。说各不同：《元和志》庭州有蒲昌县，《新唐书》西州先有蒲类县，后属庭州。《新唐书》庭州条并云："北庭大都护府本庭州，贞观十四年平高昌，以西失厥泥伏沙钵罗叶护阿史那贺鲁部落置，并置蒲昌县，寻废。显庆三年复置，长安二年为北庭都护府。"又同卷西州蒲昌条下云："本隶庭州，后来属；西有七屯城弩支城，有石城镇播仙镇。"竟似蒲昌原隶庭州后属西州。兹于纠正其误以前，先将上引诸文最明显之错误标出。

金满一名由来久矣：《后汉书·西域传》云："自高昌壁北通后部金满城五百里。"徐松《西域水道记》卷三云："又东五十里为济木萨，西突厥之可汗浮图城。唐为庭州金满县，又改后庭县，北庭

---

① 《通典》卷一七四蒲昌条下云："与交河同置，东南有旧蒲类海，今名婆悉海。"是为《旧唐书》"县东南有蒲类海，胡人呼为婆悉海"，二语之所本。案突厥语 Bars-köl 犹言"虎湖"，《元和志》卷四十伊州条下作婆悉厥海，汉代译名蒲类，疑本于匈奴语，今之巴里坤湖（Barköl）是也。实在辟展东北，天山之北。《通典》之误亦有所本，说详后文。

都护治也。元于别失八里①立北庭都元帅府，亦治于斯。故城在今保惠城（今孚远县济木萨治）北二十余里，地曰护堡子，破城有唐金满县残碑。"以此证之，《元和志》金蒲应是金满之误，而济木萨得为突厥语金满县音读之讹也。

前引《新唐书》蒲昌条后有云："西有七屯城弩支城，有石城镇播仙镇。"此是修史者误录曹耽入四夷道里，而误以蒲昌县为蒲昌海。今本《新唐书》卷四三下之原文云："自蒲昌海南岸西经七屯城，汉伊修城也。又西八十里至石城镇，汉楼兰国也，亦名鄯善，在蒲昌海南三百里；康艳典为镇使以通西域者。又西二百里至新城，亦谓之弩支城，艳典所筑。又西经特勒井，渡且末河五百里至播仙镇，故且末城也。"②

《通典》《元和志》《新旧唐书》记载之误，盖亦有所本。《后汉书》卷四九《耿恭传》云："始置西域都护，戊己校尉，乃以恭为戊己校尉，屯后王部金蒲城。"李贤（六五三至六八四）注云："金蒲城，车师后王城廷也，今廷州蒲昌县城是也。"史籍中蒲满之误屡见不鲜，始由金满讹为金蒲，复因蒲昌蒲类首一字同，又误以金蒲为蒲昌；庭州既有蒲昌，于是不得不将蒲类位置在西州；终以与事实不符，乃以蒲类本隶西州，后属庭州，蒲昌本隶庭州，后属西州，而自圆其说。至《通典》不云以白刃域或白力城为蒲昌县，而谓以东镇城置者，或亦因其名不雅驯而改此名。城在高昌东境，故云东镇。

---

① 突厥语别失八里对音是 Besbaliq，此言五城，唐代早已有之。《元和志》庭州有五乡；《旧唐书》卷四十庭州金满条下云："后汉车师后王庭，胡故庭有五城，俗号五城之地。"

② 证以巴黎国民图书馆藏《沙州图经》残卷："屯城西去石城镇一百八十里……汉遣司马及吏士屯田依修以镇之，即此城是也。"古屯城在屯城西北。则七屯城为古屯城之误；"又西八十里"，应作"又西一百八十里"。《图经》又云："播仙镇故且末国也。""且末河源从南山大谷口出，其源去镇城五百里，经且末城下过，因以为名。"则应是且末河源去镇城五百里，非渡河五百里至播仙镇也。鄯善问题疑难甚多，非裒辑载籍中所有关系鄯善之文，不能解决也。

蒲昌在西州中为最东之一县，县境似较大，可以《西州志》残卷证之。①《西州志》列举州境十一道，首赤亭新开花谷移摩萨捍突波六道，皆从西或西北出蒲昌县界，合柳谷而向庭州；次大海道，出柳中县界东南向沙州（今敦煌）；次乌骨道，出高昌县界北而向庭州；次他地白水涧两道，并出交河县界：前一道西北向柳谷通庭州，后一道西北向处月以西诸蕃；殿以银山道，出天山县界，西南向焉耆国。蒲昌县界六道，第一赤亭道②，应发自今之齐克塔木，余五道未详经行今之何地。今齐克塔木之西有道东北入山，经苦泉达坂，转向西北行，西至山北之三个泉，与镇西古城之通道合，必为此五道中之一道。今鲁克沁有一道南行至新吉尔（Singer）折向东南行，至五颗树径向东行而赴沙州，应是出柳中县界之大海道。《西州志》述此道云："常流沙，人行迷误，有泉井，咸苦，无草；行旅负水担粮，履践沙石，往来困弊。"与今道情形正合，所以今道几废。乌骨道似从今哈剌和卓入胜金口，向北入山北行之道。他地道应为从雅尔北行经三山口泉子街济木萨而抵护堡子之道。《新唐书》卷四十交河县下注云："自县北八十里有龙泉馆，又北入谷百三十里经柳谷，渡金沙岭，百六十里经石会汉戍，至北庭都护府。"《西州志》有四百五十里，而此文仅有三百七十里，《新唐书》应有脱文。白水涧道应是今从吐鲁番赴乌鲁木齐之一道。既云"西北向处月以西诸蕃"，则处月居地不得在今之古城矣③。银山道应是今从吐鲁番西南行

———————

① 参看《敦煌石室佚书》本，《鸣沙石室佚书》本阙首八行，无赤亭新开二道。首八行之文残阙不完，二行赤亭道，三行残存"右道出蒲"四字；证以后文，应脱"昌县界"三字，因知此两道并出蒲昌县界。

② 赤亭守捉见《新唐书》卷四十伊州纳职县注。《旧唐书》卷一九四上《突厥传》：开元九年（七二一）秋，拔悉密临突厥衙帐，期会之兵不至，惧而引退。突厥以兵蹑之。暾欲谷分兵间道先掩北庭，尽虏拔悉密之众而还。回兵因而出赤亭以掠凉州羊马。所遵者应是此赤亭道。《新疆图志》卷二云："七克腾木（即齐克塔木，皆 Chik-tam 之对音）者，形势险旷，安集延所据以抗官军者也。"盖一险要之地，故唐代在此置赤亭守捉。

③ 参看沙畹（E. Chavannes）《西突厥史料》译本二十八页注三十四。

经脱克逊库木什（突厥语犹言银，此银山之所本）而赴焉耆（今哈剌沙尔）之道。《西州志》有丁谷窟寺，"在柳中县界，至北山二十五里丁谷中，西去州二十里"。所识者只有今之吐峪沟北诸洞足以当之。

唐代蒲昌县治在今辟展之考订，如尚有所疑，可以《宋史》卷四九〇《高昌传》王延德之行程证之。延德于太平兴国六年（九八一）五月往使高昌，次年四月抵高昌，八年春循旧路还，雍熙元年（九八四）四月至京师。兹仅录其从伊州高昌之行程如下："次历伊州，州将陈氏，其先自唐开元二年（七一四）领州，凡数十世；唐时诏敕尚在。……次历益都，次历纳职城，城在大患鬼魅碛之东，南望玉门关甚近。地无水草，载粮以行。凡三日至鬼谷口避风驿，用本国法设祭，出诏敕御风，风乃息。凡八日至泽田寺。高昌闻使至，遣人来迎。次历地名宝庄。又历六种乃至高昌，即西州也。"泽田应是唐之赤亭，今之齐克塔木。宝庄应是唐之蒲昌，译人语讹，一如今之讹为辟展。六种即汉唐之柳中，今之鲁克沁。核以道里，证以音读，莫不相符。唐贤误解，可据此文一扫而空之。

余所持说，并非创获；伯希和（P. Pelliot）教授曾识塞（Saka）语之 Phucamui 为蒲昌之对音，并谓地在今之辟展（参看《西域南海史地考证译丛续编》五三页）；白棘白刃白力宝庄辟展同为一地，赤亭泽田皆在齐克塔木，早见《辛卯侍行记》卷六；今特取诸贤语焉未详之说引而伸之而已。黄君文弼有《高昌疆域郡域考》（见北京大学《国学季刊》三卷一号），今未见。姑据吾友向觉明（达）之评文（《国立北平图书馆馆刊》六卷五号）窥之，除引前贤考证之说外，暗合者度必甚少。余所用地图为斯坦因（A. Stein）Innermost Asia附图第二八同第三一页。明知学识疏浅，益以病中检书甚难，姑馨所知，以博鸿博之一粲云尔。一九四二年四月初十日命九儿先铭笔受讫。

——《中央亚细亚》一卷一期——

迦腻色迦时代之汉质子

自汉以来，西域诸国常遣子为质于中国，其例在两《汉书·西域传》中举不胜举。唯从未闻有汉天子儿为质于外国者；然在玄奘传记中有之，是不可不详究也。

《大慈恩寺三藏法师传》卷二记玄奘至迦毕试国，"有一小乘寺名沙落迦，相传是昔汉天子子质于此时作也。其寺僧言：我寺本汉天子儿作，今从彼来，先宜过我寺。法师见其殷重，又同侣慧性法师是小乘僧，意复不欲居大乘寺，遂即就停。"

《大唐西域记》卷一迦毕试条云："大城东三四里北山下，有大伽蓝，僧徒三百余人，并学小乘法教。闻诸先志曰：昔健驮逻国迦腻色迦王，威被邻国，化洽远方，治兵广地，至葱岭东。河西蕃维，畏威送质。迦腻色迦王既得质子，特加礼命。寒暑改馆：冬居印度诸国，夏还迦毕试国，春秋止健驮逻国。故质子三时住处，各建伽蓝。今此伽蓝，即夏居之所建也。故诸屋壁图画质子容貌服饰颇同东夏。其后得还本国，止存故房，虽阻山川，不替供养。故今僧众每至入安居解安居，大兴法会，为诸质子祈福树善，相继不绝，以至于今。"

又卷四至那仆底条云："昔迦腻色迦王之御宇也，声振邻国，威被殊俗。河西蕃维，畏威送质。迦腻色迦王既得质子，赏遇隆厚，三时易馆，四兵警卫，此国则质子各所居也。故曰至那仆底（注云：唐言汉封）。质子所居，因为国号。此境已往，洎诸印度，土无梨桃，质子所植，因谓桃曰至那你（注云：唐言汉持来）；梨曰至那罗阇弗呾逻（注云：唐言汉王子）。故此国人深敬东土，更相指告语，是我先王本国人也。"

据前引三文，知迦腻色迦时代迦毕试国有一沙落迦寺，是汉质子所造。此质子冬居至那仆底国，夏还迦毕试国，春秋止健驮逻国。印度虽是传说流行之地，玄奘虽是有闻必录之人，此种传说必有所本，一如义净所记室利笈多时代在鹿园寺附近为支那国僧造支那寺[①]之传说也。

据《后汉书》卷一一八大月氏[②]传，吾人已知贵霜王朝第一王名丘就郤，第二王名阎膏珍[③]。又据佛经，知其后有一王名迦腻色迦。继其后者名胡毘色迦，婆薮提婆。第四王名未见中国载籍记录，第五王应是《三国志》卷二太和三年（二二九）十二月癸卯遣使奉献之大月氏王波调。

根据史籍佛经与夫印度方面考古学之发现，吾人固知贵霜王朝最初有此五王，然考据诸家对此五王在位时代则几人各一说[④]。姑就迦腻色迦在位时代言，最近有二说：傅舍（Foucher）主张在纪元后八〇至一一〇年间[⑤]；斯密（V. Smith）主张在纪元后一二〇至

---

① 《大唐西域求法高僧传》卷上《慧轮传》。

② 《后汉书·大月氏传》后云："诸国称之皆曰贵霜王，汉本其故号言大月氏云。"似前汉时代之大月氏已同化于大夏土著，而此贵霜王朝为本地王朝。其后言大月氏者，皆为古名滥用。桑原骘藏羽田亨伯希和诸教授早持是说，皆言之成理，今从之。

③ 伯希和教授曾以丘就郤为丘就却之误，而阎膏珍亦应改作阎膏弥。可参看一九一四年《亚细亚报》，一九二八与一九二九年合刊《通报》。

④ 可参看《英国王家亚细亚协会报》一九一二年刊六六五与九一八页，一九二二年刊九一一至一〇四二页，一九一四年刊一〇一〇九页。《印度碑铭》一九一七年刊一三〇页。《印度古物》一九一七年十一月刊二六一页。

⑤ 《希腊与佛教参合的艺术》，一九二三年本，二册，五〇五页。

一六二年间①。比较二说，似以傅舍之说较为近似。

若取傅舍之说，迦腻色迦在位，应位之于汉章帝建初五年（八〇）至汉安帝永初四年（一一〇）之间。所本之源应以《后汉书》纪传为多。《西域记》所言"治兵广地至葱岭东"，疑指《后汉书》卷七七《班超传》永元二年（九〇）月氏用兵西域事。

《班超传》曰："初月氏尝助汉击车师②，有功，是岁③贡奉珍宝符拔师子，因求汉公主。超拒还其使，由是怨恨，永元二年（九〇）月氏遣其副王谢将兵七万攻超。超众少，皆大恐。超譬军士曰：月氏兵虽多，然数千里逾葱岭来，非有运输，何足忧耶？但当收谷坚守，彼饥穷自降，不过数十日决矣。谢遂前攻超不下，又抄掠无所得。超度其粮将尽，必从龟兹求救，乃遣兵数百于东界要之。谢果遣骑赍金银珠玉以赂龟兹，超伏兵遮击，尽杀之。持其使首以示谢，谢大惊，即遣使请罪，愿得生归。超纵遣之，月氏由是大震，岁奉贡献。"

迦腻色迦之时代与其用兵西域之原因既明，试再进而考证此质子问题。据上引《班超传》，贵霜既求汉公主而不可得，此汉质子又从何处来耶？《慈恩寺传》所谓汉天子儿之"汉"，在梵语中应为China，是即旧译支那至那脂那等对音之所本。梵语固称中国曰支那，然称东夏印度中间之地亦曰支那。《西域记》明言河西蕃维，可以证已。当时河西武威张掖酒泉敦煌四郡，当然不成问题。所隐喻者应是汉代西域中之一国，而此国疆域应与贵霜领土接近。此国只

---

① 牛津本《印度史》，一九一九年本，一四六页。

② 车师应为莎车之误，盖同《传》曰：超攻疏勒叛王忠，康居遣精兵救之。是时月氏新与康居婚相亲，超力赂遣月氏王，令晓示康居罢兵。则助汉击莎车有功，与远处三千里外之车师无涉也。《前汉书》卷九六《西域传》言神爵二年（前六〇），郑吉都护南北两道后，有"拔莎车之地"语，此乃误车师为莎车，与前误虽反而实同也。

③ 《后汉书·本纪》卷三章和元年（八七）纪："是岁西域长史班超击莎车大破之。月氏国遣使献扶拔师子。"

有疏勒足以当之。

疏勒国名与其相近之名称以外，尚有种种别称见诸载籍。最晚见者为自宋以来迄于今日之 Kashgar，《元秘史》之乞思合儿，《元史》西北地附录之可失哈耳，明陈诚《西域蕃国记》之哈石哈，《明史》之哈实哈儿，清代之喀什噶尔，皆其对音也[1]。

宋人尚有佉路数怛勒之称，希麟《续一切经音义》卷三《十地经音义》疏勒条云："梵语讹略也，正云佉路数怛勒，此翻为恶性国，以其国人性多犷戾。或云彼国有佉路数怛勒山，因山立称也。在北印度境也。"此名应是 Kharostra 对音，旧译亦作佉卢瑟咤者是已。印度用梵书以前，曾用此佉卢瑟咤书，义译作驴唇书。各国考查团在西域汉南道中发现不少写本，多用此种文字写印度俗语。法国烈维教授曾假拟此种文字出自疏勒[2]。

唐人写本《慧超往五天竺国传》云：疏勒"外国自呼名伽师祇离国"。慧琳《一切经音义》卷一百引《往五天竺国传》作迦师佶黎，未详孰是。有人还原作 Kasgiri，容或不误。

《大唐西域记》卷十二云：佉沙国"旧谓疏勒者，乃称其城号也，正音宜云室利讫栗多底，疏勒之言犹为讹也"。案照法国学者儒莲还原方法应作 Srikritati。此与伽师祇离，应皆是其地梵名。

佉沙之称与《法显行传》之竭叉，《高僧传》卷三《智猛传》之奇沙，应有关系。余疑为梵名 Khasa 之对音。旧译三本《孔雀王经》皆有此名：僧伽婆罗初译作迦舍，义净二译与不空三译并作疏勒。梵文原名亦是印度边地之称，故自法显迄于不空皆识为疏勒。

以上诸名与疏勒古名相距皆甚远，别有沙勒一名较为接近。此名并见《高僧传》卷二鸠摩罗什弗陀耶舍两传，卷三《法勇传》；

---

[1]　见北京图书馆藏《独瘝园丛钞》本，《禹贡》第二卷三四期曾转载，然颇有讹误。

[2]　参看《河内远东法国学校校刊》第二卷，二四六页以后，又第四卷之《佉卢瑟咤国与佉卢瑟咤书》。

《续高僧传》卷二《达摩笈多传》，《洛阳伽蓝记》卷五《宋云慧生行记》。核以古读，似作Śalek，此与《慈恩寺传》之沙落迦（Śalaka）又颇接近也。

据《西域记》，佉沙国"文字取则印度，虽有删讹，颇存体势；语言词调，异于诸国"。似疏勒自有其语言，与近年发现之龟兹语、于阗语有别，然迄今尚未有人在西域所得诸写本中有所发现。又一方面，吾人对于疏勒古读亦未能确定其读音。今姑假定其读若Sulek或Sulik，则与沙勒对音仅有一个韵母之别耳。西藏语名疏勒曰Sulig，末一收音声母，与汉名虽有清浊之别，要皆本于同一古名也。梵名沙落迦距离虽较远，然三个声母皆同，唯韵母不同，此可以外国语译音变化解之。甲国名称经乙国传译者，辄有变化：或为韵母变化，或为声母变化，甚至有声韵变位之事，此例甚多，举不胜举，然则梵语之称疏勒曰沙落迦，亦无足异。

《后汉书》卷一一八《疏勒传》确识有疏勒王族徙居月氏之事。据云："安帝元初中（一〇七至一二〇），疏勒王安国以舅臣磐有罪，徙于月氏，月氏王亲爱之。后安国死，无子，母持国政，与国人共立臣磐同产弟子遗腹为疏勒王。臣磐闻之，请月氏王曰：安国无子，种人微弱，若立母氏，我乃遗腹叔父也，我当为王。月氏乃遣兵送还疏勒，国人素敬爱臣磐，又畏惮月氏，即共夺遗腹印绶，迎臣磐立为王。更以遗腹为盘橐城侯。后莎车连畔于阗，属疏勒。疏勒以强故，得与龟兹于阗为敌国焉。顺帝永建二年（一二七），臣磐遣使奉献。帝拜臣磐为汉大都尉，兄子臣勋为守国司马。"臣磐前后有无他人质于贵霜，史无明文，而疏勒王族徙贵霜者只此一见。余疑玄奘所闻建沙落迦寺之质子或即此人。然则傅舍所拟之迦腻色迦在位年代应改作八七至一二〇年间矣。

西安《景教碑》叙利亚文地名中有Sarag，俞耳（Yule）曾引卜铁（Pauthier）说，以为所指者，即是洛阳，并与陶烈美

（Ptolomée）《地志》之 Serice 比附①，其说甚是。伯希和证明此二名之相同，并引义净《梵语千字文》（别本）中之娑啰誐②以为补证。《千字文》此字梵文确为 Saraga，而下注汉语曰"洛"，则其指洛阳无疑。伯希和以为洛字古读 lak，可对此名之后半，然对于前一"娑"字，未予说明③。余以为此娑啰誐应是古代中亚人名称疏勒之称；玄奘之沙落迦，疑从中亚名称转出：盖其与疏勒原名相距远，而与中亚语名韵母皆同也。意者中亚人古称疏勒曰娑啰誐，晚至唐代，已忘其为何地，及见啰誐读音与洛字相近，遂以娑啰誐名洛阳云。

首见陶烈美书之 Serice 与散见其他古代希腊罗马撰述中之 Seres，似与吾人所研究之沙落迦娑啰誐不无关系，然此问题过于繁复，非此短文所能详，拟别为文考证之。

——《汉学》一卷一期——

---

① 见《契丹记程》，第一册，一〇九页，一九六页。
② 日本《大正新修大藏经》，第五十四册，一二〇一页上栏第一行。
③ 见一九二七及一九二八年合刊《通报》，九一至九二页。

王玄策事辑

　　中国同印度交际最活动的时间，从来无及唐初百年者。这个时代出了一位玄奘大师，又出了一位建功异域的外交使臣王玄策。玄奘的事迹尽人皆知，可是王玄策的事迹被史官湮没，几乎不传于后世。此较他同张骞的事迹，我觉得张骞凿空，事颇可疑。而玄策出使，事实显著，两《唐书》中反无专传。在这一方面说，玄策不但不及古之张骞，而且不及同时共事的崔敦礼同萧灌。敦礼不过使了几回北蕃，监制了一回长年药，也没有甚么显功。可是他的官做到了中书令，所以《旧唐书》（卷八一）《新唐书》（卷一〇六）皆有传。不幸玄策官只做到五品的朝散大夫，所以列传中无他的位置。萧灌的事迹，更平常了。可是他在《旧唐书》（卷六三）《新唐书》（卷一〇一），附见于萧瑀传后。又因他是个世家阀阅，《新唐书》传赞说："凡八叶，宰相名德相望。"他的儿子萧嵩做过宰相，有张说替他做了一篇神道碑。所以我们现在不仅知道他那些平平常常的事迹，而且知道他的生卒年月。玄策大概没有这样的儿子，所以后人仅仅知道他在六四三年到六五五年的事迹。这些事迹可不皆见于正史。要照史笔说，玄策的运气还比玄奘佳，玄奘在《旧唐书》中虽有一篇小传，乃在新旧两书的《天竺传》中，更较玄策轻描淡写。但是研求历史真相，不管甚么史法的人，看法又同史官有别。

王玄策的姓名，在国内中学教科书里面，或者还看不见。然而外国的汉学家则无人不知。因为印度的历史，有一部分要靠中国人的记载去补缀，有王玄策这样的事迹，他们岂肯轻轻放过？所以法国梵学名宿烈维（S. Lévi），在一九〇〇年《亚洲学报》（*Journal Asiatique*）里面，首先将散见于《法苑珠林》中的《中天竺行记》残文裒辑。这篇研究我已转为汉文，题曰《王玄策使印度记》（见《史地丛考》初篇）。嗣后伯希和（P. Pelliot）在一九一二年《通报》《玄奘翻老子为梵文事考证》一文中，根据《诸经要集》《法苑珠林》《集古今佛道论衡》三书，补了三事，又在一九二三年《通报》《六朝同唐时的几个艺术家》一文中，据《册府元龟》检出一事，并将从前希尔特（Hirth）早已检出见诸《历代名画记》的一条加入。我现又在《释迦方志》同《法苑珠林》检出两条，并在别的选述里面搜集副料，得了若干旁证。总计前后检出的王玄策事迹也不算少，所以我现在把他集合起来，作一篇有系统的贡献。我不敢说中国书籍里面所见的王玄策事迹仅限于此，这不过是迄于今日搜辑的一个段落。

要考王玄策的事迹，当然最好去检他所撰的《中天竺国行记》。此书已见四书著录，现按各书成书的年代先后列举于下：

《法苑珠林》卷一百《中天竺国行记》十卷，唐朝散大夫王玄策撰；

《历代名画记》卷三，中天竺国图，原注云：有《行记》十卷，图三卷，明庆三年（六五八）王玄策撰；

《旧唐书》卷四六《经籍志》，《中天竺国行记》十卷，王玄策撰；

《新唐书》卷五八《艺文志》，王玄策《中天竺国行记》十卷。

上面四部书，虽然皆著录有这部《中天竺行记》，可是此书之图三卷，大概在唐时早已不传。《行记》十卷，大概在宋时已散佚了。现在我们所能见的，只有《释迦方志》中一条，《诸经要集》两条，

《法苑珠林》十几条。此外采辑《中天竺行记》者，还有唐朝的一部官书。《法苑珠林》卷一百说："依玄奘法师行传，王玄策传，及西域道域住士所宜，非无灵异，敕令文学士等总集详撰，勒成六十卷，号为《西国志》，图画四十卷，合成一百卷。"又云，"《西域志》六十卷，画图四十卷，此二部合成一百卷，唐朝麟德三年（六六六）奉敕令百官撰。"这个《西国志》，便是《西域志》，可惜现在也不传了。仅在《法苑珠林》中看见几条。合计起来，《中天竺行记》我们直接间接所看得见的，只有这二十多条，为数虽少，尚可考见玄策《行记》的大概。至若这部《行记》撰述的年代，大约是在第三次使印度之后，到《西国志》编纂之前。质言之，在六六一至六六六年之间。《历代名画记》所说的明庆三年，就是显庆三年，也就是六五八年。此年王玄策尚在印度。他从显庆二年（六五七）出发，至显庆五年（六六〇）十月一日方从大觉寺动身回国，到次年春初方到长安。这个时代中间，无暇撰述。如此看来，《历代名画记》的题年是错误的。

按照后来所辑诸文说，王玄策的事迹大致如下。先是玄奘至摩伽陀国（Magadha），国王尸罗逸多（Śilāditya）在贞观十五年（六四一）遣使上书中国，唐太宗命梁怀璥持节慰抚。尸罗逸多复遣使者随入朝。太宗又命李义表为正使，王玄策为副使，送其使还国。是为王玄策之第一次奉使。奉使的年月是贞观十七年（六四三）三月，同年十二月到摩伽陀国。至十九年（六四五）正月二十七日，玄策等建铭于耆阇崛山（Grdhrakūta）。同年二月十一日立碑于摩河菩提（Mahábodhi）寺。还国似在六四六年。

到了六四七年，王玄策为正使，蒋师仁为副使。再使印度时，尸罗逸多死，国大难，发兵拒玄策，玄策发吐蕃泥婆罗之兵，擒其王阿罗那顺归长安。贞观二十二年（六四八）五月献俘阙下。

到了六五七年，又命玄策送佛袈裟到印度。我们知道他在显庆四年（六五九）至婆栗阇国（Vrjji）。显庆五年（六六〇）九月二十七日到摩诃菩提寺，十月一日离此归国。

合计起来，玄策到过印度三次，因为根据《行记》残文，一则云"三度至彼"，再则云"三回往彼"，三则云"前后三度"，足证奉使只有三次。可是《大唐西域求法高僧传·玄照传》，有重诣西天追玄照入京之语。烈维一九一二年《通报》《迦腻色迦（Kaniska）与王玄策》一文中，遂假定玄策在六六三年第四次重往印度。

我对于以后所辑诸文，是按照各书成书先后时代排列的，对于官书或私人撰述不加区别。说到这里，有几部书的年代，似应附带说说。我从前说过《中天竺行记》是撰于六六一年至六六六年之间的。可是《开元释教录》卷八说，《释迦方志》是六五〇年撰（与《释迦方志》序谓"唯夫大唐之有天下也将四十载"语亦合），其中就见有王玄策之文一条。严格说，似乎有点矛盾。《诸经要集》是在显庆年间（六五六至六六一年二月初）所辑，似乎也不应该采有《行记》之文。又如《法苑珠林》李俨序云，"大唐总章元年（六六八）三月三十日纂集斯毕"，可是所引玄策《行记》，有一条说到咸亨二年（六七一）的年号，似乎也有些不对，也是不应该采录的。但是我们要知道，唐人的撰述是写本，随时皆可增改，书题或序题的年月，不一定就是定本的年月，所以发现后几年的事，亦不足为异。我们又要知道，王玄策来往印度，至少也有三次。他在国内，将他所见所闻，告诉道宣道世诸人，也是意中必有之事。道世在《法苑珠林》卷五引《西国志》一条后云"余见玄策具述此事"，足证《法苑珠林》等书所记也有出于从前耳闻，而非录自《行记》的。如此看来，我们不必刻舟求剑，硬断定序题年月就是成书的年月。

下面一条见《释迦方志》卷上：

〔一〕"吠舍厘（Vaiśālī）国宫城西北六里寺塔，是说净名

Vimalakirti 处，……寺东北四里许塔，是净名故宅基，尚多灵神，其舍叠砖，传云积石，即说法现疾处也。近使者王玄策以笏量之，止有一丈，故方丈之名因而生焉。"

案 Vimalakirti 的意译，作净名，亦作无垢称，音译有毗摩罗诘，维摩诘，维摩，维诘诸名。此条并见《法苑珠林》卷二九，说是显庆年事。一○二○年的《释氏要览》卷上，同一一三○年前后的《能改斋漫录》，所载之文大概是直接间接本于《行记》。这就是辞典中"方丈"一名的出处。王玄策的遗事相传至今的，只这一点，可是用这个名词的人，早已数典而忘祖了。这个净名宅在王玄策量基以前，业见著录，玄奘《西域记》卷七《吠舍厘国》下，曾说到《毗摩罗诘》故宅。最早见的，大概是《水经注》卷一引支僧载外国事（晋时人撰），其中的吠舍厘作维邪离，净名宅作维诘家。

下面两条见《诸经要集》：

〔二〕卷一，引王玄策《西国行传》，"唐显庆二年（六五七）敕使王玄策等往西国送佛袈裟，于泥婆罗国（Népal）西南，至颇罗度来村，东坎下有一水火池，若将家火照之，其水上即有火焰于水中出，欲灭以水沃之，其焰转炽。汉使等曾于中架一釜，煮饭得热，使问彼国王。国王答使人云，曾经以杖刺着一金匮，令人挽出，一挽一深，相传云，此是弥勒佛 Maitreya Bodhisattva 当来成道天冠，金火龙防守之，此池火乃是火龙火也。"

此条并见《法苑珠林》卷十六。此水火池玄奘《西域记》卷七《尼波罗国》下亦见著录。取《新唐书》卷二二一上《泥婆罗传》之文证之，可见这是第一次奉使时事。使臣的行程是取道吐蕃同泥婆罗。当时泥婆罗的国王是那陵提婆（Narendradeva）。其文云："贞观中遣使者李义表到天竺，道其国，提婆大喜，延使者同观阿耆婆祢池，池广数十丈，水常溢沸，共传旱潦未始耗溢，或抵以物则生烟，釜其上少选可热。"阿耆婆祢之"祢"，诸本亦有讹作"祢"者。考慧琳《一切经音义》卷七七作"泝"，音泥礼反，则为"泝"之省写，传抄误作"渗"。其梵文原名应是 agnipānīya。

〔三〕卷十四"又王玄策行传云：佛在世时，毗耶梨城（Vaiśālī）观一切众生，有苦恼者，即欲救拔。乃观见此国有鸡越吒 Kaivarta二众，总五百人，于婆罗俱末底河 Phalgumatī 网得摩梨（一作竭）大鱼，十有八首，三十六眼，其头多兽，佛为说法，鱼闻法已，便即命终，得生天上，而为天子，却观本身是大鱼，蒙佛说法，遂得生天，乃持诸种香花璎珞宝珠从天而下，至佛供养。于时二众，并发心悔过，即于俱末底河（Phal）-gumatī 北一百余步，烧焚鱼网，铜瓶盛灰埋之，向说法处于上起塔，尊像俨然，至今现在，雕饰如法，睹者生善。"

案"鸡越吒"此言渔人，"婆罗俱末底"就是梵本 Phalgumatī 之对音。巴利（Pāli）本作 Vaggumudā。《史记》卷一二三正义引《括地志》中视为恒伽河（Ganga〔恒河〕）的拔扈利水，或者也是此河之同名异译。《水经注》卷一此名凡两见，皆误作"枝扈黎"。摩梨大鱼，高丽藏作摩梨，似误。宋元明藏皆作"摩竭"，这也是汉译梵本常见的 makara 之对音。这件故事玄奘《西域记》卷七《弗栗恃国（Vrjji）》下亦见著录，说此鱼前生名叫劫比他（Kapitha）。

此外《贤愚经》卷十（关于《贤愚经》翻译的始末，可参考《出三藏记集》卷九《贤愚经记》）同《摩诃僧祇（Mahāsānghika）律》卷十四，皆志有这件故事。因为其文不同，特将此二文转录于下，以资对照。

《贤愚经》云，"昔佛在世时，与诸比丘向毗舍离（Vaiśālī）到梨越（Revatī）河，见人捕鱼，网得一鱼，身有百头，有五百人挽不出水。是时河边有五百人而共放牛，即借挽之，千人并力，方得出水。见而怪之，众人竞看。佛与比丘往到鱼所，而问鱼言，'汝是迦毗梨（Kaplla）不？'鱼答言'是。'复问鱼言，'教汝匠者今在何处？'鱼答佛言，'堕阿毗（Avīci）狱。'阿难见已，问其因缘。佛告阿难，'乃往过去迦叶（kaśyapa）佛时，有婆罗门生一男儿，字迦毗梨，聪明博达，多闻第一。父死之后，其母问儿'汝今高明，世间颇有更胜汝不？'儿答母言，'沙门殊胜，我有所疑，往问沙门，为我解说，令我开解，彼若问我，我不能答。'母即语言，'汝今何不学习其法？'儿答母言，'若欲习者，当作沙门，我是白衣，何缘得学？'母语儿言，'汝今且可伪作沙门，学达还家。'儿受母教，即作比丘，经少时间，学通三藏，还来归家，母复问儿，'今得胜未？'儿答母言，'由未胜也。'母语儿言，'自今已往，若其谈论，倘不如时，便可骂辱，汝当得胜。'儿受母教，后论不如，即便骂言，汝等沙门，愚呆无识，头如兽头，百兽之头，无不比之，缘是骂故，今受鱼身，一身百头，驼驴牛马猪羊犬等众兽之头，无不备有。阿难问佛'何时当得脱此鱼身？'佛告阿难，'此贤劫 bhadrakalpa 中，千佛过去犹故不脱此鱼身。'以是因缘，身口意业不可不慎。"

《摩诃僧祇律》云："佛在跋祇国（Vrjji）人间游行，与比丘众俱至一故河边，时诸捕鱼人捉网捕鱼，诸比丘见已，白佛言，'世尊，是捕鱼人不应作是事而勤作。'世尊因诸比丘问已，即说偈言：'已得难得身，云何作诸恶，染爱著身故，命终入恶道。'时捕鱼人捉大网沉石浮瓠顺水而上，边各二百五十人，叫唤挽网向岸。诸比丘见已，白佛言'世尊，此人若于佛法中如是精进者，大得法利。'尔时世尊因事说偈言'所谓勤精进，非名一切欲，谓能离众恶，以法自活命'，如迦毗罗（Kapila）本生经中广说。尔时众鱼堕网中，有一大鱼有百头，头头各异，世尊见之，便唤其字，即应世尊，世尊问言，汝母在何处，答言某圊厕中作虫，佛言此大鱼迦叶佛时作三藏比丘，恶口故受杂类头报，母受其利养，故作厕中虫，佛说此因缘时，五百人即止网出家修道，皆得罗汉往跋渠（Phalgu［mati]）河边。"

下面十余条并见《法苑珠林》，其中有"王玄策《传》""王玄策《行传》""《西国行传》""《西域行传》"种种名称之不同，还有几条说是出于玄奘《西域记》。然考所标年月，皆在玄奘表上《西域记》之后。大约不是出于《西域行传》，便是出于《西域志》的。因为同一事实三书并见，而皆有西域两字的标题，所以就混淆不分了。此外《西域志》或《西国志》的几条也附带列入，因为这几条很难同王玄策的《行记》分开。我此次所标的卷数页数皆是根据高楠顺次郎等所修的新修《大藏》经本。

〔四〕卷四，二九六页："王玄策《西国行传》云：王使显庆四年（六五九）至婆栗阇国（Vrjji），王为汉人设五女戏，其五女传弄三刀，加至十刀，又作绳伎，腾虚绳上，着履而掷，手弄三仗刀楯枪等种种关伎，杂诸幻术，截舌抽肠等不可具述。"

案与卷七六一条所言幻戏疑为一事。考《后汉书》卷一一六掸国（缅甸）王献幻人自言我海西人，海西即大秦也。又考《新唐书·地理志》卷四三下，贾耽道里中有大秦婆罗门国，（伯希和说此国就是 Manipura）一般考订皆说大秦是地中海东部，可是贾耽道里之大秦婆罗门，明明白白在恒河东边，我的假定以为这两个大秦，怕是达嚫（Daksina）的别译；这些幻人怕皆是从南印度来的。

〔五〕卷五，三一〇页："《西国志》云：中印度在赡波（campa）西南山石洞中，有修罗（asura）窟，有人因游山修道，遇逢此窟，人遂入中，见有修罗宫殿处，妙精华卉，乍类天宫，园池林果，不可述尽。阿修罗众既见斯人希来到此，语云，'汝能久住此否？'答云，'欲还本处。'修罗既见不住，遂施一桃，与食讫。修罗语言'汝宜急出，恐汝身大，窟不得容。'言讫走出，身遂增长，形貌粗大，人头才出，身大孔塞，遂不出尽。自尔以来，年向数百，唯有大头如三头瓮。人见共语，具说此缘，人愍语云：'我等凿石，令汝身出，其事云何？'答云'恩泽！'人奏国王，具述此意，君臣共议；

此非凡人，力敌千人，若凿令出，倘有不测之意，谁能抗之！因此依旧，时人号为大头仙人。唐国使人王玄策已三度至彼，以手摩头共语，了了分明。近有山内野火，烧头焦黑，命犹不死。《西国志》六十卷，国家修撰，奉敕令诸学士画图，集在中台，复有四十卷。从麟德三年（六六六）起首，至乾封元年（六六六）夏末方讫，余见玄策具述此事。"

观上文"余见玄策具述此事"一语，可见道世所记兼有闻诸玄策之语。

〔六〕卷八，三三二页："《王玄策行传》云吐蕃国（Tibet）西南有一涌泉，平地涌出，激水高五六尺，甚热，煮肉即熟，气上冲天，像似气务。有一老吐蕃云，十年前其水上激高十余丈，然始傍散，有一人乘马逐鹿直赴泉中，自此已来，不复高涌。泉中时时见人骸骨涌出，垂毯布水，须臾即烂，或名为镬汤。此泉西北六七十里，更有一泉，其热略等，时时盛沸，殷若雷声，诸小泉温，往往皆然。今此震旦 Cīnasthāna 诸处，多有温汤，准此亦是镬汤。故《四分律》Dharmaguptavinaya 下文佛言王舍城 Rajagrha 北，有热汤从地狱中来，初出甚热，后流至远处稍冷，为有余水相和，所以冷也。"右此一验出西国传。

卷十六，四〇五页有一条，是说泥婆罗水火池，因为并见诸经要集，故不赘录。

〔七〕卷二九，四九七页："玄奘《西域传》云：迦毕试国（Kapiśa）古王寺有佛顶骨一片，广二寸余，色黄白，发孔分明。至唐龙朔元年（六六一）春初，使人王玄策从西国将来，今现宫内供养。"

案《西域记》卷一云："伽蓝亦名旧王，有如来顶骨一片，面广寸余，其色黄白，发孔分明，"《法苑珠林》所录《西域记》之语，只能仅限于此，至唐龙朔以下云云，似出玄策《行记》。

〔八〕卷二九，五〇一页：“玄奘《西域传》云：于大唐显庆年中（六五六至六六〇），敕使卫长史王玄策因向印度过净名宅，以笏量基，止有十笏，故号方丈之室也。”

案此条似出玄策《行记》，或者原题《西域行传》或《西域志》，遂误会以为出于玄奘《西域志》，而《佛祖统纪》乃硬断其事在贞观十七年（六四三）。

〔九〕卷二九，五〇二页：“玄奘《西域传》：摩揭陁（Magadha）有佛足迹，贞观二十三年有使图写迹来。”

此处所言之使，应是第二次奉使之王玄策，贞观以下云云，应是亦出玄策《行记》。

〔一〇〕卷二九，五〇二页：“王玄策《行传》云：西国瑞像无穷，且录摩诃菩提（Mahābodhi）树像云，昔师子（Simhala 或Ceylon）国王名尸迷佉拔摩（原注：唐云功德云）Sri Meghavarman，楚王遣二比丘来诣此寺，大者名摩诃諵（此云大名）Mahānaman，小者优波（此云授记）Upa-，其二比丘礼菩提 bodhi 树金刚座 Vajrasana 讫，此寺不安置，其二比丘乃还其本国。王问比丘，‘往彼礼拜圣所来灵瑞云何？’比丘报云‘阎浮 Jambudvīpa 大地无安身处。’王闻此语，遂多与珠宝，使送与此国王三谟陁罗崛多 Samudragupta，因此以来，即是师子国比丘。又金刚座上尊像元造之时，有一外客来告大众云，‘我闻募好工匠造像，我巧能作此像。’大众语云，‘所须何物？’其人云，‘唯须香及水及料灯油艾。’料既足，语寺僧云，‘吾须闭门营造，限至六月，慎莫开门，亦不劳饮水。’其人一入，即不重出，唯少四日，不满六月。大众评章不和，各云此塔中狭迮，复是漏身，因何累月不开见出，疑其所为。遂开塔门，乃不见匠人，其像已成，唯右乳上有少许未竟。后有空神警诫大众云，‘我是弥勒菩萨。’像身东西坐，身高一丈一尺五寸，肩阔六尺二寸，两膝相去八尺八寸，金刚座高四尺三寸，阔一丈二尺五寸。其塔本阿育王

97

Aśoka造石钩栏塔。后有婆罗门兄弟二人，兄名王主 Rajasvamin，弟名梵主 Brahmasvamin，兄造其塔，高百肘，帝（应作弟）造其寺，其像自弥勒造成已来，一切道俗，规模图写，圣变难定，未有写得。王使至彼，请诸僧众，及此诸使人，至诚殷请，累日行道忏悔，兼申来意，方得图画，髣髴周尽。直为此像出其经本，向有十卷，将传此地，其匠宋法智等巧穷圣容，图写圣颜，来到京都，道俗竞模。"

上一条同玄奘《西域记》卷八所说的大同小异，此条中之师子国王，应是大史 Mahāvamsa 中之 Meghavarna，此言云色，殆即因此名之日乌鸦王。大史说是三〇四至三三二年间人，汉译迷佉拔摩应误，考摩诃菩提寺有两梵碑，上有 Mahānāman 一名，疑即此处之摩诃諵。别有 Upasena 一名，或是此处名称不全之优波。唯优波斯那此言近军，又与原注授记之意不合。宋法智图写之像，归国后藏在宫内（可参照后引历代名画记一条）。图写的时间，大概在六四五年二月（参照后条）第一次奉使之时。因为第二次与其说是奉使，不如说是远征，第三次只在摩诃菩提寺住了四天，皆无此从容图写的时间，而第四次奉使，只有一条孤证，有无其事，还是一个问题。六四五年既然能在摩诃菩提寺立碑，当然有时图像。匠人宋法智同书碑的魏才，大约就是李义表同王玄策带去二十二人中之二人。宋法智好像还会塑像，《大慈恩寺三藏法师传》卷十说：六六四年玄奘未死以前"又命塑工宋法智于嘉寿殿竖菩提像骨"，此人应是随同王玄策等到印度的宋法智。

〔一一〕卷二九，五〇三页："王玄策《传》云：此汉使奉敕往摩伽陁国摩诃菩提寺立碑至贞观十九年（六四五）二月十一日，于菩提树下塔西建立，使典司门令使魏才书。昔汉魏君临，穷兵用武，兴师十万，日费千金，犹尚北勒阗颜，东封不到（一作耐）。大唐牢笼六合，道冠百王，文德所加，溥天同附。是故身毒诸国，道俗归诚，皇帝愍其忠款，遄轸圣虑，乃命使人朝散大夫行卫尉寺丞上护军李义表，前融州黄水县令王玄策等二十二人，巡抚其国，遂至摩诃菩提寺所。菩提树下金刚之座，贤劫千佛，并于中成道，严饰相好，具若真容，灵塔净地，巧穷天外，此乃旷代所未见，史籍所未详。皇帝远振鸿风，光华道树，爰命使人，届斯瞻仰，此绝代之盛事，不朽之神功，如何寝默咏歌不传金石者也。乃为铭曰：大唐抚运，膺图寿昌，化行六合，威棱八荒，身毒稽颡，道俗来王，爰发明使，瞻斯道场。金刚之座，千佛代居，尊容相好，弥勒规模。灵塔壮丽，道树扶疏，历劫不朽，神力焉如。"

案后引《酉阳杂俎》一条说："显庆五年（六六○）于寺立碑"，如果不是记错年月，则王玄策所立者不止一碑。

〔一二〕卷二九，五○四页："王玄策《传》云：粤以大唐贞观十七年（六四三）三月内，爰发明诏，令使人朝散大夫行卫尉寺丞上护军李义表，副使前融州黄水县令王玄策等，送婆罗门客还国。其年十二月至摩伽陁国，因即巡省佛乡，览观遗踪，圣迹神化，在处感征。至十九年（六四五）正月二十七日至王舍城，遂登耆阇崛山，流目纵观，傍眺冈极，自佛灭度千有余年，圣迹遗基，俨然具在，一行一坐，皆有塔记。自唯器识边鄙，忽得躬睹灵迹，一悲一喜，不能裁抑。因铭其山，用传不朽，欲使大唐皇帝，与日月而长明，佛法弘宣，共此山而同固。其辞曰：'大唐出震，膺图龙飞，光宅率土，恩覃四夷，化高三五，德迈轩羲，高悬玉镜，垂拱无为（其一）。道法自然，儒宗随世，安上作礼，移风乐制，发于中土，不同叶裔，释教降此，运于无际（其二）。神力自在，应化无边，或涌于地，或降于天，百亿日月，三千大千，法云共扇，妙理俱宣（其三）。郁乎此山，奇状增多，上飞香云，下临澄波，灵圣之所降集，贤懿之所经过，存圣迹于危峰，竖遗趾于岩阿（其四）。参差岭嶂，重叠岩廊，铿锵宝铎，氛氲异香，览华山之神纵，勒贞碑于崇岗，弛大唐之淳化，齐天地之久长（其五）。'"

案李义表《登耆阇崛山铭》并见《全唐文》卷一六二。

〔一三〕卷三五，五五九页："《西域志》云：娑罗双林树边别有一床，是释迦佛塑像在上，右肋而卧，身长二丈二尺四寸，以金色袈裟覆上，今犹现在，数放神光。又王舍城东北是耆阇崛山，有佛袈裟石，佛在世时将就池浴，脱衣于此，有鹫鸟衔袈裟升飞，既而堕地，化成此石，纵横叶文，今现分明。其南有佛观田，命弟子难陁制造袈裟处，并数有瑞光现，大唐使人王玄策等前后三回往彼，见者非一。"

〔一四〕卷三八，五八九页："《西域志》云：罽宾国（Kapiśa）广崇佛教，其都城内有寺名汉寺，昔日汉使向彼，因立浮图（Stupa），以石构成，高百尺，道俗虔恭，异于殊常。寺中有佛顶骨，亦有佛发，色青螺文，以七宝装之，盛以金匣。王都城西北有王寺，寺内有释迦菩萨幼年龀齿，长一寸，次其西南有王妃寺，寺有金铜浮图，高百尺，其浮图中有舍利骨，每以六斋日，夜放光明，照烛绕承露盘，至其达曙。"

〔一五〕卷三八，五八七页："《西域志》云，波斯匿（Prasena-jit）王都城东百里大海边，有大塔，塔中有小塔，高一丈二尺，装众宝饰之，夜中每有光曜，如大火聚。云佛般泥洹五百岁后，龙树（Nagarjuna）菩萨入大海化龙王，龙王以此宝塔奉献龙树，龙树受已，将施此国，王便起大塔以覆其上。自昔以来，有人求愿者，皆叩头烧香奉献华盖，其华盖从地自起，徘徊渐上，当塔直上，乃止空中经一宿变灭，不知所在。"

〔一六〕卷三八，五八七页："《西域志》云，龙树菩萨于波罗奈国（Vārānasī）起塔七百所，自余凡圣，造者无量，直于禅连河上建塔千有余所，五年一设无遮大会。"

〔一七〕卷三九，五九七页："《西域志》云：乌苌国

（Uddiyāna）西南有檀特山，山中有寺，大有众僧，日日有驴运食，无控御者，自来留食还去，莫知所在。"

案《北史》卷九七《乌苌传》所志檀特山事，与此条同，唯《洛阳伽蓝记》卷五《宋云行纪》作善持山，《西域记》卷二作弹多落迦山。

〔一八〕卷三九，五九七页："《西域志》云，王玄策至，大唐显庆五年（六六〇）九月二十七日，菩提寺寺主名戒龙（Silanaga），为汉使王玄策等设大会，使人已下各赠华氎十段，并食器。次申呈使献物龙珠等，具录大真珠八箱，众牙佛塔一，舍利宝塔一，佛印四。至于十月一日，寺主及余众僧饯送使人，西行五里，与使泣涕而别曰，会难别易，物理之然，况龙年老，此寺即诸佛成道处，为奏上于此存情，预修当来大觉之所，言意勤勤，不能已已。"

〔一九〕卷五五，七〇三页："即如大唐太宗女皇帝及今皇帝，命朝散大夫卫尉寺丞上护军李义表，副使前融州黄水县令王玄策等二十二人，使至西域，前后三度，更使余人，及古帝王前后使人，往来非一，皆亲见世尊说经时处，伽蓝圣迹，及七佛以来所有征祥，灵感变应，具存《西国志》六十卷内，现传流行，宰贵共知。"

〔二〇〕卷六四，七七〇页："从吐蕃国向雪山南界至屈露多（Kulūta）悉立等国，云从此驿北行，可以九日，有一宝山。山中土石并是黄金，有人取者，即获殃咎。"原注："出王玄策《西国行传》。"

此条之屈露多同《西域记》之译名合，就是昔之 Kulūta，今之 kulu。至若悉立国名，据伯希和之考订，是西藏语 Gser-rabs 之对音，此言金氏，应是《西域记》卷四之苏伐剌拏瞿呾逻国，也就是《慧超往五天竺国传》之苏跋那具怛罗。此二译名皆是梵文 Suvar-nagotra 之对音，意亦金氏，不过玄奘等用的是梵文名，玄策用的是西藏语名。此悉立国在《新唐书》卷二二一上，附见《天竺传》后，可是《新唐书》同传中又说东女亦曰苏伐剌拏瞿呾罗，为之别立一传。但是此传所言之国，是今日西康省内之一国，不是西藏西边之金氏国，此金氏国必是梵本撰述中之女国（Strīrājya），七拼八凑的《新唐书·西域传》，误将此二国合为一国，所以《东女国传》就文不对题了。

〔二一〕卷七六，八五九页："唐贞观二十年（六四六），西国有五婆罗门来到京师，善能音乐祝术杂戏，截舌抽腹，走绳续断。又至显庆（六五六至六六一）以来，王玄策等数有使人向五印度，西国天王为汉使设乐，或有腾空走索，履屐绳行，男女相避，歌戏如常，或有女人手弄三仗刀稍枪等，掷空手接，绳走不落，或有截舌自缚，解伏依旧，不劳人功。如是幻戏，种种难述。"

此条疑与卷四婆栗阇国为汉人设五女戏一事两见。

〔二二〕卷九一，九六○页："又依王玄策《西国行记》云：其王心知继室奸宄，饮气而怒搉，加刑继室所。是时辅佐并流配雪山东北碛卤不毛之地，摩诃菩提寺圣僧名宴沙大阿罗汉，王闻高德，携盲子具白前事，垂哀眼明，僧受王请，普告国众，吾明晨说深法，人持器来，以盛洟泪。是日道俗竞驰远赴，闻说十二因缘时，众悲伤泣血而已收泪总置金槃。师立誓曰：向所说法，其理若当，愿以众泪，洗王子目，令得复明，理若不当，盲目如故。于是将泪洗眼，眼遂平复，时王及子不胜喜庆，时众咸悦，皆称善哉，圣力乃尔！王子即是拘那罗（Kunala）王，于今塔犹存焉。"

此条未经烈维伯希和检出，所说的就是《西域记》卷三呾叉始罗国（Taksaśila）下之无忧王 Aśoka 太子拘浪拏缘。此缘梵本尚存，也就是《阿育王 Aśoka 经》卷四的鸠那罗缘。可是《阿育王经》中无治眼事，考马鸣 Aśvaghosa 撰《大庄严经论》卷八之汉地王子缘，即指此事，唯其人为汉地王子，而非无忧王太子。也有治眼事，治眼的人，在《大庄严经论》同《西域记》中，皆作"瞿沙"Ghosa，

《法苑珠林》之"宴沙"疑误。

〔二三〕卷九二，九六三页："王玄策《行传》云：摩伽陁国法，若犯罪者，不加拷掠，唯以神称称之。称人之法，以物与人轻重相似者，置称一头，人处一头，两头衡平者，又作一符，亦以别物，等其轻重，即以符系人项上，以所称别物添前物，若人无罪，即称物头重，若人有罪，则物头轻。据此轻重，以善恶科罪，剜眼截腕，断指刖足，视犯轻重，以行其刑。若小罪负债之流等，并锁其两脚，用为罚罪。"

〔二四〕卷九八，一〇一二页："王玄策《行传》云：摩伽陁国菩提寺主达磨师，问汉敕使，知此佛法盛行。达磨师云，佛法当令盛在四方也，昔有迦羯 Karka，Kṛkin 王梦大海水中心浊，四边清，请迦叶佛解云，后释迦末代，佛法中天竺无，所以中浊也，总向四方，所以四边清也。"

〔二五〕卷一百，一〇二八页："王玄策《西域行传》云：摩伽陁国菩提寺大德僧赊那去线陀，据经算出云，释迦菩萨年至十九，四月十五日初夜出城，至三十成道，至七十九入般涅槃以来，算至咸亨二年（六七一），始有一千三百九十五年。"此条著录咸亨二年的年号，可见不是王玄策《行记》成于六七一年，便是《法苑珠林》成于是年。

《新旧唐书志》有迦没路国（Kāmarūpa）童子王（Kumāra）请老子象事。观其文气，好像是六四八年第二次奉使时事。其实不然，因为根据下引道宣在六六一至六六四年间所撰的《集古今佛道论衡》卷丙中一文，可见此事是第一次奉使时事。《唐书》的迦没路，就是《西域记》卷十的迦摩缕波，《新唐书》的尸鸠摩，同下文的童子王，就是《西域记》的婆塞羯罗伐摩（Bhāskaravarman）（此言日胄），拘摩罗（Kumāra）（此言童子），此国就在今日印度 Assam 省中。

〔二六〕《集古今佛道论衡》卷丙云："贞观二十一年（六四七），西域使李义表还奏称，东天竺童子王所未有佛法，外道宗盛，臣已告云，支那大国未有佛教已前，旧有得圣人说经，在俗流布，但此文不来，若得闻者，必当信奉。彼王言，卿还本国，译为梵言，我欲见之，必道越此徒，传通不晚。登即下敕，令玄奘法师与诸道士对共译出，于时道士蔡晃成英二人，李宗之望，自余锋颖三十余人，并集五通观日别参议，详核《道德》，奘乃句句披析，穷其义类，得其旨理，方为译之。……"

这本译为梵文的《道德经》，是否送到迦没路国，吾人不知，大概总是翻译了的。

彦悰在六六二年所集的《集沙门不应拜俗等事》卷四里面，有一篇王玄策等议沙门不应拜俗状，此状并见《全唐文》卷二〇四（其下题误贞观二十二年作十二年），考《旧唐书》卷四，龙朔二年六月乙丑，"初令道士女冠僧尼等并尽礼致拜其父母"，则王玄策等上议状在此时之前（彦悰言其事颇详）。

〔二七〕《集沙门不应拜俗等事》卷四："右骁卫长史王玄策，骑曹萧灌等议状一首：'自佛教之兴，始于天竺，臣经三使，颇有见闻，臣闻输头檀（Suddhodana）王是佛之父，摩诃摩耶（Mahāmayā）是佛之母，僧优波离（Upāli）者，本王家仆隶，王亲遍礼，敬同于佛。臣又见彼国僧尼，法不拜诸天神祠，亦不拜君王父母，君王父母皆礼僧尼，及诸道众。臣经难彼僧曰："此之仆隶，始落发披缁，殊无所识，即令君父致敬，大不近人情。"僧对曰："虽初剃发，形已同佛，复能震动魔宫，虽曰无知，岂不如泥木，泥木一立为主像，纵博通贵胜，得不致敬。"僧不拜俗，亦已明矣。'

'一、臣又亲难彼僧曰，"《维摩经》：比丘亦礼维摩诘足，《法华经》：憎行普敬，此二经文拜俗明矣。何因比丘得不拜尊者？"僧曰，"佛制律经，乃是僧尼常轨，其《维摩经》比丘荷法，暂行曲里，

《法华经》大士一时别行，何得以权时别行，乱兹恒典？"臣深然之。臣闻妻死鼓盆，环尸而歌，此亦一时别行，岂得预于丧服之制？'

'一、臣于天竺经礼天像，彼王乃笑而问曰，"使等并是优婆塞，何因礼天？"臣问所由，答曰："此优婆塞法不礼天，昔迦腻色迦（Kaniska）王受佛五戒，亦礼天像，像皆倒地，后至日天祠，事天者，恐王至礼天像倒，遂将佛像密置天顶。王三礼不倒，王怪令检，于天冠内得一佛像，王甚大喜，叹佛神德。喜其智慧，大封赏邑，至今见在。"又云，"有外道受佛五戒，但供养天祠，而不顶礼，王责不礼之罪。"白王曰，"小子岂敢辞礼，礼恐损天。"王曰："天损不关尔事。""彼即礼拜，天像遂碎。"五戒优婆塞尚不得礼天，况具戒尼僧而令拜俗？'

'臣玄策言。臣闻百王布轨，但礼制于寰中，大觉垂教，乃津梁于域外，莫不资真人以易俗，赖高僧而移风，遂得谧四海之波涛，脱三界之尘累。故汉帝不屈于河上，轮王遍礼于沙弥，此则道俗殊途，岂得内外同贯。教许黄冠之辈，游一道于寰中，缁衣之徒，驾五乘于方外，因循既久，助化益深，草偃风行，其来尚矣。臣闻圣人无常师，以主善者为师，圣人无常心，以百姓心为心。兆庶曩昔敬信归依，今议令拜君父，实乖主善百姓之心。况袈裟异华俗之服，髡削非章甫之仪，崇之则福生，卑之则罪积，共知拜君无益于国，拜父不利于亲。臣如寝默不言，岂得为忠为孝，臣望随旧轨，请不改张，同太宗文皇帝故事。依前不拜，谨议。'"

此处骑曹萧灌，应是《旧唐书》卷六三及《新唐书》卷一〇·附见萧瑀《传》之萧瓘，唯误作瓘。《传》云，祖珣，父钧，瓘官至渝州长史，子嵩别有传。考《张燕公集》卷二十五，《赠吏部尚书萧公神道碑》，其人讳灌，字玄茂，大父珣，考钧，灌年十八，明经高第，补代王功曹，王升储，改通事舍人，又换内直监，后转渝州长史，殁于永淳元年（六八二），春秋五十有七，其孤嵩，云云。《神道碑》仅未言其为骑曹，余皆与史合，则其人应生于六二六年，十八岁明经及第，应在六四三年，即贞观十七年，案是年太子承乾废，立晋王为皇太子，则升储者为晋王，而非代王。代王为太宗第十二子，名简，殁于贞观五年，同年国除，《神道碑》中之代王，应为晋王之误，转骑曹应是换内直郎以后事，骑曹疑是右骁卫骑曹。又考《金石录》卷二十六，及《宝刻丛编》卷六，所载《神道碑》文，皆作灌而不作瓘，且其人祖名珣，从祖名璟，名瑀，本人不应名瓘，《新旧唐书》瓘字皆误无疑（检《新唐书·宰相世系》卷七一上钧子灌，字玄茂，足证吾说不误）。

义净在六九二年以前所撰的《大唐西域求法高僧传》中有三条，关系王玄策的事迹：

〔二八〕卷上《玄照传》，"玄照法师者，太州仙掌人也，……以贞观年中，乃于大兴圣寺玄证师处初学梵语，于是杖锡西迈，……到吐蕃国，蒙文成公主送往北天，……住阇阑陀国（Jalandhara），经于四载，……莫诃菩提（Mahābodhi）复经四夏，……后之那烂陀（Nalanda）寺留住三年，……遂往殑伽（Ganga）河北，受国王苫部供养，住信者等寺复历三年。后因唐使王玄策归乡表奏，言其实德，遂蒙降敕重诣西天，追玄照入京。路次泥波罗国，蒙王发遣，送至吐蕃，重见文成公主，深致礼遇，资给归唐。于是巡涉西蕃，而至东夏，以九月而辞苫部，正月便到洛阳，五月之间，途经万里。于时麟德年中，驾幸东洛，奉谒阙庭，还蒙敕旨，令往羯湿弥啰国（Kaśmira）取长年婆罗门卢迦溢多。……"

案文成公主是在六四一年出嫁吐蕃，则玄照发足应在此年以后，计算他在各地停留的时间，已有十四年之久，若将旅行时间加入，至少也须十六七年，则王玄策见彼之时，应在第三次奉使中。上引之文，既说遂蒙降敕重诣西天追玄照入京，好像玄策又有第四次之奉使。上文又说麟德年中，驾幸东洛，考《旧唐书》卷四，麟德二年（六六五）就有幸东都之文。如此看来，又可证实玄策出使之事。不过只有此一条孤证，而且玄照好像是一人归国，又玄照重赴印度后，《传》有"见唐使人引卢迦溢多于路相遇"一语，此使人似非玄策，则前追玄照入京者，恐亦非玄策本人，所以我对于第四次奉使一说，未敢承认其是。

〔二九〕卷下僧伽跋摩《传》云："以显庆年内奉敕与使人相随，礼觐西国，到大觉寺（即摩诃菩提）……"

这个在显庆年内到大觉寺的使人，当然就是第三次奉使的王玄策。

〔三〇〕卷上，"彼岸法师智岸法师，并是高昌人也，少长京师，传灯在念，既而归心胜理，遂乃观化中天。与使人王玄廓相随，泛舶海中，遇疾俱卒，所将汉本《瑜伽》及余经论，咸在室利佛逝国（Śrīvijaya）矣。"

此处的王玄廓，当然是王玄策之讹，泛舶海中，好像是王玄策也是从海道归国，然又像同使人相随至印度，后来分途归国，彼岸等走的海道，如果同王玄策同行，则所将经本不必寄在室利佛逝了。此外卷下有一个智弘律师，"即聘西域大使王玄策之侄也"，此人是洛阳人，我们又可知道玄策的原籍地是洛阳了。

张彦远的《历代名画记》，大概是八四七年的撰述，他在卷三里面所记会昌五年（八四五）拆毁寺塔以前东西两京寺观的塑像同画壁，中有说东京洛阳的敬爱寺一条，涉及王玄策者其文如下：

〔三一〕《历代名画记》卷三，敬爱寺"佛殿内菩萨树（犹言菩提树）下弥勒菩萨塑像麟德二年（六六五）自内出王玄策取到西域所图菩萨像为样"。原注"巧儿张寿宋朝塑，王玄策指挥李安贴金"。

这张图样必定是宋法智在摩诃菩提图写，而到京都道俗竞模的那张图样，去年来法智在嘉寿殿竖菩提像骨之时，大约也曾用过。

此处的宋朝，不知同宋法智是否一人，我们知道王玄策的事迹，只能到六六五年。

下面两条见《酉阳杂俎》。段成式撰此书时大概在九世纪下半叶，其中王玄策的名字，在《津逮秘书》、《学津讨原》诸本中，皆误作王玄荣，大概是误写策作荣。

〔三二〕《酉阳杂俎》卷七云，"王玄荣俘中天竺王阿罗那顺以诣阙，兼得术士那罗迩（原注一有娑字）婆，言寿二百岁，太宗奇之，馆于金飙门内，造延年药。令兵部尚书崔敦礼监主之。言婆罗门国有药名畔茶佉水，……后死于长安。"

这个术士，在《新旧唐书》中皆作那罗迩娑婆寐。在《全唐文》卷七〇九李德裕《方士论》中，作那罗延婆娑寐，《文苑英华》卷七九三亦作延，足证他的原名是那罗延娑婆寐。梵文原名应是 Nārāyanasvāmin。后引《册府元龟》一文还有他的事迹。畔茶佉的原名或者是 phāntaka，《新唐书》作畔茶法水。阿罗那顺有人以为是 Arjuna 的对音，则应改作阿罗顺那，可是诸书皆无此写法。

〔三三〕《酉阳杂俎》卷十八云，"菩提树出摩伽陀国在摩诃菩提寺，……唐贞观中频遣使往，于寺设供，并施袈裟，至显庆五年（六六〇），于寺立碑以纪圣德。"

案六四五年立碑之事，已见前引《法苑珠林》之文，据此文，好像六六〇年又立一碑。《新唐书》卷二二一上云，"高宗又遣王玄策至其国摩诃菩提祠立碑焉"。也说高宗时又立一碑，似可以证实《酉阳杂俎》之说。不过《新唐书》杂凑的《西域列传》，是有些靠不住的，他在"天竺国或曰摩伽陀"一条下，说了尸罗逸多一大篇事情，又在后面别立"摩揭陀一曰摩伽陀"一条，前条说"四天竺皆北面臣之"，后一条说"本中天竺属国"，好像知道尸罗逸多不是摩伽陀王。然而就应该将前一条的摩伽陀改作羯若鞠阇。我想修史的人恐怕还未知道这种判别。高宗立碑事就在后一条中，纵然有两碑，现在也看不见了，现在所能见的，只有五代同宋时的五种碑文。

最后著录王玄策事迹的，就是三部官书，一种是十世纪上半叶的《旧唐书》，一种是一〇一三年的《册府元龟》，一种是一〇六〇年的《新唐书》。比较《新旧唐书》，好像是大同小异，其实两书单见之文不少，《新唐书》固然是文省事增，可是任意穿插割裂。尤其不对的，抄撮了不少《西域记》的文字（我说的当然仅限于外国列传），又不知比较归纳，所以一篇《西域列传》，好像是厨夫烹调八珍，五味齐下，作成一种吃不得的筵席。我们拿以前分析的结果，同后引《新唐书》之文对照，就可以知道了。

〔三四〕《旧唐书》卷一九八《天竺传》，"贞观十五年（六四一）尸罗逸多（Harsa Śilāditya）自称摩伽陀（Magadha）王遣使朝贡，太宗降玺书慰问，尸罗逸多大惊，问诸国人曰，'自古曾有摩诃震旦（Mahācinasthana）使人至吾国乎？'昔曰'未之有也。'乃膜拜而受诏书，因遣使朝贡。太宗以其地远，礼之甚厚，复遣卫尉丞李义表报使，尸罗逸多遣大臣郊迎，倾城邑以纵观，焚香夹道，逸多率其臣下东面拜受敕书，复遣使献火珠及郁金香菩提树。贞观十年（六三六），沙门玄奘至其国，将梵本经论六百余部而归。先是遣右率府长史王玄策使天竺，其四天竺国王咸遣使朝贡。会中天竺王尸罗逸多死，国中大乱，其臣那伏帝阿罗那顺篡立，乃尽发胡兵以拒玄策。玄策从骑三十人与胡御战不敌，矢尽悉被擒，胡并掠诸国贡献之物，玄策乃挺身宵遁，走至吐蕃（Tibet），发精锐一千二百人，并泥婆罗国（Nepala）七千余骑，以从玄策。玄策与副使蒋师仁率二国兵进至中天竺国城，连战三日，大破之，斩首三千余级，赴水溺死者且万人，阿罗那顺弃城而遁，师仁进擒获之，虏男女万二千人，牛马三万余头匹。于是天竺震惧，俘阿罗那顺以归。二十二年（六四八）至京师，太宗大悦。命有司告宗庙而谓群臣曰，'夫人耳目玩于声色，口鼻耽于臭味，此乃败德之源，若婆罗门不劫掠我使人，岂为俘虏耶？昔中山以贪宝取弊，蜀侯以金牛致灭，莫不由之。'拜玄策朝散大夫，是时就其国得方士那罗迩（应作延）娑婆寐（Nārāyanasvāmin），自言寿二百岁，云有长生之术，太宗深加礼敬，馆之于金飙门内，造延年之药。令兵部尚书崔敦礼监主之。发使天下采诸奇药异石，不可称数，延历岁月，药成服竟不效，后放还本国。太宗之葬昭陵也，刻石像阿罗那顺之形，列于玄阙之下。五天竺所属之国数十，风俗物产略同。有伽没路国（Kāmarūpa），其俗开东门以向日，王玄策至，其王发使贡以奇珍异物及地图，因请老子像及《道德经》。"

《旧唐书》所记六四八年一役最详，且在卷三《本纪》中并将献俘月日举出，其文曰：贞观二十二年"五月庚子右卫长史王玄策击帝那伏帝国，大破之，获其王阿罗那顺及王妃子等，俘男女万二千人，牛马二万余，以诣阙，使方士那罗迩娑婆于金飚门造延年之药，吐蕃赞普击破中天竺国，遣使献捷"。这一段记事可以注意的，一是五月庚子的月日，二是帝那伏帝的国名。因为在他处国名或作帝那伏（见《册府元龟》卷九七三），或作那伏帝，皆非全名，证以昭陵石像所刻"婆罗门帝那伏帝国王阿罗那顺"之文（见《金石萃编》卷一一三），可以见其不误。根据伯希和的考订，此帝那伏帝似是Tirabhukti之对音，此地就是今之Tirhut。至若关系方士那罗延娑婆寐之记载，以下文为最详。

〔三五〕《册府元龟》卷四六："显庆二年（六五七）道王友王玄策奏言：'臣从西域使回，将长年婆罗门至此，问其合药之法，报臣必成，恩旨今若放还，恐失方术之士。'玄策退，帝谓侍臣曰：'玄策昨进对言，古人欲招天下贤哲，先市骏骨，固请留此婆罗门，朕观其狼戾狷急，恐竟无益，口云合欲成，欲服时须断食三日，服药令吐，后还断食，服药遣三利，令人极瘦困，然后与药，即换肌肉，始得长生。遍观史籍，定无长生之理，昔者秦皇汉武慕神仙，求采

110

药物，劳役天下，秦皇五十之余即死，汉武末年，乃至国用糜费，功力不足，赖其早觉昔非，下制责躬，息兵止役，始得安静，年逾七十，仅免灭亡。审念此等，必知无成，若有其实，长生之人，即今何在？'司空李勣对曰：'此婆罗门未曾经试来，容或不可谙悉，前已验其无成，所以放去，今复更来，头发自白，衰老渐及，岂得仙之状耶？玄策诡诳，何处即有所解，昨见其重来，群情已甚惊怪，陛下知无所用，令更放去，臣等不胜喜跃。'"

看上文可以知道这个六五七年的长年婆罗门，便是六四八年的那罗延娑婆寐，如有所疑，可取《资治通鉴》卷二百之文证之。据载，玄策奏言时在显庆二年（六五七）七月辛亥，并云王玄策破天竺得方士那罗迩娑婆寐以归，后放还，高宗即位，复诣长安，又遣归，玄策时为道王友。后云娑婆寐竟死于长安云云。可见得前后是一人了。据《郝处俊传》（《旧唐书》卷八四，《新唐书》卷一一五），唐太宗之死与此人似不无关系，可是高宗又令胡僧卢伽逸多（Loka-ditya）合长年药。

〔三六〕《新唐书》卷二二一上："天竺国，汉身毒国也，或曰摩伽陀，曰婆罗门，……分东西南北中五天竺。……中天竺在四天竺之会，都城曰茶镈和罗，城滨迦毗黎河，有别城数百，皆置长，别国数十，置王。……武德（六一八至六二六）中，国大乱，王尸罗逸多勒兵战无前，象不弛鞍，士不释甲，因讨四天竺，皆北面臣之。会唐浮屠玄奘至其国，尸罗逸多召见曰：'而国有圣人出作秦王破阵乐，试为我言其为人。'玄奘粗言太宗神武平祸乱四夷宾服状。王喜曰：'我当东面朝之。'贞观十五年（六四一）自称摩伽陀王，遣使者上书。帝命云骑尉梁怀璥持节尉抚，尸罗逸多惊问国人，'自古亦有摩诃震旦使者至吾国乎？'皆曰'无有！'戎言中国为摩诃震旦。乃出迎，膜拜受诏书，戴之顶，复遣使者随入朝，诏卫尉丞李义表报之，大臣郊迎，倾都邑纵观，道上焚香，尸罗逸多率群臣东面受诏书，复献火珠郁金菩提树。二十二年（六四八）遣右卫率府长史王玄策使其国，以蒋师仁为副，未至，尸罗逸多死，国大乱，其臣那伏帝阿罗那顺自立，发兵拒玄策。时从骑才数十，战不胜，皆没，遂剽诸国贡物。玄策挺身奔吐蕃西鄙，檄召邻国兵，吐蕃以兵千人来，泥婆罗以七千骑来，玄策部分进战荼镈和罗城，三日破之，斩首三千级，溺水死万人。阿罗那顺委国走，合散兵复阵，师仁禽之，俘斩千计，余众奉王妻息阻乾陀卫江，师仁击之，大溃，获其妃王子，虏男女万二千人，杂畜三万，降城邑五百八十所。东天竺王尸鸠摩（Srī Kumāra）送牛马三万馈军，及弓刀宝缨络，迦没路国献异物，并上地图，请老子像。玄策执阿罗那顺献阙下，有司告宗庙，帝曰：'夫人耳目玩声色，口鼻耽臭味，此败德之原也，婆罗门不劫吾使者，宁至俘虏耶？'擢玄策朝散大夫，得方士那逻迩娑婆寐自言寿二百岁，有不死术，帝改馆使治丹，命兵部尚书崔敦礼护视，使者驰天下采怪药异石，又使者走婆罗门诸国，……后术不验，有诏听还，不能去，死长安。"

《新唐书》将第一次奉使中迦没路国献图请像事夹叙在第二次奉使战役之后，或者因迦没路国王曾送牛马馈军，所以附带言及。可是《新唐书》又改称曰东天竺王尸鸠摩，此名应是尸利鸠摩罗之省译，也就是《西域记》卷十迦摩缕波国的拘摩罗王，同《集古今佛道论衡》卷丙中的东天竺童子王，这是《新唐书》增加的一事。在王玄策第一次奉使前，先有云骑尉梁怀璥之奉使，事在六四一年，云骑尉是勋官，疑是江夏王道宗从前的一个部下，是年随着道宗送文成公主到吐蕃，便道去印度尉抚。这个使臣名字也是《新唐书》增入的一事。还有几个地名，也是《新唐书》增入的。《旧唐书》说中天竺都城北临禅连河，据下文所说的树神同婆罗门为夫妇，及阿育王累石为宫阙，两种故事，好像说的就是恒河南岸的华氏城（Pataliputra）。《新唐书》则谓都城曰荼镈和罗，城滨迦毗黎河，此

112

河名同 Kaveri 的音，倒也相对，可是地方不对。纪利尼（Gerini）以为是 Kauryala（Ghogra）河，地虽相近，可是音不对。烈维说干陀卫江疑是今之 Gandaki 河，连同伯希和帝那伏帝即是 Tirabhukti 的考订，诸说皆难调和。因为 Gandaki 在 Ghogra 同泥婆罗的中间，阿罗那顺的余众决不致跑到女城（就是《西域记》的羯若鞠阇国[Kanyākubja]），当时的印度诸国国王奉他为霸主，只在六二〇年顷对于摩诃剌侘国（Mahārāstra）遮娄其（Calukya）朝的国王 Pulakeśin 失败过一次。所以《西域记》卷十一说，"今戒日大王东征西伐，远宾迩肃，唯此国人独不臣服，屡率五印度甲兵，及募召诸国烈将，躬往讨伐，犹未克胜。"可是此外的印度国家大致臣服，至若他不自称羯若鞠阇国王，而称摩伽陀王的原因，或者是因为从前印度第一个帝国（Maurya 帝国）是从摩伽陀产生，他以此帝国的继承人而自居，不然决不致取当时笈多（Gupta）王朝残存的一个属国摩伽陀国王而自名。至若帝那伏帝（假定是 Tirabhukti 的话）是摩伽陀北边的一个小国，大概是戒日王死后诸国分立，王玄策经过此国时，贡物被此国国王阿罗那顺剽劫，所以回头到吐蕃同泥婆罗去发兵，此二国以兵助玄策事，《新旧唐书·吐蕃传》同《泥婆罗传》皆已著录。可是还有个章求拔国也发过兵的（见《新唐书》卷二二一上《摩揭陀传》后）。吐蕃西南有悉立国（见前），悉立西南有章求拔国，或曰章揭拔，后徙山西与东天竺接，"玄策之讨中天竺，发兵来赴有功，由是职贡不绝"。

这是我所集的（不如说大半是别人检出的）王玄策事迹，其中还有几个人，如从前奉使的梁怀璥，第一次奉使的李义表，同随员魏才，第二次的副使蒋师仁，皆未详为何许人。我将《新唐书》的世系表检寻一过，尚未看见有这些名字，或者别书里面还有可以搜集的材料，容续考之。

唐代华化蕃胡考

绪　言

唐代国威传播极远，亚洲各国，莫不受其羁縻。检《新旧唐书·地理志》，可以觇其盛矣。殊方既皆宾服，异族必多同化。且承五胡杂处之后，当时所谓汉族社会之中，参加之蕃胡必多。姑举数例，以概其余。

唐代外来宗教不少，除佛教外，有婆罗门、火祆、摩尼、景教、回回。《旧唐书》卷十八上，会昌五年八月制云："勒大秦穆护祆三千余人还俗。"则外国教师之多，从可知矣。

《新唐书》卷二十二《礼乐志》，谓有高丽、百济、鲜卑、吐谷浑、部落稽、扶南、天竺、南诏、骠国、高昌、龟兹、疏勒、康国、安国，凡十四国之乐。唐之盛时，凡乐人音声人太常杂户子弟，隶太常及鼓吹署，皆番上，总号音声人，至数万人。自开元以来，歌者杂用胡夷俚巷之曲。则当时外国乐师之众，又可知矣。

唐之李渊，是否系出蕃胡，暂时未能定谳。唯李氏之兴，所假蕃胡之力不少，检《新唐书》卷一百一十《蕃将列传》，可以知之。安史之乱，叛者讨者，多非中国之人。讨安庆绪一役，所用者尽朔方安西回纥南蛮大食之兵（见《新唐书》卷六）。则军队中蕃胡之多，又可知矣。

元开撰《唐大和尚东征传》，谓广州有婆罗门寺三所，并梵僧居住。江中有婆罗门波斯昆仑等舶，不知其数，并载香药珍宝，积载如山。舶深六七丈，师子国大石国骨唐国白蛮赤蛮等，往来居住，种类极多。则当时外国商贾之众，又可知矣。

上述诸例，仅言其概。遍检史传、僧传、文集、小说，其例之多，举不胜举。有唐一代，上自政治文学，下迄阉宦奴婢，在在皆有蕃胡。则当时不唯中国文化影响外国，而外国文化亦有时影响中国。唐人小说中，已留有梵化之印象不少矣。余屡欲捃摭其事，寻究唐代社会异族之成分。顾作此种研究，非仅检寻书本可以了事，必须于历史、地理、种族、语言、谱录各方面，同时着手，始能作全部问题之解决。顾其事匪易，辄因畏难而罢。然尝试之心，无时或已。平时检寻唐人撰述，在在与此问题相接触，有所未解，辄寻其源。有若干条，已得片段之解决。兹先作一片段之研究，将新旧《唐书》中之系出蕃胡者，试为检出。嗣后续有所得，拟再取其他载籍综合考之。

至此次尝试之动因，即在寻求康太宾之籍贯。此名今人鲜有知之者，但其人在八世纪时，似为唐代社会中极知名之胡人。按《教坊记》云："内妓歌则黄幡绰赞扬之，两院人歌则幡绰訾诟之。有肥大年长者，即呼为屈突干阿姑。貌稍胡者，即云康太宾阿妹。"屈突干尚未确知为何许人。按屈突为代北复姓，似属鲜卑。唐初有屈突通屈突盖兄弟，甚知名，莅官劲正，有犯法者，虽亲无有回纵。时有"宁食三斗艾，不见屈突盖，宁食三斗葱，不逢屈突通"之谣（《新唐书》八十九）。屈突干非其同族，即为屈突盖之讹。盖康待宾可作康太宾，屈突盖亦可加鼻音而作屈突干也。至康太宾之历史，检寻较易。《旧唐书》卷八：开元九年（七二一）夏四月庚寅，兰池州胡康待宾安慕容何黑奴石神奴康铁头攻陷六胡州。七月己酉，王峻破兰池州胡，杀三万五千骑。辛酉，讨诸酋长，斩康待宾。其人盖当时一极著名之胡人，故社会中知之。而"待太"之异，乃一声之转耳。唐代称外族为胡为蕃，胡乃北方西方诸族之概称，蕃为一切外族之通号，未确有所指也。此胡究竟为何胡耶？《新唐书》卷三十七曰：调露元年（六七九），"于灵夏南境，以降突厥置鲁州丽州含州塞州依州契州，以唐人为刺史，谓之六胡州。长安四年（七〇四），并为匡长二州。神龙三年（七〇七），置兰池都督府，分六州为县。开元十年（七二二），复置鲁州丽州契州塞州。十年（七二二），平康待宾，迁其人于河南及江淮。十八年（七三〇），复置匡长二州。二十六年（七三八），还所迁胡户置宥州。"《唐书》所谓胡户，按以前文，似指降突厥也，其实不然。《旧唐书》卷八十四《裴行俭传》谓调露元年（六七九），突厥阿史德温傅叛，单于（都护府名）管内二十四州（突厥州）并叛应，行俭讨平之。前之胡户，应指此役降人。按突厥二十四州，置于贞观二十九年（六四九），其众必已叛归骨咄禄。此役降人，必非突厥，而为中亚诸国之人。然则何以知之？考诸叛人族姓，可以知之。自汉迄唐，中亚之人多以国为姓，安息姓安，康居姓康，月支姓支，天竺姓竺，曹国姓曹。唯新疆诸族，疏勒姓裴，龟兹姓白，于阗姓尉迟，少变其例耳。诸叛人之姓，有康何安石四姓，是亦为当时之国名。古之康居，魏时名悉万斤，唐时名飒秣建，一名康国，永徽时（六五〇至六五五），置康居都督府，今之撒马尔罕（Samarkand）是也。唐之何国，即古之康居小王附墨城，唐时亦名屈霜你迦，或名贵霜匿（Koschana），永徽时，误定名为贵霜州者是也。安国亦曰布豁，又曰捕喝，显庆时（六五六至六六〇），以其地为安息州，今之布哈尔（Bokhara）是也。石国或曰柘支，曰赭时，亦即魏时之者舌，显庆三年（六五八）设大宛都督府，今之塔什干（Tashken）是也。以上诸国，皆在中亚，先属突厥，后隶大食。突厥盛时，军中中亚之人当然不少。突厥势强则附之，属衰则叛之，亦无足异。六胡州诸叛人，盖先附突厥后叛中国之中亚种族，非突厥也。

余因寻研此中亚人种问题，初在新旧《唐书》中检出十余人，后又将两书中之蕃胡悉为检出，共得一百数十人。此外唐人文集暨《元龟》《会要》等书中著录者，亦复不少。兹编暂以两《唐书》中著录者为限，其他容续考之。

据余检寻之结果，谓能将《唐书》中之系出蕃胡者，尽量发见钦，尚未也。缘唐代系谱，伪造者甚多；益以冒姓通谱，氏族极为混乱。兹唯录其确系系出蕃胡者。至疑莫能决之氏族，如陇西之李、渤海之高、河西人、范阳人、朔方人等等，暂不著录，以俟续考。其中亦有八九成属外来血统者，如李白之例是也。李白传，《旧唐书》作山东人；《新唐书》作兴圣皇帝九世孙，其先隋末以罪徙西域，神龙初（七〇五）遁还，天宝初（七四二）南入会稽。代宗立（七六二）以左拾遗召，而白已卒，年六十余。《唐书》盖取材于李阳冰《太白集序》。李白晚年往依阳冰，阳冰之说应较可信。据《序》云："凉武昭王暠之后，谪居条支，神龙之始（七〇五），逃归于蜀，复指李树而生伯阳，惊姜之夕，长庚入梦。"按条支为古之亚叙利亚（Assyria），李白之时，已属大食，代宗初立（七六二）已卒，年六十余。则其人不生于蜀，实生于大食也。上引诸文，不特不能证明李白为李暠之裔，且亦不能证其为山东陇蜀之人，与陇西成纪之李渊，皆可疑也。今小说戏曲中有李白醉草蛮书一事，或亦有所本。五代蜀时有李珣，本蜀中土生波斯（见《鉴戒录》卷四），则李白之后有西域人生于蜀中，可以参证也。今为慎重起见，疑而未决之人，暂不列入蕃胡之列。此外若降王及甫降即叛之人，亦不备录，以示限断。

寻研之前，有一语须预先声明者：余研究之目的，在考其氏族所自出，并非剥其汉人名号。大凡少数人同化于多数，数世之后，其原有血统早同化于无形。埃及一地，历经波斯希腊罗马突厥侵占，今日唯存土著之费拉（Fellah），而无侵入之人种，是其证也。中国之经过亦然，此后所述之鲜卑，在唐时已早华化，除其少数代北姓氏之外，实与唐人无殊。就此点言，元稹之汉人程度，不能少于今日所谓汉人，而今日所谓满人与汉人相差之程度，亦无几矣。汉种犹之大海，鲜卑突厥契丹女真蒙古满洲皆如川流；诸川入海，尚有何川水海水之可辨耶？

一 杂种及种性

研寻唐代异族华化之先，应明"种族"之义。近人言今日中国种族，辄曰"汉满蒙回藏"，而于居留中国最久之苗黎猡猡么些诸种，皆略而不言。就语言之便利言，居留之地域言，此五字不妨成为五个名词。第就科学方面言，实无确当之意义也。谓汉族为汉代之种族欤？则汉之人与古之华夏异。谓汉种为中国人种欤？则列名于诸氏族志者，不尽属汉人之血统也。严格言之，同体格同血统者，始得别为种族。质言之，唯天然人种，原始人种，始合此种条件。夫欲维持此种条件，非与异种断绝关系不可。凡具有文化之种族，无一能保存其体格血统者也。易词言之，科学人种为下等人种，天然人种，动物学方面的人种；文化人种则为混合人种，历史人种，社会学方面的人种，总而言之，"杂种"是已。

今人詈人辄言"杂种"。就社会习惯言，被此名者，固为可羞。但就文化高低历史有无言，与其谓之为詈词，无宁谓之为誉词。则吾人研究历史，得下一公例："凡历史种族皆为杂种。"

汉种为历史种族，则吾人研究中国历史，又得下一公例："汉种为杂种。"

然则汉种与何种血统共羼合耶？此问题极为复杂。关于古代之汉种原来说，唯有臆断之假说，而无科学之明证。顾自有可靠之史

118

乘以来，羼合之迹，可得寻也。余今特取中国史中一过程之事，以证前说。有唐一代，上承五胡羼合之果，下启突厥回鹘西域奚契丹等族羼合之因，其材料极多，而其事极著。

夫种族之羼合，有两种现象可寻：一为交化，一为同化。交化者，两种人数相等，种性不殊，久处同一环境之羼合也。同化者，未完全具有此三条件之羼合也。历来异种与汉种之羼合，皆属同化，而非交化。然则何以知之？曰，于汉种种性存在方面观察知之。缘历史种族既无血统维持其单纯，而别于其他种族，应于血统之外，具有自存之特性。否则居住中国之人，亦可以古代之概称，若蛮夷戎狄者名之，而不名曰汉族也。乃血统虽杂，而名称仍旧，则此汉人必有异于非汉人者在焉。或曰：汉人之与非汉人异者，《礼记·王制篇》已有区别矣。据云："东方曰夷，被发文身，有不火食者矣；南方曰蛮，雕题交趾，有不火食者矣；西方曰戎，被发衣皮，有不粒食者矣；北方曰狄，衣羽毛穴居，有不粒食者矣。"夷夏之殊在此欤？曰：非也。今日西服而"英法大餐"者伙矣，世未尝名之曰西人或"英法德人"也。其不同之点，乃在种性。种性者何？谓思想感情利害相同诸点也。汉种之种性，可以"忠孝"二字概之。前者为封建社会之始基，后者为家族社会之滥觞。由此二义，衍为无数礼义科条。吾国古人视人之是否华夷，即以其人有无礼义科条为断。中国社会之根本组合点在此，故昔日唯有"归化"之说，而无入籍之法。明乎斯义，始可研究唐代之华化诸人。长孙无忌、豆卢钦望、宇文士及、独孤怀恩，观其代北复姓，即知系出鲜卑，或鲜卑杂种。但汉人从未歧视之，因其获有汉人种性也。元稹、源乾曜、于志宁、窦怀贞，亦皆鲜卑遗种，若不检寻《新唐书·宰相世系表》，鲜能知其非汉人。然有说者，诸人同化已久，鲜卑血统早已无存，其姓虽别于汉人，其人久已变为汉人矣。顾契丹种之李光弼，铁勒种之浑瑊，安国之李元谅，突厥之史大奈，皆华化未久，而唐人亦未歧视之者，即因其人能向化也。反乎是，姓名虽类汉种，王世充不失为西域胡，安禄山不失为杂胡，王廷凑不失为回纥，李正己不失为高丽，李宝臣不失为奚，李怀仙不失为柳城胡。则余研寻唐史，又得下一公例："唐代汉人之特征，不在血统，而在种性；同种性者，虽异种亦为汉人，不同种性者，虽汉人亦视同夷狄。"

大凡历史种族结合之久暂，视种性之存亡为断：种性存则种族存；种性亡则种族亦随之瓦解，而为他种族所灭，所吸收。古波斯罗马之亡也以此，汉种之能存者以此。执此例以断鲜卑之亡，已早亡于五世纪末年，"禁胡服，不得以北俗之语，言于朝廷"（见《魏书·本纪》）之时；突厥之亡，亦早亡于"俗死则焚，今葬皆起墓，背父母命，慢鬼神"（见《新唐书·突厥传》）之日。以此例推之，回鹘吐蕃契丹女真，莫不皆然。

历史人种既为杂种，鲜卑突厥回鹘契丹诸种之中，当然包括有非本种之人，是亦游牧种族之通例。史书中所谓鲜卑突厥等等，须认为广义之名称，证以后述之鲜卑氏族，可以举一反三也。

二 鲜卑之氏族

汉种之家族制度，为特殊之组织，而以姓氏为表征：姓者表其所由生，氏者记族所自出，又有地望以系之，故古之姓氏有谱系可考。晋宋之时有谱学，其非某姓而冠以某姓者，或为冒姓，或为赐姓，不为谱所录。逮至元魏入主中国，始制"译姓"，与中国固有之姓，遂混然而不可分。译姓者，当时谱学所称之虏姓也。《新唐书》卷一百九十九《柳冲传》，引柳芳《氏族论》曰："过江则为侨姓；王谢袁萧为大；东南则为吴姓，朱张顾陆为大；山东则为郡姓，王崔卢李郑为大；关中亦号郡姓，韦裴柳薛杨杜首之；代北则为虏姓，元长孙宇文于陆源窦首之。虏姓者，魏孝文帝迁洛，有八氏、十姓、三十六族、九十二姓。八氏十姓出于帝宗属，或诸国从魏者；三十六族九十二姓，世为部落大人，并号河南洛阳人；郡姓者以中国士人差第阀阅为之制。"则当时元魏已制有一百四十六姓。诸姓原译鲜卑之音，与汉姓尚可辨识；自魏孝文省改以后，多与汉姓相同。兹将《魏书·官氏志》所志一百二十姓录次于下，亦研究唐代华化异族所必知者也。

（一）帝室十姓（按《元和姓纂》帝室诸姓中又有万俟，不见《官氏志》，疑经唐人改窜也）

帝室改姓元氏	纥骨氏改为胡氏
普氏改为周氏	拓跋氏改为长孙氏
达奚氏改为奚氏	伊娄氏改为伊氏
丘敦氏改为丘氏	侯氏改为亥氏
乙旃氏改为叔孙氏	车焜氏改为车氏

（二）余部诸姓

丘穆陵氏后改为穆氏	步六孤氏后改为陆氏
贺赖氏后改为贺氏	独孤氏后改为刘氏
贺楼氏后改为楼氏	勿忸于氏后改为于氏
是连氏后改为连氏	仆阑氏后改为仆氏
若干氏后改为苟氏	拔列氏后改为梁氏
拨略氏后改为略氏	若口引氏后改为寇氏
叱罗氏后改为罗氏	普陋茹氏后改为茹氏
贺葛氏后改为葛氏	是贲氏后改为封氏
阿伏干氏后改为阿氏	可地延氏后改为延氏
阿鹿桓氏后改为鹿氏	他骆拔氏后改为骆氏
薄奚氏后改为薄氏	乌丸氏后改为桓氏
素和氏后改为和氏	吐谷浑氏依旧吐谷浑氏
胡古口引氏后改为侯氏	贺若氏依旧贺若氏

谷浑氏后改为浑氏　　　匹娄氏后改为娄氏

俟力伐氏后改为鲍氏　　吐伏卢氏后改为卢氏

牒云氏后改为云氏　　　是云氏后改为是氏

叱利氏后改为利氏　　　副吕氏后改为副氏

那氏依旧那氏　　　　　如罗氏后改为如氏

乞扶氏后改为扶氏　　　阿单氏后改为单氏

俟几氏后改为几氏　　　贺儿氏后改为儿氏

吐奚氏后改为古氏　　　出连氏后改为毕氏

庾氏依旧庾氏　　　　　贺拔氏后改为何氏

叱吕氏后改为吕氏　　　莫那娄氏后改为莫氏

奚斗卢氏后改为索卢氏　莫芦氏后改为芦氏

出大汗氏后改为韩氏　　没路真氏后改为路氏

扈地于氏后改为扈氏　　莫舆氏后改为舆氏

纥干氏后改为干氏　　　俟伏斤氏后改为伏氏

是楼氏后改为高氏　　　屈突氏后改为屈氏

沓卢氏后改为沓氏　　　嗢石兰氏后改为石氏

解枇氏后改为解氏　　　奇斤氏后改为奇氏

颂卜氏后改为卜氏　　　丘林氏后改为林氏

大莫干氏后改为郃氏　　尒绵氏后改为绵氏

盖楼氏后改为盖氏　　　素黎氏后改为黎氏

渴单氏后改为单氏　　　壹斗眷氏后改为明氏

叱门氏后改为门氏　　　宿六斤氏后改为宿氏

秘邗氏后改为邗氏　　　土难氏后改为山氏

屋引氏后改为房氏　　　树洛于氏后改为树氏

乙弗氏后改为乙氏

（三）东方诸氏

宇文氏　　　　　　　　慕容氏

122

（四）南方诸氏

茂眷氏后改为茂氏	宥连氏后改为云氏
纥豆陵氏后改为窦氏	候莫陈氏后改为陈氏
库狄氏后改为狄氏	太洛稽氏后改为稽氏
柯拔氏后改为柯氏	

（五）西方诸氏

尉迟氏后改为尉氏	步卢根氏后改为步氏
破多罗氏后改为潘氏	叱干氏后改为薛氏
俟奴氏后改为俟氏	辗迟氏后改为展氏
费连氏后改为费氏	其连氏后改为綦氏
去斤氏后改为艾氏	渴侯氏后改为缑氏
叱卢氏后改为祝氏	和稽氏后改为缓氏
冤赖氏后改为就氏	嗢盆氏后改为温氏
达勃氏后改为襃氏	独孤氏后改为杜氏

（六）北方诸氏

贺兰氏后改为贺氏	郁都甄氏后改为甄氏
纥奚氏后改为嵇氏	越勒氏后改为越氏
叱奴氏后改为狼氏	渴烛浑氏后改为朱氏
库褥官氏后改为库氏	乌洛兰氏后改为兰氏
一那蒌氏后改为蒌氏	羽弗氏后改为羽氏

如上所录诸虏姓，与汉姓多不可别。唐太宗时令高士廉等撰《氏族志》，以盛门为右姓，退旧望，登新门，氏族愈乱。虽然，尚有少数虏姓踪迹可寻。兹检新旧《唐书》系出异族有源可考者，略举数例如下：

（1）《新唐书》卷九十，《旧唐书》卷五十八，《刘政会传》云：政会，滑州胙城人。两传所记，绝无异族之迹可寻。但检《新唐书·宰相世系表》卷七十一上，其人盖系出匈奴，而鲜卑化者也。

表云："河南刘氏，本出匈奴之族，汉高祖以宗女妻冒顿，其俗贵者皆从母姓，因改为刘氏。"政会之名，即见《表》中。

（2）《新唐书》卷九十五，《旧唐书》卷六十一，《窦威传》，《新唐书》作岐州平陆人，《旧唐书》作扶风平陆人，要为今日山西平陆人也。高祖李渊谓为唐之叔孙通，其人似为汉种；但《新唐书·宰相世系表》卷七十一下，谓其祖为汉人，亡入鲜卑，为没鹿回部落大人，命为纥豆陵氏，后改为窦氏。此姓并见《官氏志》。

（3）《新唐书》卷一三九，《旧唐书》卷一一一，《房琯传》，谓琯为河南河南人。检《宰相世系表》卷七十一下：河南房氏本出清河，晋初有房乾使北虏，留不遣，虏俗谓房为屋引，因改为屋引氏，子孙随魏南迁，复为房氏，而河南犹有屋引氏。房琯名见表中，此姓并见《官氏志》。

（4）《新唐书》卷九十四，《旧唐书》卷六十九，侯君集，豳州三水人也。《宰相世系表》卷七十二中，谓家于北地三水，从魏孝武西迁，赐姓侯伏氏，又赐姓贺吐氏，其后复旧。又据《官氏志》云："代人诸胄，先无姓族，虽功贤之胤，混然未分。"则赐姓不限于汉人，此侯姓疑即侯伏之省译，亦即《官氏志》之胡古口引氏也。

（5）《新唐书》卷一〇四，《旧唐书》卷七十八，于志宁，京兆高陵人。《宰相世系表》卷七十二下，谓自东海郯县徙代，改为万纽于氏，后魏孝文时复为于氏，魏孝武入关，遂为京兆长安人。此姓《官氏志》作勿忸于，要为同名异译也。

（6）《新唐书》卷一二七，《旧唐书》卷九十八，源乾曜，相州临漳人。《宰相世系表》卷七十五下，谓出于鲜卑秃发氏，魏太武谓与同源，改为源氏。

（7）《宰相世系表》卷七十五下，元氏出自拓跋氏，则《唐书》中之元姓，除元载姓景冒为元氏外，皆为鲜卑余裔。

（8）代北复姓见于《唐书》者不少：有长孙氏，出自拓跋，见

《官氏志》；有宇文，匈奴之裔，为鲜卑君长，世袭大人，见《宰相世系表》卷七十一下；有豆卢，本姓慕容，降魏，赐姓豆卢，见《宰相世系表》卷七十四下；有独孤，出自刘氏，为匈奴单于，其后裔从魏孝武徙洛阳，为河南人，见《宰相世系表》卷七十五下；有屈突，代北复姓，见《官氏志》。

上举八例，后四例尚易检寻，前四例不对照别一部分史文，即无从知其系出异族。其未经《世系表》所录者，尚不知有若干。此外史云"不知其乡里"，"史失其何所人"，"自云"，"自言"，系出何地何人，多可疑也。不宁唯是，即唐高祖李渊来历，亦甚不明。《新唐书·宗室世系表》，列举李氏人名甚伙，余以为多出伪造依托。渊祖李虎，兄名起头，弟名乞豆，起头之子名达磨，达磨即梵文 Dhama 之对音，此言法也。当时人名梵化者甚多，如菩萨（Bodhisattva）金刚（Vajra）毘沙门（Vaisramans）之类，亦无足异。起头乞豆，与印度似无关系，与鲜卑必大有渊源。可疑一也。唐室自以系出凉王李暠。按历代君主依托古代帝王神明，几成通例（余于《古代神话之研究》一文中已有说明）；元魏尚能于《山海经》（今本卷十七）蚩尤神话中，寻出田祖叔均与之通谱，则"其先陇西成纪人"之李渊，欲求氏族较显之所谓同姓，当然近宗李暠，远祖李广，而托始于颛顼。可疑二也。考《史记》《汉书》《李广传》，广有子三人：曰当户，曰椒，皆先广死；曰敢，为霍去病射杀；未闻有弟有子。《宗室世系表》谓广有子二人，长曰当户，次曰敢；而无椒。敢生禹，禹生承公云六，凭空杜撰。可疑三也。《宗室世系表》谓暠孙歆生子重耳，是为李渊之所自出；又谓暠孙翻有子三人，而于暠之子宝则不著其名。按李宝《魏书》有传，有子六人，与《世系表》三人之说不合也。宝既为唐李之同族，何以高宗时又诏李宝等七姓十家不得自为昏（《新唐书》卷九十五《高士廉传》），自抑其宗族耶？可疑四也。太宗时，借口山东士人尚阀阅"卖婚"，命长孙后之舅高士廉普责天下谱牒，撰《氏族志》，退旧望，进新门，合二百九十三姓，千六百五十一家，为九等（见《高士廉传》），似与清高宗修《四库全书》搜集藏书同一用意。可疑五也。当时北朝诸史，《北齐书》《周书》《隋书》《北史》，皆为唐人包办；唯魏收《魏书》，以残阙不完独存于今。魏澹《魏书》，张太素《魏书》，皆与十八家《晋书》并废，唐人欲如何起述，即如何记述，无对证也。虽然，尚有未能弥缝之点，留存于今。六朝及唐虽以门第相高，而附会攀援，动辄疏舛：白居易自叙世系，乃以楚白公胜、秦白乙丙一脉相承；刘禹锡亦自言系出中山。一代名士，尚且如此，则虎之为李虎，为大野虎，大野为本姓，为赐姓，尚属疑案也。即使李渊已成汉人，其子若孙，终不免鲜卑血统之羼合：渊二十二男，太穆皇后窦氏生建成世民玄霸元吉四人。窦氏，窦毅之女，窦威之同族，原姓纥豆陵之鲜卑也，则太宗为鲜卑血统之混合种矣。李世民十四子，文德皇后长孙氏生承乾治泰三人，长孙氏，长孙晟之女，长孙无忌之妹，原姓拓跋之鲜卑也，则高宗亦为鲜卑血统之混合种矣。此外异族与唐室和亲尚主之例尚复甚多，谓唐室系出汉种，其谁信之！

三　唐代之鲜卑人　　　●

唐代鲜卑人云者，非谓唐时内属之鲜卑，乃华化二三百年之鲜卑；其人与汉种同化，谓之系出鲜卑也可，谓之曰纯粹外族，则远于事实矣。按鲜卑一名词中，包含种族不少。缘鲜卑曾居匈奴故地，被征服之民族，列名于《官氏志》中者甚多，不尽系出鲜卑，而当时概以鲜卑目之。吾人于鲜卑语言一无所知，而官氏志中诸氏族，亦无人以科学方法详为分析，故余不特对于系出匈奴之独孤氏，系山乌桓之乌丸氏，系出吐谷浑之乙弗氏，不能认为狭义的鲜卑人；即对于载籍明言种属鲜卑之慕容宇文乞伏吐谷浑诸氏，亦颇怀疑也。其种繁多，殆非鲜卑二字所能概括。故本篇能分析者分析之，否则附加说明于后。下引卷次，全依《新唐书》，至《旧唐书》则别为标出。

卷一百四十三，元结，后魏常山王遵十五代孙。结自述其氏族曰："河南元氏，望也。结，元子名也。次山，结字也。世业载国史，世系在家谍。"

卷一百七十四，元稹，河南河南人。其名并见卷七十五下《宰相世系表》，亦系出拓跋氏也。

卷一百九十四，元德秀，河南河南人。又卷一百九十五，元让，雍州武功人。两传虽未明言系出何族，但为鲜卑无可疑也。

卷二百，元澹，后魏常山王素莲之后。卷二百零一，元万顷，后魏京兆王子推裔，孙正修别有传。

卷一百零五，长孙无忌，后魏帝室十姓之裔，已见前考。从父敞，从父弟操，子诠，族叔顺德，皆有传。

卷一百，宇文士及，京兆长安人。按宇文为鲜卑东部氏族，见《官氏志》，但《魏书·本纪》又作匈奴别部。又卷一百三十四，有宇文融，京兆万年人。（《旧唐书》卷一百六十有宇文籍。）

卷九十五，窦威，《世系表》虽谓为汉人亡于鲜卑，但鲜卑"先无姓族"，何以知其始为汉人？盖亦"自云"之类耳。《表》谓其世为没鹿回部大人，命为纥豆陵氏，则为鲜卑也。威兄子轨，轨弟琮，威从兄子抗，抗子静、诞，抗弟珈，威从孙德玄，皆有传。又卷一百零九，窦怀贞，德玄之子也。又卷一百四十五，窦参，诞四世孙。

卷一百零四，于志宁，京兆高陵（陕西今具）人。于姓族系，已见前考。曾谏太子勿与突厥达哥支相狎。曾孙休烈，别有传。开元时（七三三），吐蕃金城公主请文籍，休烈上疏曰："戎狄国之寇，经籍国之典也。"则已不以鲜卑自居矣。休烈曾孙琮，别有传。

卷一百七十二，于頔，后周太师谨七世孙。頔名并见卷七十二下《宰相世系表》，系出万纽于氏，与士宁同出一源。

卷二百零三，于邵，其先自代来，为京兆万年人。其名并见《宰相世系表》，亦系出万纽于氏。

卷一百六十三，穆宁，怀州河内（河南沁阳）人。按穆姓后魏以前无闻，《元和姓纂》谓宋穆公之后，《路史》谓出炎帝后，皆臆说也。考《魏书》，穆姓皆代人。又《官氏志》，丘穆陵后改为穆氏，似亦系出鲜卑。宁子赞、质、员，别有传。

卷一百一十，尚可孤，东部鲜卑宇文之别种也，世处松漠间。

卷一百十四，豆卢钦望，雍州万年人。卷七十四《宰相世系表》，豆卢氏本姓慕容氏，燕北地愍王精降后魏，北人谓归义为豆卢，因赐以为氏。《魏书·官氏志》，吐伏卢氏后改为卢氏，则为豆卢之异译也。《钦望传》亦云：魏太和诏去豆姓著卢，贞观中卒，复其旧姓。

卷一百七十一，石洪，其先姓乌石兰，后独以石为氏。按《官氏志》作《嗢石兰》，对音同，似亦出鲜卑。

卷九十四，侯君集，已见前考，亦属鲜卑。

卷八十九，屈突通，其先盖昌黎徒河（辽宁锦县）人，后家长安。按《官氏志》，屈突氏后改为屈氏，先亦鲜卑部落也。弟盖，附见本传。

卷一百二十七，源乾曜，相州临漳（今县）人，已见前考，鲜卑秃发氏之裔也。《旧唐书》卷一百二十七有《源休》。

卷八十九，尉迟敬德，朔州善阳（山西朔县）人。按《官氏志》，西方诸氏有尉迟氏，后改为尉氏。考卷二百二十一下《于阗传》，于阗王姓尉迟，其人或原籍于阗，盖鲜卑诸部，不限鲜卑一族也。但《魏书》卷二云："天兴六年（六〇三）春正月辛未，朔方尉迟部别帅率万余家内属，入居云中。"则此尉迟又似为北方种族，鲜卑柔然铁勒之属也。

卷一百三十五《哥舒翰传》，有火拔归仁。又卷二百十五上《突厥传》，突厥降人有火跋颉利发石失毕，归仁应为其人之后裔。此火跋与《官氏志》之贺拔，应为同名异译。《魏书》卷八十有贺拔胜。唐有贺拔嗣，七一一年始为节度使。

卷一百九十二《张巡传》，有贺兰进明。考《太平寰宇记》，鲜卑族之居贺兰山者，以山为氏。《官氏志》北方诸氏有贺兰氏，后改为贺氏。

卷二百二十五上《安禄山传》，有达奚珣。《官氏志》帝室十姓有达奚氏，后改为奚氏。

卷二百十五下《西突厥列传》有萨孤可孤。按萨孤应为薛姑之异译，《北齐书》卷十九有薛孤延，代人也。则其人原始部族似出鲜卑。

卷二百十四《刘从谏传》，大将李万江，本退浑部，李抱玉送回纥道太原，万江举帐从至潞州。按卷二百二十一上，吐谷浑讹为退浑。又《魏书》卷一百零一，吐谷浑本辽东鲜卑，徒河涉归子，则其人非鲜卑，亦为隶属系出鲜卑之吐谷浑之酋长也。

四 唐代之匈奴遗裔

匈奴破灭之后，其遗民除西徙之外，必为他部落所吸收。继匈奴入居大漠南北者为鲜卑，则鲜卑诸部之中，容有匈奴，亦无足异矣。

卷九十刘政会，已见前考。其七世孙崇望崇鲁别有传。

卷一百二十六，李元纮，其先滑州（河南滑县）人，后世占京兆万年，本姓丙氏，赐姓李。卷七十二上《宰相世系表》，汉骑都尉陵降匈奴，裔孙归魏，见于丙殿，赐氏曰丙，以避世祖李昺名，赐姓李氏。按卷二百十七下《回鹘列传》："黠戛斯自以李陵后，与唐同宗。"当时自称系出李陵者，皆斯类也，其人似为匈奴遗裔。

卷一百六十二独孤及，河南洛阳人。按独孤为匈奴后，已见前考。《官氏志》谓独孤氏后改为刘氏。又卷二百零六，独孤怀恩，隋元贞皇后弟。《旧唐书》卷一百六十八，独孤郁。

卷八十七刘季真，离石（山西今县）胡人，父龙儿，六一四年举兵称王，龙儿死，子季真降。按其人似为匈奴遗裔。

卷一百三十九，房琯，河南河南人。按此房氏系出北虏，前已有考。所谓出使之房乾，显属伪造之人。此姓疑为鲜卑化之匈奴。琯子孺，孙启，族孙式，别有传。

五 奚契丹柳城胡

史载奚为东胡种，其地东北接契丹，西突厥，南白狼河（今大凌河），北霄。契丹亦东胡种，东距高丽，西奚，南营州（热河凌源），北靺鞨室韦。此二族所据之地，今皆可考。至史所称之柳城胡，不知为何种人。按柳城为今之热河凌源，胡为昔日北方种族之种，唐时亦移以称西域之人。《宋高僧传》卷三《彦琮论》曰："天竺经律传到龟兹，龟兹不解天竺语，呼天竺为印特伽国者，因而译之，若易解者，犹存梵语，如此胡梵俱有者是。"则胡为西域也。考《唐书》卷四十三下《地理志》："突厥州二，奚州九，府一，契丹州十七，府一，靺鞨州三，府三，右初皆隶营州。"此柳城胡得为奚契丹靺鞨高丽也，亦得为杂胡如安禄山之类也。

卷一百四十八，张孝忠，本奚种，世为乙失活酋长。父谧，开元中提众纳款，始名阿劳，勇闻燕赵间，共推张阿劳王没诺干二人齐名，没诺干，王武俊也。孝忠子茂昭、茂宗，别有传。

卷二百一十，史宪诚，其先奚也，内徙灵武，为建康人，三世署魏博将。

卷一百四十八，史孝章，宪诚之子。

卷二百十一，李宝臣，本范阳内属奚也，范阳将张琐高畜为假子，故冒其姓，名忠志，先事安史，降赐姓名。子惟岳、惟简，

130

有传。

卷一百三十六，李光弼，营州柳城人。父楷洛，本契丹酋长，武后时入朝。光弼中兴战功推为第一，其部将有靺鞨人李怀光，铁勒人仆固怀恩、浑释之，安国人李抱玉、李国臣，突厥人哥舒曜——翰之子，羌人荔非元礼，龟兹人白孝德、白元光，乌洛侯人乌承玼。光弼弟光进，附见本传。

卷二百十一，王武俊，本出契丹怒皆部。父路俱开，开元中，与饶乐府都督李诗等五千帐求袭冠带，入居蓟（河北今县）。武俊子士真，孙承宗、承元，别有传。《承元传》见卷一百四十八。

卷二百二十五上，孙孝哲，契丹人。

卷二百十二，李怀仙，柳城胡也，世事契丹降将，守营州，从禄山反，后降。

卷一百九十七，李惠登，营州柳城人。

卷二百二十五上，安禄山，营州柳城胡也。本姓康，母阿史德，为觋，居突厥中，祷子于轧荦山而妊，遂字轧荦山。少孤，随母嫁虏将安延偃，乃冒姓安，更名禄山。安禄山盖为胡与突厥混种也。就其本姓言，应为康国人；就其居地言，得为奚契丹靺鞨诸种。但当时谓奚契丹为两蕃，此胡字似指西域。禄山"养同罗降奚契丹曳落河八千人为假子"，"胡人数百侍左右"。又按《孙孝哲传》中有商胡康谦，天宝中为安南都护，吾终疑禄山为康突厥混种，其父经由突厥奚契丹至于柳城，故能"通六蕃语"也。子庆绪，附见本传。

卷二百二十五中，李希烈，燕州辽西人。按营州本辽西郡，其人来历亦不明也。

六　高丽百济靺鞨乌洛侯

史载高丽为扶余别种，百济亦扶余别种，大姓有八：沙氏，燕氏，劦氏，解氏，贞氏，国氏，木氏，昔氏。靺鞨有二：北为黑水

（黑龙江）靺鞨，南为粟末（松花江）靺鞨，即唐代之渤海国也。乌洛侯亦曰乌洛浑，东与靺鞨，南与契丹，北与乌丸为邻。

卷一百一十，泉男生，高丽盖苏文之子，率其众与契丹靺鞨内附，子献诚，有传。按泉盖苏文，高丽人，所著书作渊盖苏文（韩国文苑载有渊盖苏文上书高丽王请行道教启），泉字当为唐人避讳所改。

卷一百二十一，王毛仲，高丽人，父坐事没为官奴婢，生毛仲。

卷一百三十五，高仙芝，高丽人，七四七年，征大小勃律，使拂林大食诸胡七十二国，皆震慑降附。七五〇年，兵败于大食，大食虏唐人甚众，中国艺术输入西方，此役之果也。

卷一百四十四，侯希逸，营州人。又卷二百十三，李正己，高丽人，希逸母，即其姑。则希逸非高丽人，亦含有高丽血统。

卷一百四十七，王思礼，高丽人，居营州，父为朔方军将。

卷二百十三，李正己，高丽人，为营州副将，从侯希逸至青州，逐希逸代为节度使。子纳，孙师古，师道，皆有传。

卷一百四十八，李洧，李正己从父兄也。

卷一百一十，黑齿常之，百济西部人，以所部降，击吐蕃有功。

卷二百十五上，《突厥传》，有扶余文宣。按百济国王以种为姓，此人疑出百济王族。

卷一百一十，李谨行，靺鞨人。父突地稽部酋长，隋末内附，赐氏李。

卷一百一十，李多祚，其先靺鞨酋长，后入中国，世系湮远，至多祚以功显。

卷二百二十四上，李怀光，渤海靺鞨人，本姓茹。父常，徙幽州，为朔方部将，赐姓名。

卷一百三十六，乌承玼，张掖人，开元中，与族兄承恩皆为平卢先锋。又卷七十五下，《宰相世系表》，乌氏世居北方，号乌洛侯，后徙张掖。

卷一百七十一，乌重胤，承玭子也。

七 突厥

突厥在唐代以颉利默啜二可汗时为盛。六三〇年，颉利禽，分其故地为府州，擢酋豪为将军郎将者五百人，奉朝请者且百员，入长安籍者数千户，其归化之多，可以想见。兹为录取《唐书》有传之人。

卷一百一十，史大奈，本西突厥特勒也，入隋后，分其部于楼烦（山西静乐），李渊起兵太原，大奈提其众隶焉，赐姓史。

卷一百一十，阿史那社尔，突厥处罗可汗次子，六三六年，率众内附，尚公主，平高昌龟兹有功。子道真，附见本传。

卷一百一十，阿史那忠，右贤王阿史那泥孰苏尼失子也，始归国，妻以宗女，赐名忠。

卷一百一十，执失思力，突厥酋长也，贞观中入朝，尚公主。

卷一百三十五，哥舒翰，其先盖突骑施酋长，哥舒部之裔。父道元，为安西都护，赤水（《唐书·地理志》凉州有赤水军）军使，故仍世居安西。其人之血统，似不尽属西突厥。据传，安禄山谓翰曰："我父胡母突厥，公父突厥母胡，族类本同，安得不亲爱？"后翰讨禄山，其属将多为蕃人：有王思礼，高丽人也；有钳耳大福，羌也；有火跋归仁，鲜卑也；有浑萼，有契苾宁，皆铁勒部落也。安史之乱，两方之主动力多为异族。翰子曜，附见本传。

卷二百二十五上，史思明，宁夷州突厥种，初名窣干，玄宗赐名，与安禄山共乡里，通六蕃译。子朝义，附见本传。

卷二百一十五上《突厥传》，李思摩，颉利可汗族人，赐氏李，曾一度立为突厥可汗者也。

卷二百一十八《沙陀传》，朱邪执宜，沙陀人，西突厥别部处月种也。八〇八年内属，置十府以处沙陀。执宜死，赤心嗣，赐氏李，名国昌，国昌子克用。

八　铁勒回纥

铁勒十五部，回纥薛延陀最强。归化之人，《唐书》有传者，唯契苾、浑、阿跌、仆骨、回纥诸部而已。

卷一百一十，契苾何力，铁勒契苾部莫贺可汗之孙，莫贺咄特勒之子，六三二年诣沙州（甘肃敦煌）内属，破吐谷浑高昌龟兹西突厥高丽吐蕃诸役有功。子明，附见本传。又卷二百十七下，回鹘（即回纥）《传》中有契苾通，卷一百三十五《哥舒翰传》有契苾宁。

卷一百七十一，李光进，其先河曲诸部，姓阿跌氏，贞观中内属，以其地为鸡田州。按《地理志》，回鹘府州有鸡田州，以阿跌部置。光进弟光颜，别有传。

卷二百十一，王廷凑，本回纥阿布思之族，隶安东都护府。曾祖五哥之为李宝臣帐下，骁果善斗，王武俊养为子，故冒姓王。廷凑子元达，孙绍鼎、绍懿，曾孙景崇，玄孙镕，四代五人相继为节度使，并有传。

卷二百十二，李茂勋，本回纥阿布思之裔，来降，赐姓名。子可举，附见本传。

卷二百二十四上，仆固怀恩，铁勒部人，六四六年，铁勒九姓大首领率众降，分置九都督府，别为蕃州，以仆骨歌滥拔延为金微都督，讹为仆固。拔延生乙李啜拔，乙李啜拔生怀恩，世袭都督。怀恩子玚，附见本传。

卷二百零七，吐突承璀，闽人也。按《魏书》卷一〇三《高车传》，有吐突邻部，在女水上，常与解如部相为唇齿。三八八年，太祖西征，度弱洛水，复西行趣其国，至女水上，讨解如部落破之；明年春，尽徙其部落畜产而还。吐突似即吐突邻之省称。吐突邻部附于《高车传》后，其人似出铁勒也。

卷一百一十《泉献诚传》，有薛吐摩支，殆为薛延陀部落欤？

卷一百五十五，浑瑊，本铁勒九姓之浑部也，世为皋兰都督。父释之，附见本传。子镐，鐬，别有传。

卷一百十一《张仁愿传》，卷二百十五上《突厥传》，卷二百一十九《契丹传》，有沙吒忠义，未著其所种人。按许尧佐《章台柳传》，有蕃将沙吒利，疑为铁勒诸姓。忠义曾为朔方军总管，而当时隶朔方之羁縻州，以属铁勒诸部为多也。

九　西域人

检《唐书》列传，得安国人四，龟兹人二，吐火罗人一，于阗人一，疏勒人一，康国人一，何国人一，石国人一，敦煌人四，——唐时系出敦煌者，不能必其为汉族，故附于此。

卷八十六《李轨传》，薛举乱金城（甘肃皋兰境），轨谋据姑臧（甘肃武威），同郡安修仁率诸胡入内苑城建旗大呼，轨举众应之，遂据凉州。李渊起兵，遗书称轨为弟（按渊起兵时对突厥称臣）。轨以梁硕为谋主，硕见故西域胡种族盛，劝轨备之，因与安修仁交怨。修仁兄兴贵自长安诣凉州招轨，轨不从，兴贵乃与修仁潜引胡兵，奚道宜率羌兵，共击轨，执送长安。则安氏弟兄为西域胡也。又卷七十五下《宰相世系表》云：“武威李氏，本安氏，出姬姓。黄帝生昌意，昌意次子安，居于西方，自号安息国。（按安息王朝始建于纪元前二五六年，即周亡之年，昌意之子寿命何其长也？）后汉末，遣子世高入朝，因居洛阳。晋魏间，居于安定（甘肃泾川境），后徙辽东，以避乱，又避武威。后魏有难陀孙婆罗，周隋间居凉州武威，为萨宝，生兴贵修仁，至抱玉赐姓李。”按黄帝神话成立之时，安息未兴。唐初，安息早亡，即代安息而王波斯之萨山（Sassan）王朝，已近末日，何来此安息耶？难陀孙婆罗，对音似为 Nandasunbara，梵化之西域人名也。萨宝为唐代火祆教官，其人必为火祆教徒。又考卷二百二十一下《西域列传》，安国一曰布豁，又曰捕喝。显庆中（六六五至六六〇），以其都城阿滥谧为安息州，其地即今日俄属中亚之布哈尔，应为安兴贵等之母国。《世系表》以其人与久为沙门之安世高通谱，极为可笑。自世高至是，已四五百年，何尚有梵化之后裔，为祆教之萨宝耶？其迁徙路线，亦太离奇：忽而自河南至甘肃，忽而自甘肃徙辽东，忽而自辽东远迁到甘肃西境，《伪书》之伪造世系，由斯可见。对于功臣如此，对于帝室，又从可知矣。

卷一百三十八，李抱玉，本安兴贵之曾孙，世居河西。抱玉从父弟抱真，《旧唐书》卷一百三十二有传。

卷一百三十六，李国臣，河西人，本姓安，疑亦为安国人。

卷一百五十六，李元谅，安息人，本安氏，少为宦官骆奉先养息，冒姓骆，名元光，有功赐姓名。李怀光反，元谅“与马燧浑瑊等讨之，其将徐廷光素易元谅，数嫚骂，为优胡戏，斥侮其祖；又使约降曰：我降汉将耳，及马燧至，降于燧。”

卷八十五，王世充，祖西域胡，号支颓耨，后徙新丰（陕西临潼境）死。其妻与霸城（陕西长安境）人王粲为庶妻，颓耨子收从之，冒粲姓，仕隋，历怀汴二州长史，生世充，豺声卷发。按世充曾与李渊争天下者也，故叙其家世形貌甚恶。自汉以来，月支人以支为姓，时贵霜帝国，已为嚈哒所并，此时西域之支姓，应为吐火罗人。又据《隋唐嘉话》，世充将单雄信谓李元吉为胡儿，则李渊胡之程度，必多于世充。

卷一百四十八，康日知，灵州（宁夏灵武境）人，祖植，当开元中（七二一）缚康待宾，平六胡州。按其事已见前考。缚人者及被缚者，皆姓康，疑同属康国人。盖唐之康国人多姓康，康国人常往来于今撒马尔罕及库伦之间。按卷二百十五上《突厥传》，颉利委政诸胡，斥远宗室不用。诸胡疑为康国人。又据敦煌出现之《沙州图经》，贞观中，康国大首领康艳典东来居石城镇（今罗布泊南婼羌境），胡人随之，因成聚落。又据今库伦南黑城子 Karabalgassam（即唐时回鹘可汗牙）八一四年所建《九姓回鹘可汗碑》，上勒汉文突厥文康居文三种文字，则突厥中有康国人，亦无足异。六胡州之康姓，应为康国人，康日知亦为康国人。缘灵州边地得失不常，不应有汉人占籍其地也。日知子志睦，承训，别有传。

卷二百二十一上，《罽宾传》，有何处罗拔。其人疑为何国人。

卷一百九十三，石演芬，西域胡人，事怀光至都将。按西域人常以国为姓，如前见安国之安，康国之康之例是已。此人疑为石国人，唐之石国，即今之塔什干也。

卷一百三十六，白孝德，安西人。按唐安西都护府六五八年徙治龟兹（见《地理志》），龟兹王姓白（见《西域列传》），白亦作帛，又考《诸僧传》，龟兹僧人亦有以白为姓者，则其人决为龟兹人无疑。

卷一百三十六《白元光传》，谓其先突厥人。按鲜卑中既有匈奴，西突厥中当然应有龟兹。当时必随西突厥内附，唐人不察，概以突厥名之。

卷一百一十，尉迟胜，本王于阗国，天宝中，授毗沙府都督，安禄山反，率五千人赴难，让国与弟，偕子锐留宿卫不归。按《宋高僧传》卷三，智严姓尉迟氏，名乐，本于阗国质子，封金满郡公，七〇六年舍宅为寺。则五十年前，于阗已有质子在中国矣。

卷一百一十，裴玢，五世祖纠，本王疏勒，武德中入朝，留不去，遂籍京兆。按《宋高僧传》，慧琳姓裴氏，疏勒国人也，印度声明，支那诂训，靡不精奥，遂撰成《大藏音义》一百卷，起七八八年，迄八一〇年，方得绝笔。按裴玢生卒年为七四八至八一二年，此二人为同时人，疑出一族。

卷一百零二令狐德棻，宜州华原（陕西耀县）人，其先乃敦煌右姓，然则与系出太原之令狐有别矣。德棻祖整，父熙，《北史》有传。《整传》："令狐整，敦煌人也，本名延，世为西土冠冕。"又云："整远祖汉建威将军迈，不为王莽屈，其子称，避地河右。"按《北史》之文，本于《周书》即为令狐德棻所修，此种世系不可靠也。德棻孙峘，别有传。

卷一百六十六，令狐楚，德棻之裔也，则亦系出西域。子绪、绹，孙滈，弟定，别有传。

卷一百四十八，令狐彰，京兆富平（陕西今县）人，其先自敦煌内徙。

卷九十四，薛万均，本敦煌人，后徙京兆咸阳（陕西今县），与弟万彻归唐。按《李轨传》，凉州胡种族盛，其西沙州又从可知矣。《官氏志》西方诸氏有叱干氏，后改为薛氏，万均兄弟疑为此薛氏也。

卷二百零九，索元礼，胡人也。不详为北方胡，抑为西域胡，大约以属西域之成分为多。

十　蛮乌蕃羌越倭诸种人

除前述诸种人外，《唐书》列传中有系出南蛮者二人，爨一人，牂牁一人，吐蕃二人，羌二人，南越一人，獠一人，日本一人，未详所出者一人。

卷一百一十，冯盎，高州良德（广东茂名境）人，本北燕冯弘裔孙。弘奔高丽，遣子业以三百人归晋。业留番禺，至孙融为梁罗州（广东石城境）刺史。子宝，聘越大姓洗氏（高凉蛮）女为妻，遂为首领，授本郡太守，至盎三世矣。盎后见杨素，素奇之曰："不意蛮中乃生是人。"则盎系出北燕之说，亦不可靠也。盎子智戴，族人子猷，别有传。

卷二百零七，高力士，冯盎曾孙也，中人高延福养为子，故冒其姓。

卷一百一十，《黑齿常之传》，有爨宝璧。按爨为西南夷大姓，在唐时为东西爨，昔之僰夷，今讹为摆夷者是也。

《旧唐书》卷一百十五，赵国珍，牂牁之苗裔也。

卷一百一十，论弓仁，吐蕃族也，六九九年，以所统吐浑七千帐内附。孙维贞，附见本传。

《旧唐书》卷一百五十二《史敬奉传》，有野诗良辅，应为吐蕃人。

卷一百三十五《高仙芝传》，有夫蒙灵詧。按《元和姓纂》，夫蒙，羌姓。

卷一百三十五《哥舒翰传》，有钳耳大福。按《魏书》卷九十四《阉官王遇传》，遇，冯翊李润镇羌也，与雷党不蒙（按应为夫蒙异译）俱为羌中强族。自云其先姓王，后改氏钳耳，世宗时复改为王。则大福，羌人也。

卷一百三十六，荔非元礼，又卷二百二十五上《安禄山传》，有荔非守瑜，皆不著其何种人。考《广韵》卷四，羌复姓有荔非氏，则其人亦羌人也。

卷一百五十二，姜公辅，爱州日南人，《旧唐书》作不知何许人。按唐时爱州与占婆（当时名林邑又名环王）接壤，又卷七《德宗本纪》云：贞元十八年（八二〇）环王陷驩爱二州，则其人为南越人也。

卷一百七十四，牛僧孺，隋仆射奇章公弘之裔。按《隋书》卷四十九，《弘传》，弘，安定鹑觚（甘肃灵台境）人，木姓獠氏，魏赐姓为牛氏。考獠与僚通（见《汉书》师古注），余疑即西南夷之一古称，后加犭旁作獠者也。则奇章公殆为系出獠族之人也。子蔚、丛，孙定，有传。

卷二百二十《日本传》，日本副使朝臣仲满，慕华不肯去，易姓名曰晁衡，仕于唐。

卷二百零七，刘贞亮，本俱氏，冒所养宦父姓，故改焉。又卷二百二十二上《南诏传》，《旧唐书》卷一百四十五《刘全谅传》，皆有俱文珍。按俱姓始见于十六国时，非汉姓也，其源未详。

按唐代与印度交际甚密，印度人之至中国传布婆罗门教佛教之教师（见《诸僧传》），历数家（见《开元占经》），制糖匠人（见《玄奘传》），经诸书著录者不少。而《唐书》唯附带叙及一二历数家（如《旧唐书》卷三十二《历志》之瞿昙罗，卷三十六《天文志》之瞿昙撰，卷七《本纪》之迦业至忠等），方士（如《新唐书》二百二十一上《天竺传》之那逻迩娑婆寐卢逸多等）而已。上述诸人，固不能谓为华化者。但天竺人仕唐者，要必甚多。如《宋高僧传》卷三，《菩提流支传》中之天竺大首领伊舍罗，又同卷《般剌若传》中为神策军正将之罗好心，又卷二生于中国之慧智，皆可谓华化之人也，其名皆不见于《唐书》。则欲检寻华化之印度人，须求之于所谓正史之外。此外诸国僧人生长中国，虽甚著名，亦不为正史著录，如康国人法藏，即释教中之贤首大师，其一人也。

附录　高齐出于鲜卑

史书所志之系谱地望，不可尽信，前引之例不少。兹检史书，北齐高欢之来历，亦甚不明。《北齐书》卷一《本纪》云："高欢，字贺六浑，渤海蓨人。"按蓨县自汉迄元魏，皆治今河北景县境，欢之原籍，似在河北山东之间矣。《本纪》又云："六世祖隐，晋玄菟太守。隐生庆，庆生泰，泰生湖，三世事慕容氏。及慕容宝败，国乱，率众归魏。"按晋之玄菟，治今辽宁沈阳境，诸人史无考，疑出伪造。《本纪》又云："湖生四子，第三子谧，仕魏位至侍御史，坐法徙居怀朔镇。谧生树，树生欢。"按怀朔在今绥远五原境，则其人实生于内蒙。《本纪》又云："神武既累世北边，故习其俗，遂同鲜卑"，"长头高颧。"则其人即出汉族，已早鲜卑化矣。但据史文考之，其人实非汉族而鲜卑化者。

《北齐书·本纪》卷一云："神武曰，今以吾为主，当与前异，不得欺汉儿，不得犯军令。"

《北齐书·本纪》卷二云："侯景素轻世子（高澄），尝谓司马子如曰，王在，吾不敢有异，王无，吾不能与鲜卑小儿共事。"

《北史·本纪》卷七云：高洋"神武第二子，……及产，命之曰侯尼，于鲜卑言有相子也"。

《北齐书》卷九，《文宣皇后李氏传》云："及帝将建中宫，高隆之高德正言，汉妇人不可为天下母，宜更择美配。"

《北史》卷五十四《高隆之传》：隆之"洛阳人，为阉人徐成养子，……后有参定功，神武命为弟，仍云渤海蓨人"。

《北齐书》卷二十一《高昂传》："高祖曰，高都督纯将汉儿，恐不济事，今当割鲜卑兵千余人，共相参杂。""于时鲜卑共轻中华朝士，唯惮服于昂，高祖每申令三军，常鲜卑语，昂若在列，则为华言。"

《颜氏家训·教子篇》云："齐朝有一士大夫，尝谓吾曰，我有一儿，年已十七，颇晓书疏，教其鲜卑语，及弹琵琶，稍欲通解，以此服事公卿，无不宠爱，亦要事也。"

按上述之教育，祖珽曾受之也。《北齐书》卷三十九《珽传》："元康因荐珽才学，并解鲜卑语。""帝于后园使珽弹琵琶，和士开胡舞。"珽虽具此技能，因为汉儿，几不得作领军。《传》又云："孝征（珽字）汉儿，两眼又不见物，岂合作领军也。"

《周书》卷一《本纪》：宇文泰之伐高欢，传檄五镇，数欢之罪，谓欢"器识庸下，出自舆皂，罕闻礼义，以一介鹰犬，劲力戎行。"虽其语出政敌，然欢之出身可知。赖宇文泰亦非汉种，否则必斥欢为胡虏夷狄矣。

据前引诸文，北齐高欢不得谓为汉种，《唐书》中之渤海蓚人，来历亦多可疑，而系出北齐宗室，为唐太宗妻长孙后舅父之高士廉，殆不失为鲜卑也。

——《东方杂志》二七卷十七期——

中亚新发现的五种语言与
支白安康尉迟五姓之关系

我于研究这个问题以前，先要声明一句话，就是我所提出的问题，完全是一种假定，等待将来的证明。

最近二十年来，欧洲各国考察团在中亚发现了五种从前人所未识的语言；有两种属于印度欧罗巴系，其初德国学者定名曰甲乙两种吐火罗语，后来法国学者又改成为焉耆语同龟兹语。有三种语言属伊兰系，一种定名康居语（Sogdi）就是《西域记》的窣利（Sulik）语，也有人称为粟特语。一种是摩尼教经中的钵罗婆语。一种是从前名为东伊兰语的于阗语。

我对于五种语言之中的两种语言名称，略略有点意见。焉耆语的材料，几几乎全在柏林，好多尚未发表。我第一个假定以为焉耆语恐就是月支语。就历史说，月支种业已统治过吐火罗，就地理说，焉耆从前也名过月支。斯坦因（Stein）在敦煌所得宋人写本，有一种名称"《西天路竟》"的，就把高昌龟兹中间的一国，唤作月氏。而且焉耆的名称在东西来往僧众行纪里头，多名曰乌耆，只有《法显传》同《释氏西域记》名曰偽夷。《高僧传》卷一《卑摩罗叉传》名曰乌缠，《西域记》名曰阿耆尼。这四个名称，恐怕是本于一种对音。当时"月支吐火罗"分布的地方极广，就是现在且末县于阗县

143

中间，玄奘经过之时，还有一个"睹货逻故国"。我又作进一步的假定，以为月支乌耆恐怕也是本于同一对音，所以我想主张将焉耆语改为月支语。至若焉耆之突厥语哈喇沙尔（Karahshahr）（此言黑城）的名头，当然与吐火罗语毫无瓜葛。

五种语言之中，还有一种摩尼教经用的 Pahlavi，这个名称，是从梵文 Pahlava 来的，《杂阿含经》曾把他翻作钵罗婆，《孔雀王经》又翻作波罗婆，就是指安息（Arsak）王朝所治之地，此地就是古波斯语的番兜 Partava，英文的 Parthia。寻常的钵罗婆语固然在萨珊（Sassan）王朝时代（三国至唐初）流行，可是这一种特别钵罗婆语，必定很古，所以我想将他唤作安息语。由是五种新发现的语言可以改定如下。

月支语　龟兹语　康居语　安息语　于阗语

因为语言的名称，我又想到用作中国家庭标识的姓氏。我们中国人的姓，在现在世界上可以说是一种特别的表征，外国语言除开拉丁语之 Cognomen 外，寻不出别的字可以翻译。制度固然特别，外国人到中国来的多少也要遵守中国习惯，所以就近代说，姓南的怀仁，姓汤的若望，往古代说，有姓安的世高，姓康的孟详。而中国人对于外国人，也把他们看作一样有姓的，即或没有，也要装上一个，不管是地名人名王号国号。所以梵语的 Varman，此言铠，硬把他派作姓范，马来语以及摆夷语的 Yan，此言神或王，硬把他派作姓杨。由此类推，月支人所以姓支，天竺人所以姓竺，康居人所以姓康，安息人所以姓安，在唐朝还有许多姓曹姓何姓史姓石的外国姓，都是从这样来的。于阗王姓尉迟，方君欣安告诉我说是 Vijaya（此言普胜）的对音，则《唐书》卷一百一十之尉迟胜，译音而兼译意矣。还有龟兹人姓白（亦作帛），疏勒人姓裴，撰《大藏音义》一百卷的慧琳，俗家姓裴，大约就是《唐书》卷一百一十裴玢的本家兄弟。裴白两姓现在还未寻出他的对音，可是疏勒龟兹人所冠的姓是无疑义的了。由是我又进一步假定，姓支的外国人所说的话必定是甲种吐火罗语，姓白的所说的必定是龟兹语，姓康的所说的必定是康居语，姓安的所说的必定是安息语，姓尉迟的所说的必定是于阗语。不过要附带声明的，隋唐时代姓安的外国人，原籍不在波斯，而在今之布哈儿（Bokhara），所以与其像《唐书》卷七十五下《宰相世系表》，胡乱记载安兴贵李抱玉是安世高的后人，倒不如说他们是《元史》卷一百二十五赛典赤的同乡，不过安兴贵所说的安息语，在七世纪下半叶的时候，已经在对大食语办交代了。

我这些假定，不敢说毫无武断的地方，尤其是月支焉耆同一对音的假定。就今音说，Ücči 同 uki 固然大有分别，可是要知道，今音不是古音，月支的汉朝读法，现代还没有脚踏实地的考据。我们只知道氏与支相同，月字怎样读法，我们不知道。近人有主张氏读若氏的，新罗人崔致远撰《法藏和尚传》，月又音作燕，这种读法，恐怕也是悬揣。我们要知道汉晋人译外国名，常用省译方法，譬如 Sravasü 作舍卫，Rajagrha 作罗阅，梵语杂名中龟兹的对音是 Kucina，《西域记》中乌耆的对音是 Agni。拿这几种例来推想，月支要是"音译"，恐怕也是省译。由是我又可提出一种假定，梵文中有一本史颂，名称《罗摩衍那》（Ramayana）的，稍治梵学的人都知道，这部书与平话小说《西游记》是很有渊源的，书中有一篇地志，地志里头列举北方二十国名，有支那（Cina）外支那（Aparacina）两个国名。《释藏》的《正法念处经》第七品身念处品，把他全抄了出来，中文译本里头把"外支那"删了，西藏文译本里头两名俱在。外支那一名，我想指的是新疆的月支。当时月支语，或者受有直接间接的影响，也借用了这个外支那的梵名。又或者是梵文借用别一语言的名称，因为支那一名原指雪山以北诸地的种族，也许是月支人传过去的，久而久之，就从外支那变为月支乌耆了。

我这些假定，将来也许毫无价值，也许可以证明。因为这件问题到还新鲜，特地提出来，希望有人研究研究。

——女师大《学术季刊》一卷四期——

论龟兹白姓^①

向觉明

冯承钧先生论"中亚新发现的五种语言与支白安康尉迟五姓之关系"一文发表其焉耆语即月支语，钵罗婆语即安息语之假定，并论及月支焉耆为同一对音之理由，与夫支白安康尉迟五姓对音之追溯诸端，文中对于龟兹白姓尚未寻出对音，只谓其为龟兹人所冠之姓，无疑义云云。今按龟兹白姓，是否亦如于阗王姓尉迟之出于 Ui-jaya 一辞之例，系由译音而来，尚难确定。唯据余悬测，龟兹白姓，疑渊源于汉唐间古籍中时道及之"白山"，而非译音也。兹略陈鄙意如次，尚望冯先生及读者诸君有以教之。

按龟兹白姓，或亦作帛。作白者最先见于故籍。《后汉书·班超传》有龟兹侍子白霸之名。至于龟兹白姓之一作帛，则仅见于晋代。《高僧传》之高座法师帛尸黎密多罗，据云乃龟兹王子。又有竺佛图澄，原本姓帛，当亦为龟兹人。《晋书·焉耆传》言焉耆国王龙安尝为龟兹王白山所辱。安子会雪父仇，遂袭灭白山。苻坚遣吕光平西域，龟兹王白纯为所灭，别立纯弟震为龟兹王。白纯，据《晋

---

① 就中亚新发现的五种语言问题，向达先生曾与冯承钧先生做过笔谈论辩。为明了其中就里，特附录向达先生两篇文章于此。——编者注。

书·龟兹国传》作白纯,载记《吕光传》则作帛纯。然按《高僧传·鸠摩罗什传》,龟兹王为白纯白震;《北史》《周书》《隋书》《两唐书》之《龟兹国传》,俱云龟兹国王姓白,系吕光所立白震之后;并不作帛。是龟兹国姓,实应作白,作帛者为载笔之误;帛尸黎密多罗既为龟兹王子,自应姓白,不烦言而喻也。

龟兹王室在西元前第一世纪以前之统系及其族姓,今不可得而知,至其改用白姓之始,疑起于西元前第一世纪末叶,龟兹王绛宾醉心华化以后之时也。龟兹王绛宾妻乌孙公主解忧长女弟,始于汉宣帝元康元年(公元前六五年)夫妇相阶入汉朝贺。王及夫人皆赐印绶,夫人号称公主。赐以车骑旗鼓歌吹绮绣杂缯琦珍,凡数千万。留且一年,厚赠送之。后数来朝贺。《汉书·渠犁传》谓绛宾"乐汉衣服制度。归其国,治宫室,作徼道周卫,出入传呼,撞钟鼓;如汉家仪。外国胡人皆曰驴非驴,马非马,若龟兹王,所谓骡也"。形容绛宾之醉心于中国文明,可谓淋漓尽致。绛宾死,其子丞德嗣位。绛宾一名,当系译音,至于丞德,便似汉名。以绛宾之如此醉心华化,妻又为汉公主之女,故丞德二字,必为模拟汉人而取。至建初时(西元后第一世纪中叶),班超上疏,请攻灭龟兹,疏中始及龟兹侍子白霸之名。则龟兹王室之改白姓,虽无确证以断其为即自绛宾始,而起于绛宾醉心华化以后,西元前后数十年间,似约略可决也。自是若晋时之龟兹王白山白纯白震,其姓其名,皆属华风。隋唐之际,龟兹王室虽仍白姓,而名则诘屈缴绕,大异于前。如隋之苏尼咥(《北史》作苏尼噬,疑为形误),唐之苏伐勃駃,苏伐叠,诃黎布失毕,疑皆为龟兹原音,白姓则史臣依据旧史以冠其上耳。他如隋炀帝欲循曹妙达封王之例以宠之之乐正白明达,唐时安西番将白孝德,则原出龟兹,臣事中国,遂从华风者也。

龟兹王室以及龟兹国人东来中土,所以冠以白姓者,余意以为译音,乃取义于龟兹国北之白山而言也。龟兹国北之白山,即今天山，亦即《汉书·西域传》中所指之北山。白山横亘西域之中，往昔西域诸国，对此具有绝大之神秘。《太平御览》卷五十引西河旧事有云，一天山高，冬夏长雪，故曰白山。山中有好木铁。匈奴谓之天山，过之皆下马拜（《后汉书·明帝纪》引此拜下有焉字）。在蒲（同上《明帝纪》及《班超传》引此蒲下有类字）海东一百里，即汉贰师击右贤王之处也。此处所指，大约在今巴里坤附近，实则天山不限于一地，东西数千里，俱为天山，是以《周书》《隋书》《北史》及焉耆疏勒龟兹地望，俱云在白山南若干里。而在天山群峰之中，龟兹以北今称为汗腾格里山者，尤为群山之冠冕。龟兹盛时，称霸西域，不唯姑墨温宿尉头，仰其鼻息，即焉耆疏勒，亦复甘心北面；巍然为北道一大国。故班超吕光之征西域，皆以先服龟兹为急务。龟兹盛时疆域疑有白山南面诸国之大部分。白山为其国中唯一之大山，重以汗腾格里山即在其境内，故龟兹对于白山，实无异于清朝之于长白山，为其镇国之神山。因即取白为氏，盖至为近理之举。征之《晋书载记·赫连勃勃传》，勃勃自道其受姓始末，以为“古人氏族无常；或以因生为氏，或以王父之名，朕将以义易之。帝王者系天为子，是为徽赫，实与天连；今改姓曰赫连氏”。赫连氏之来源，是否如此，尚有待于语言学上之考究，唯龟兹白姓之为窃取斯义，则大致或不相远也。

　　余意龟兹之姓见于故籍，而待新发见之龟兹语为之证合，或梵文之属为之溯源者尚复不少。《隋书·音乐志纪》有龟兹人苏只婆传习琵琶七调。《隋书·龟兹传》谓龟兹王白苏尼咥，白系中国史官所加，苏尼咥则其龟兹原来姓名。唐时龟兹王又有苏伐勃駃与苏伐叠二人。“苏”与“苏伐”疑为同音，而苏只婆一名还原，或为 Suva-jiva；“苏”与“苏伐”，或同为 Suva 之异译。唯所拟对音，是否相合，尚须在龟兹语及梵文找寻证据，不敢遽然决定也。《唐书》又纪有诃黎布失毕及叶护二人，俱谓为龟兹王名。今按诃黎布失毕之对音，犹不之知，叶护则系突厥官名，彼时龟兹已沦于突厥，受其官封，史臣不察，乃误以叶护为王名耳。

——女师大《学术季刊》二卷一期——

再说龟兹白姓

一

我发表了"中亚五种语言"一文以后，引出觉明先生的论"龟兹白姓"一文，引证详赡，且喜且佩，既然遇见了一位"有本钱的同行"，便忍不住再谈一谈龟兹白姓。

我从前说白姓是龟兹人的姓，可是要将下面几种姓白的撇开：

（一）中国的白姓，这一类姓，当然是与龟兹毫无关系，不能效白香山把白公胜白乙丙拉来通谱。

（二）若干沙门的白姓，"魏晋沙门，依师为姓，故姓各不同，道安以释命氏，遂为后式"（《出三藏记集·道安传》），则如白法祖一类的沙门，不可误作龟兹。

（三）《唐书》之"其先为突厥人"的白元光，《五代史》之吐谷浑酋长白承福，这一类的姓白的，也要暂时撇开。

除开上列几种，所余下来的龟兹白姓，如果真是历代相传不绝的氏族，可以算得是世上的一个大世家阀阅，七百多年，姓白的龟兹国王，经载籍明著的有下面许多人，即《后汉书》的白霸，白英，《晋书》的白山，白纯，白震，《隋书》的白苏尼咥，《唐书》的苏伐勃駛，苏伐叠，诃梨布失毕，白素稽，延由跋，白莫苾，白多布

（后改名孝节），圆照撰《悟空行纪》的白环等是也。

至若沙门要算帛尸黎密多罗 Srimitra 是最早的了，还有所谓三国时代的白延，其实是前凉时代的人，后别有说。

这白字究竟是音译还是意译？现在我可不敢断定，觉明先生"因白山而得姓"的话可备一说，然而我不敢完全赞同，因为新疆昔有两座白山，一座是西河旧事"冬夏有雪，匈奴谓之天山"改白山。《括地志》曰，"天山一名白山，今名初罗漫山，在伊吾县北百二十里"（《史记》卷一〇九《李广传》正义引），则在今镇西哈密之间，《后汉书·耿秉传》出白山击车师，就是这个白山。一座是《唐书·龟兹传》"姓白氏，居伊逻卢城，北倚阿羯田山，亦曰白山"的白山。"初罗漫"不知出于何种语言，"阿羯"想是突厥语的 Ak（此言白），田字或者是 tagh（此言山）的变音。后一白山好像是晚见于《唐书》，《魏书》只言其国西北有大山，山虽同是一山，可没有说是白山。《西域记·屈支条》说，"文字取则印度粗有改变"，玄奘要是知有白山，必定有梵音"叔离势罗"类的名称，但是未见著录，可见这白山的名目晚见，怕是突厥人传过去的。至若东边的白山与龟兹没有瓜葛，龟兹国力未曾到过高昌，似不能取境外的山名，作为国王的姓氏。所以就目前说，以山为姓，尚无强健理由。不过在科学里头，话是很难说的，将来出土的史料，若更有发现，取之不尽，用之不竭的释藏，若仔细爬梳，类书的材料，像《册府元龟》之类，若完全裒集，语言里头若别有对证，也许我是费话，别人有理。

隋唐时龟兹王几个译名，现在已有法还原，《西域记》说，"近代有王，号曰金花"，又说，"文字取则印度，粗有改变"，则可以从梵文里头去探寻了。考翻译《名义集·七宝篇》，"苏伐罗，或云修跋罗，此云金"还原则为 Suvarna。又《百华篇》，"布瑟波，此云华"，还原则为 Puspa，苏伐勃驶应是 Suvarnapuspa 的节译。觉明先生苏伐二字还原不错，不过被唐朝的译人节译所阻，不能尽其全功。我现在再进一步考证诃梨布失毕的梵名，更不难了。"布失毕"就是"布瑟波"勃驶的同名异译。至若"诃梨"，若把《诃梨跋摩》Hari-varman《传序》（《出三藏记集》卷八）看一看，就可以知道诃梨布失毕就是 Haripuspa 的对音，此言"狮子花"是已。若将金花狮子花等王号推想一下，好像龟兹王号常用"花"字。我又联想到诃梨跋摩的"跋摩"来了，跋摩 Varman 甲铠，印度或印度化的王号，甚至到中国许多僧人的名称常有这个尾巴。从前的译人看见他们的名尾，都是一样，所以将他当作姓，而译其音曰"范"。《史传》中林邑国王姓范，大概是这样来的。所以 Bhadravarman 叫范胡达，Cambhu-varman 叫范梵志。拿这个例子来一推，我倒有点疑心这个"白"字是从 Puspa 来的。但我这也不过是聊备一说，不敢断定说是。

二

为了一个龟兹白姓，费了许多笔墨，究竟值得吗？我敢说关系很大，因为他牵涉到佛教最初东被的历史，这一件事是人所想不到的。我们研究经录，在后汉魏吴西晋二秦诸录中，除开一个白延外，没见一本龟兹人的译经，可是处处看见龟兹语的痕迹。Sylvain Levi 的龟兹语考说，对照汉梵，常见汉译与龟兹语近，与梵语远，譬如"沙门""沙弥""波逸提"，这些音译，"出家""外道""灭"这些意译，皆像是从龟兹语转贩来的。而且《魏略》《后汉书》中还有"桑门""晨门"许多证据。可见最初译经的，是些用龟兹语的人，不但说天竺人直译的话靠不住，而且在安息康居月支种种语言未详细研究之先，也只好让龟兹人专美于前了。

但是若将最初经录中无龟兹人译经的事实对证起来，又不相符，这件问题似乎麻烦了。有人问说白延不是姓白吗？《历代三宝纪》《大唐内典录》《古今译经图纪》《开元释教录》不皆说他是西域人吗？西域姓白的不说是龟兹人吗？何以说没有龟兹人译经呢？问虽问得不错，我却有我的理由，我从前费了好几个月的工夫，想把古今存佚的译经，和现在佛学研究的成绩，整理一下，后来中辍了。中辍的原因，不是玄奘所说的"自量气力不复办此"，实在是因为这种研究太苦，一个人去硬干，固然可以治学，可是不能治生。然而也把后汉魏吴的经录整理得有点头绪。片断整理的结果，我觉得经有伪，人亦有伪，现在只把白延来说，《高僧传》说不知为何许人，僧祐著录其译经二部，《长房录》六部，《开元录》五部，《开元录》中其本并阙，可是今日到有一本白延出的《须赖经》Surata Pariprc-cha 不知从那里来的。考《开元录》卷十二，著录《须赖经》一卷，前凉月支优婆塞支施仑译注云，"出经后记，第三译，前后四译，三本阙"，我按着这线索去寻，祐录以下都说白延出《首楞严经》，检《出三藏记集》卷七《首楞严》后记云，"咸安（大正新修本作咸和误）三年（纪元三七三）岁在辛酉，凉州刺史张天锡在州出此《首楞严经》，于时有月支优婆塞支施仑手执胡本，""出《首楞严》，须赖，上金光，首如幻三昧，时在凉州州内正听堂湛露轩下集，时译者归慈王世子帛延，善晋胡音，延博解群籍，内外兼综"云云，这样看起来，明明是张冠李戴，这个帛延明是那个白延，不过把他提前了一百十五年了，拿前后证据来比较，当然只有前凉的帛延是真的，按此倒推，《道安录》（《出三藏记集》所引）以前的人和经，必须要详细鉴别一下。

由前一说，佛教东被，龟兹人的介绍是无可疑的，试再举一证据来说，《宋高僧传》卷三彦综论曰，"如天竺经律传到龟兹，龟兹不解天竺语，呼天竺为印特伽国（Indika）者，因而译之，若另解者，犹存梵语，如此胡梵俱有者是"，这明明证明龟兹为佛教东行之一大站了。但由后一说，前凉以前并无一龟兹人译经。然则这些留存龟兹语的古经文，是从哪里来的呢？我想只有三种解决方法。

（一）其他介绍佛教的西域语言，与龟兹语相近。

（二）译经和译人"提前"像白延这个例子。

（三）假造几个人，假造几部经，或阙译人名，或派在从前有名的译匠名下，安世高支谦死后比活的时候译经加了几倍就是这个道理。

不过要解决这些问题，先要阐明西域的语言，这是现在一件很大的难事。复次要将释藏完全整理，高楠顺次郎等新修的大正《大藏经》，"量"的成分煞是可观，可是他只顾校对别人的版本，不管自己的错字句读。

三

还有几句零零碎碎的话，拉杂写在后面。

西域华化是间歇的，不是继续的。所以除从前的高昌有点成绩外，其他都不相干。绛宾这个例子，好像是现代的人出洋回来，穿西服吃大餐的心理，回到乡间去，是行不通的，所以只能昙花一现。

苏只婆的梵名是 Sujiva，此言"善寿"，释藏中有个善寿长者与他同名，这个善寿能力可不小，他是一个受了印度文化的龟兹人，跑到突厥，送新嫁娘到中国来，并传播音乐（可惜此人生不逢时，要是生在现在，纵不能被研究院聘来当语言研究所的研究员，也可以有充"坐汽车的教授"的资格，再不然也可以当一个学院音乐系的主任）。

苏伐叠的龟兹语名是 Swarnate，也是梵文的 Suvarnate，此名从伯希和在库车西北三十里所发现的符券上见之，我想苏尼咥的对音，恐怕也是一样，此二人时代辈分不同，好像不是一个人，可是从前译人和史官的玩艺，是没有准的，也许他们闹错了。

《梁书》中有位纪元五二一年入贡的龟兹王，名尼瑞摩珠那胜，无法还原，译名怕有脱讹。

本篇中所举的龟兹，归慈，届友，库车，皆是一地，此外还有鸠兹，归兹，丘兹，屈茨，安西，拘夷，曲先，苦叉，许多同名异称。

尉迟的对音是 Vijaya 前次被手民误排，这是梵名，可不知于阗语如何写法（编者按尉迟在于阗语作 vi sa）。

四

我希望有人把载籍中的龟兹史事，按年代的先后，注明所出书名卷数，用西历衰辑，作成一篇"龟兹史料"。最要是拿各本对勘，附注异同于下，比方《唐书》的延田跌，《册府元龟》卷九七○作延绵拔，对勘起来，至少可以知道田字是由字之讹。这部史料，在现在的中国有供无求，或者无大价值，但在西方考古学界，必定大为欢迎，因为科学方法我不如他，校勘版本他不如我，我们中国人现在要在世界考古界见长，最好先走这条路。

论龟兹白姓兼答冯承钧先生

向觉明

一

前为论龟兹白姓一文，承冯承钧先生为《再说龟兹白姓》一文予以指教。我于冯先生的文章未发表以前蒙编者的好意，得以先为拜读。我对于冯先生殷勤指教的厚意很为感激，尤其是对于冯先生所创获的龟兹白姓是出于苏伐勃驶 Suvarnapuspa 和诃黎布失毕 Hari-puspa 两名末尾的 puspa 一字之说，极为赞同。龟兹白姓对音之还原，大约要以冯先生的假定为最近真了。有了冯先生的这一个假定，不唯我的龟兹白姓原于白山之说可以放弃，即是王静安先生高昌《宁朔将军麴斌造寺碑跋》中所云诃黎布失毕为诃黎伐失毕之误，以为诃黎伐即是突厥官名旧史所称为俟利发颉利发音变之说亦可由冯先生之假定而知其不然。

我在未读冯先生的《再说龟兹白姓》一文之先，曾检《水经注》卷一所引支僧载外国事，中间有这样的一段："菩萨于瓶沙随楼那果园中住一日，日暮便去半达钵愁宿。半达晋言白也，钵愁晋言山也。"所谓半达钵愁，据日本藤田丰八在他所著的《叶调斯调私诃条考》（见日本《史学杂志》三十八编第七号）一文中说以为梵文还原

157

起来，应是 Punda-Vasu 二字。我当时私揣以为藤田博士还原的梵文之对与不对，且不去管，而龟兹的白山当突厥势盛时既有一阿羯田山的突厥名称，说不定在汉魏时代印度佛教的势力，弥漫西域之际，别有一梵文名称，也许即是与半达钵愁相类的声音。因此我曾假定龟兹白姓原出白山，音与义两者的成分兼而有之。不过这种假设既没有积极的文献以为证明，又嫌过于深文罗织，始终不敢自信。如今得读冯先生的意见，始确然知道我自己的假设缺乏语学上同文献上的根据，是不能成立的。

至于冯先生文中谓龟兹的白山好像是晚见于《唐书》，此言似不尽然。《太平寰宇记·四夷》引《隋西域图记》："白山一名阿羯山，常有火及烟；即是山炯沙处。"这即是《水经注》卷一引《道安西域记》的"屈茨北二百里有山，夜则火光，昼日但烟。人取此山石炭冶此山铁恒充三十六国用"的屈茨北二百里之山，也就是椿园氏《西域记》所记库车"出硇沙之山在城北。山多石硐，春夏秋硐中皆火夜望如万点灯光，人不可近"的山。龟兹白山名称的起源，盖远在唐朝以前也。至于唐以前和唐时的龟兹白山是否有如冯先生所云梵音"叔离势罗"类的名称，固不敢定，但是《史记·李广传》正义所引《括地志》，天山一名白山，今名初罗漫山的"初罗漫"山必有误字。斯坦因在敦煌所得的光启元年写本《沙州伊州地志》残卷第五十四行有时罗漫山，又第七十三行属于柔远县的有"时罗漫山，县北四十里，按《西域传》，即天山也。绵亘数千里"云云的一段，作时罗漫山不作初罗漫山。我疑心光启写本残地志为是，而《史记·李广传》正义所引《括地志》文有误。而此处之时罗漫山或即冯先生所谓梵音叔离势罗类的名称，还原起来似乎是 Cukla-mandara 义为白山者，亦未可知（光启写本《沙州伊州地志》残卷全文，日本小川博士还历纪念史学地理学论丛，羽田亨所作光启元年写本《沙州伊州地志》残卷考曾为转录可以参看）。苦于我不通梵学，不能为冯先生一证之也。

二

冯先生文中又讨论到龟兹人译经和古经文中留存有龟兹语痕迹的问题。这一个问题似乎太大了，不是我这样浅学所能赞一辞的。如今勉就所知来凑凑热闹。僧祐《出三藏记集》卷七七《须真天子经》，是太始二年（西二六六）天竺菩萨昙摩罗察（竺法护）于长安青门内白马寺中口授出之，聂承远张玄伯孙休达手受而传言者却是安文惠同帛元信两人。帛元信，据同书卷八《正法华经记》第六所记为龟兹居士，太康七年（西二八六）竺法护之译《正法华经》二十七品，预于参校之役者，天竺沙门竺力（应作竺法力）而外也有帛元信的份儿在内。这虽不是龟兹人直接译经，而译场中却也有龟兹人在内。

而要说到龟兹语的痕迹渗入古经文中，其最大的介绍人，自然要数鸠摩罗什了。鸠摩罗什的母亲是龟兹王女，鸠摩罗什生于龟兹，于七岁时在龟兹出家，从师受经，日诵千偈，凡三万二千言，其后从天竺归，又在龟兹宣扬教化。鸠摩罗什三十九岁以前，实以在龟兹说教的时候为多；其受有龟兹佛教的影响，可想而知。鸠摩罗什到中国以后，所译诸经原本，至今是否尚有留存，不得而知。不过就唐以前人曾见龟兹文经本者之所记述，则鸠摩罗什所译的佛经中，实有出于龟兹文的。隋仁寿元年崛多笈多二法师译《添品妙法莲华经序》有这样的几句，"昔敦煌沙门竺法护于晋武之世，译《正法华》，后秦姚兴更请罗什，译《妙法莲华》。考验二译，定非一本：护似多罗之叶，什似龟兹之文。余检经藏备见二本，多罗则与正法（正法华经）符合，龟兹则共妙法（《妙法莲华经》）允同。护叶尚有所遗，什文宁无其漏。而护所阙者普门品偈也；什所阙者药草喻品之半富楼那及，法师等二品之初，提婆达多品普门品戒偈也。什又移嘱累在药王之前，二本陀罗尼，并置普门之后。其间异同言不能极。"这是崛多笈多二法师亲见鸠摩罗什所译《妙莲法华经》的龟兹文经本，勘出梵文同龟兹文此经的异同，而说的话。可惜当时所译诸经原本既未能流传至今而崛多笈多二法师的《添品法华》也只将什师所漏以及次序不同者，以多众本为之校正增补。至于多众龟兹二本所有专名译音的异同等等，未能一一举出，不然鸠摩罗什介绍龟兹文佛经到中国来的证据或可更为显明呢。

以上是对于冯先生的《再说龟兹白姓》一文所续的狗尾巴。

——女师大《学术季刊》二卷一期——

何满子

　　幼时所读书，迄今尚忆而未忘者：《三字经》《论语》《唐诗三百首》。诗歌比较散文容易记诵，所以《唐诗》记得较熟（现今年达六十左右而能赶上科举末尾的人，我想必定有不少人与我有同感）。唐诗的选本至少有几十种，当时流行最广的，应首数这部蘅塘退士的选本，其卷六五言绝句中有一首题作《何满子》的，其词曰：

　　故国三千里，深宫二十年，一声《何满子》，双泪落君前。

　　我初见的《唐诗三百首》刻本，此绝句阙作者名，而在白居易绝句后。我曾疑心是白居易的作品，因此遍检《白氏长庆集》而未得。后别见一《三百首》刻本，下题张祜名，两《唐书》无张祜传，仅知唐人笔记中曾记其人数事。（一）康骈《剧谈录》记王智兴（七五八至八三六年）[①] 初为徐州节度使时，祜曾在客座中献诗，临行获智兴厚赠。（二）王保定《摭言》记祜元和长庆（八〇六至八二六年）中深为令狐楚（七六六至八三七年）所知，楚镇天平时（八二九年十一月至八三二年二月），自草荐表进献祜诗。（三）近检

---

　　①　本文所注生卒年寿，除别有注外，并从《旧唐书》各本传。

161

范摅《云溪友议》，知杜牧（八〇三至八五二年）[1] 与张祜为诗酒之交，酷吟祜宫词。亦知钱塘之岁白（居易）有非祜之论，常不平之。乃为诗二首以高之曰："谁人得似张公子，千首诗轻万户侯。"又云："如何故国三千里，虚唱歌词满六宫。"张诗曰："故国三千里，深宫二十年，一声《何满子》，双泪落君前。"此为祜得意之诗也。

此诗既为祜得意之作，然在《全唐诗》中并未著录，手边又无清席启寓所辑的《张祜诗集》[2]，不知其中有无此诗。假定无有，则蘅塘退士应从《云溪友议》录出。我从前读他这首绝句，不求甚解，以为《何满子》是曲名。好像是唐玄宗幸蜀后，宫人歌此曲，数十年后的张祜因作此诗，现在我以为问题似不能如此单简。崔令钦《教坊记》所列举的曲名固有《何满子》，然而根据其他材料，好像原来是人名，而后来即以人名作曲名。段安节《乐府杂录》有曲名《康老子》，亦是以人名作曲名；《教坊记》曲名中有《曹大子》《安公子》，皆此类也。

何满子既是人名，我于是对他作了点考证，因而知道咏何满子的，还有白居易（七七二至八四六年）[3]，元稹（七七九至八三一年），薛逢诸人。薛逢在诸人中时代较晚，好像十世纪初年尚存，他的《何满子》曲，见宋郭茂倩的《乐府诗集》卷八十，其词曰：

系马宫槐老，持杯店菊黄，故交今不见，流恨满川光。

其词仅表示忆旧之意而已，对于《何满子》的考证毫无补助，

---

① 生年从《唐诗纪事》，殁年从《新旧唐书》，然据《樊川文集》，八五六年牧尚未卒。可参看《辅仁学志》第十卷第一、二合期；余君嘉锡《疑年录稽疑》十六至十七页。
② 《张祜诗集》二卷，见《唐诗百名家全集》。
③ 此从《新唐书》，盖与墓志合。《旧唐书》多一岁。

所以我没有考究他的出处。《乐府诗集》卷八十并载有白居易绝句一首，我曾检《白氏长庆集》与《续集》，卷六十八后听歌绝句中即有其词，词曰：

世传满子是人名，临就刑时曲始成，一曲四词歌八叠，从头便是断肠声。

茂倩并有解题云："唐白居易曰：何满子，开元（七一三至七四一年）中沧州歌者，临刑进此曲以赎死，竟不得免。《杜阳杂编》曰：文宗时宫人沈阿翘为帝舞《何满子》，调辞风态率皆宛畅，然则亦舞曲也。"

茂倩所引居易语，尚未详何所本。根据此说，好像何满子是一歌者，临刑时进《何满子》曲以赎罪，竟不得免死。居易既云"世传满子是人名"，好像是根据传说而来，时间虽仅相距百年，知之尚不甚审也。可是根据元稹的何满子歌，又说满子竟因此曲而获免。歌见《元氏长庆集》卷二十六，并云"张湖南座为唐有熊作"。其词曰：

何满能歌声宛转，天宝（七四二至七五六年）年中世称罕，婴刑系在图圄间，下调哀音歌愤懑，梨园弟子奏玄宗，一唱承恩羁网缓，便将何满为曲名，御谱亲题乐府纂，鱼家入内本领绝，叶氏有年声气短，自外徒烦记得词，点拍才成已夸诞，我来湖外拜君侯，正值灰飞仲春琯，广宴江亭为我开，红妆逼坐花枝暖，此时有熊踏华筵，未吐芳词貌夷坦，翠蛾转盼摇雀钗，碧袖歌垂翻鹤卵，定面凝眸一声发，云停尘下何劳算，迢迢击磬远玲玲，一一贯珠匀款款，犯羽含商移调态，留情度意抛弦管，湘妃宝瑟水上来，秦女玉箫空外满，缠绵叠破最殷勤，整顿衣裳颇闲散，冰含远溜咽还通，莺泥晚花啼渐嫩，敛黛吞声若自冤，郑袖见捐西子浣，阴山鸣雁晓断行，巫峡哀猿夜呼伴，古者诸侯飨外宾，鹿鸣三奏陈圭瓒，何如有熊一曲终，牙筹记念红螺盌。

此歌识何满子事较详，或者比较白居易之"世传"为可靠。足证何满子为人名而兼曲名。《乐府杂录·俳优条》弄假妇人中有名孙有熊者，具见乐舞俳优之中，有同名有熊者。隋唐时胡部曲有歌曲解曲舞曲之别，并见隋唐诸书《音乐志》；舞有健舞软舞字舞花舞马舞之分，并见《乐府杂录》。我无暇在此处作此种考证，仅言何满子为舞曲名也。

苏鹗《杜阳杂编》云："上（文宗八二七至八四〇年）于内殿前看牡丹，翘足凭栏，忽吟舒元舆《牡丹赋》云：俯者如愁，仰者如语，含者如咽。吟罢方省元舆词，不觉叹息良久，泣下沾臆。时有宫人沈阿翘为上舞何满子，调声风态率皆宛畅。曲罢，上赐金臂环，即问其从来。阿翘曰：妾本吴元济之妓女，济败因以声得为宫人。俄遂进白玉方响云，本吴元济所与也，光明皎洁，可照十数步。言其犀搥即响犀也，方物有声乃响应其中焉。架则云檀香也，而文采若云霞之状，芬馥着人则弥月不散。制度精妙迥非中国所有。上因令阿翘奏凉州曲，音韵清越，听者无不凄然。上谓之天上乐，乃选内人与阿翘为弟子焉。"

郭茂倩《乐府诗集》曾节引此文，足见何满子舞曲自开元天宝以来至文宗时尚在流行，故白居易元稹张祜等皆及见之；甚至殁于十世纪初年之薛逢亦识其曲。

以人名为曲名，除何满子以外，我尚引有康老子曹大子安公子等名。在未详唐代胡人以国为姓之例者视之，自不发生何种影响。

可是自从桑原骘藏的《隋唐时来往中国之西域人》①，向达之《唐代长安与西域文明》等研究发表以后，此类姓氏我们可不能断为中国土著。我在十六年前研究唐代华化蕃胡时，曾引证《旧唐书》卷八开元九年（七二一年）本纪所载兰池州叛胡首领姓名：康待宾安慕容何黑奴石神奴康铁头。同一本纪载开元十年（七二二年）九月张说擒叛胡首领康愿子于木盘山，诏移河曲六州残胡五万余口于许汝唐邓仙豫等州，始空河南朔方千里之地。此类胡人姓氏，一见即知为当时所称之"九姓胡"。《新唐书》卷二二一下《康国传》云：康国"枝庶分王曰安、曰曹、曰石、曰米、曰何、曰火寻、曰戊地、曰史，世谓九姓皆氏昭武。……诸国人嗜酒好歌舞于道……。"史书明指九姓者仅有此文，可是《新唐书》讹误之处不一而足，恐不能作准。九姓之中康安曹石米何史七姓常见载籍著录；戊地乃伐地之误，即西安国；火寻《史记》卷一二三《大宛传》作驩潜②，《大唐西域记》作货利习弥伽，《元史》西北地附录作花剌子模。此二国人在唐代未见以国为姓者③。综考隋唐诸书与玄奘《记传》，七姓之外尚有穆国或在九姓之列，余一姓尚未能确定为何国。可是九姓不必代表九国：曹国有三：曰东曹，中曹，西曹；安国有三：曰东安、中安、西安；史国有二：曰大史、小史；则姓曹姓安姓史者，尚难确定为本国人或支国人也。

九姓胡所居之地，在《后汉书》中作粟弋，在《魏书·北史》中作粟特，在《宋书》中作萧特，在《大唐西域记》中作窣利④。其居民好货利善音声，并见诸书著录。其乐舞流行中国，自为意中必有之事，当时著名之胡旋舞，即发源于此地也。唐代十部乐，来自

---

① 何健民有译本题作《隋唐时代西域人华化考》，此本后并附有我在民十八年九月在《东方杂志》发表之《唐代华化蕃胡考》。

② 伯希和教授有考证，见近年《通报》，似在一九三九年左右。

③ 仅元代花剌子模国人姓忽林失，见《元朝秘史》。

④ 《大藏》经论传记中亦作修利宿利速利迦苏哩。

西域者即居其半：曰高昌乐，曰龟兹乐，曰疏勒乐，曰康国乐，曰安国乐。后二部乐应包括有九姓胡音乐在内。桑原骘藏向达二氏列举曹康米史安何石等姓之西域乐工多人，可见康安二国之乐包括有九姓之乐也。由是我推想何满子是何国人。

《隋书》卷八十三《何国传》云："何国都那密水，南数里，旧是康居之地也。其王姓昭武，亦康国王之族类，字敦。都城方二里，胜兵千人。其王坐金羊座。东去曹国百五十里，西去小安国三百里，东去瓜州六千七百五十里。大业（六〇五至六一六年）中遣使贡方物。"

《新唐书》卷二二一下《西域传》云："何或曰屈霜你迦，曰贵霜匿，即康居小王附墨城故地。城左有重楼，北绘中华古帝，东突厥婆罗门，西波斯，拂菻等诸王，其君且诣拜则退。贞观十五年（六四一年）遣使者入朝。永徽（六五〇至六五五年）时上言，闻唐出师西讨，愿输粮于军。俄以其地为贵霜州，授其君昭武婆达地刺史。遣使者钵底失入谢。"

《大唐西域记》卷一云："从此国（中曹国）西行三百余里，至屈霜你迦国（原注唐言何国）。屈霜你迦国，周千四五百里，东西狭，南北长。土宜风俗同飒秣建国（康国）。从此国西二百余里至喝捍国（原注唐言东安国）。"

据上引三文，知何国在那密水南数里，东去西曹百五十里，中曹三百余里，西去东安二百余里。那密（Namidh）乃是阿剌壁人名称 Zarafšan 河流之称；屈霜你迦乃 Košaniya 之梵语名号；飒秣建乃 Samarkand 之古读，喝捍乃 Kharghan 之对音。

隋唐时代西域何国人经桑原骘藏检出者有何稠，《隋书》卷六八有传[①]，僧伽大师宋《高僧传》卷十八有传。向达检出者有祆教穆护何禄，见《西溪丛语》卷下；何知猛何摩诃，并见新出土之墓志铭。

此外尚有见《旧唐书》本纪卷八之何黑奴。兹数人者，仅何稠为艺术家，余人皆与歌舞无涉。然唐代有著名歌者何戡，亦经桑原检出，唯未敢断为何国人，似乎矜慎太过。唐代有名歌者乐工而经《乐府杂录》记录者，泰半多是九姓胡。如歌者条："元和（八〇六至八二〇年）长庆（八二一至八二四年）以来有李贞信米嘉荣何戡陈意奴。"俳优条："弄参军有曹叔度，弄婆罗门人有康乃李百魁石宝山。"琵琶条："开元（七一三至七四一年）中有贺怀智；贞元（七八五至八〇五年）中有康昆仑，王芬，曹保，保子善才，其孙曹纲；咸通（八六〇至八七四年）中有米和，即嘉荣子也。"觱篥条："德宗朝（七八〇至八〇四年）有尉迟青，大中（八四七至八五九年）以来有史敬约在汴州。"兹十余人者不特米何康石曹史诸姓之人，可以认为是九姓胡人，尉迟是于阗人，而且李姓贺姓亦有为外国人华化之嫌疑。然则何戡可断为何国人也。刘禹锡（七七二至八四二年）有与歌者何戡诗云：

> 二十余年别帝京，重闻天乐不胜情，旧人唯有何戡在，更与殷勤唱渭城。[1]

此诗大概作于太和二年（八二八年）；距作《游玄都观》诗之时不远，其满腹牢骚之意，与"种桃道士今何在，前度刘郎又到来"之句盖同。

难者以为白居易明言何满子为沧州人，何以见其原籍何国欤？《旧唐书》卷九三《王晙传》，开元四年（七一六年）晙上疏请徙降胡于内地，疏语有云："若以北狄降者不可南中安置，则高丽俘虏置之沙漠之曲，西域编甿散在青徐之右，唯利是视，务安疆场，何独

---

① 见《刘梦得文集》卷五。

降胡不可移徙。"则在开元十年（七二二年）徙阿曲六州残胡于许汝等州之前，尚有徙西域胡人于青徐之右一事。沧州地距青徐不远，胡人占籍其地亦事之常，与元氏之籍隶洛阳情形正同，无足异也。又况史敬约著名于汴州，沈阿翘①为妓于蔡州：西域歌者舞者乐工遍天下，检唐贤诗集可有不少证明也。

余草此文毕，又得二事，虽与何满子事无涉，然可考见当时异族之华化也。

《旧唐书》卷一四四李元谅传：元谅本姓安氏，其先安息人。李怀光反于河中，诏元谅等讨之。贼将徐庭光守长春宫，元谅遣使招之。庭光素轻易元谅，且慢骂之：又以优胡为戏于城上，辱元谅先祖。唐代谓安国为安息，则元谅为不花剌人也。此文可以证明元谅之祖或者曾隶乐部，否则庭光此举毫无意识矣。

我前在《唐代华化蕃胡考》中曾首创李唐出于异族一说，其后续主是说者，颇不乏人。唯尚有一证未经诸贤检出，杜甫《乐府》中有《哀王孙》，似作于至德元年（七五六年）九月，中有句云："腰下宝玦青珊瑚，可怜王孙泣路隅。问之不肯道姓名，但道困苦乞为奴。已经百日窜荆棘，身上无有完肌肤。高帝子孙尽隆准，龙种自与常人殊。豺狼在邑龙在野，王孙善保千金躯。"高帝子孙尽龙准，具见李唐子孙形貌近于深目高鼻之人。如李渊为鲜卑种，兼可以推鲜卑之形貌矣。汉高祖固隆准而龙颜，然未闻刘氏子孙皆隆准也。

西域乐舞流行中国之经过，迄今尚无人研究及之。如有人将载籍中之材料鸠辑而比附之，不仅有功于艺术史而已也。一九四四年二月五日命九儿先铭笔受讫。

① 阿翘虽非西域人，然习知西域乐曲。

大食人米撒儿行纪中之西域部落

大食波斯突厥人的著作，国人研究的很少，其实这也是一种最重要的史料，大食波斯突厥文的撰述涉及东方者，可考者不下五六十种，其中可以称为行纪的，可以说只有两部[①]，一部是大食商人苏来蛮（Sulayman）的行纪[②]，一部是大食诗人阿不都剌米撒儿（Abu Dulaf Mis'ar bin al-Mahalhil）的行纪，苏来蛮行纪专记海行，米撒儿行纪则并记西域，尤有参考的必要，因为唐元之间三百年西域的史事，我们不大明了，其事不明，有些大问题我们就无从解说，去年王日蔚先生向我询及回教最初如何输入中国，这件大问题我就无从答复，我只知道西籍中有人研究过 Bogra-khan 的故事[③]，中籍中首先著录回回名称的是《梦溪笔谈》，然而此处的回回疑是回纥回鹘的异译，不是指的回教，由是我想欲解决这一类的问题，应从大食波斯人的撰述中去寻究，所以我收辑了许多回教人的记述，米撒儿《行纪》即其一种。

米撒儿的生卒年月未详，只知道不花剌（Bukhara）算端（Sul-

----

① 此外只能说是地理的纂述，ibn Khordadzbeh 书虽然较古，可是此人是个驿长，所记皆是得诸耳闻，与赵汝适的《诸蕃志》情形相等，ibn Batuta 的行纪记事怪诞，殆出伪造。

② 《地学杂志》载有刘复的译文，然译文不全。

③ 见巴黎《亚洲学报》一九〇〇年刊 Grenard 撰文。

tan）纳昔儿（Nasr bin Ahmed）在位时，他曾随使到过中国（Cin）的都城，纳昔儿是撒蛮朝（Samanide）第三主，在位年始九一四或后梁乾化四年，终九四三或后晋天福八年，则米撒儿东行是九四三年以前事，他东行的动因，据说中国国王名称哈凌本沙乞儿（Kalin ibn as-Sakhir）者遣使到不花剌约婚，纳昔儿许娶中国公主为王子妃，遣米撒儿随使臣东行报聘，他行纪中著录的中国都城名称 Sand-abil，据说行到长城西边一个关驿，又行八日抵此都城，按阿剌壁文字的音点很重要，传写讹误，原名便不可识，这部行纪中所著录的中国国王同中国都城的名称，不复可辨，据我的推想，从长城西，行八日便到都城，不特谈不上汴洛，而且说不上甘凉，恐怕指的是沙州，《新五代史》吐蕃传，梁开平中有节度使张奉自号金山白衣天子，又沙州留后曹义金卒于晋天福五年，行纪中所谓的中国国王，恐怕指的是这些人。

　　米撒儿《行纪》原本似佚，但在宋元间经可疾云尼（Kazwini）同雅姑特（Yakut）二书采录，一八四二年时 Wustenfeld 曾将上二书所辑之文转为德文，逾三年 Kurt von Schlözer 又刊行一部阿剌壁文本，附以拉丁文译文，一八六六年俞耳（Yule）又从此拉丁文本中节译行纪之文，载入其《契丹路程》（Cathay and the way thither）一书中，一九〇三年马迦儿特（Marquart）曾撰了一篇考证，一九一三年费琅（G. Ferrand）又从阿剌壁文译作法文，这部行纪的沿革如此，前后经过九百多年的传写翻译，其中当然少不了讹误，所以俞耳马迦儿特皆说过此书内容虽真，然编次已经窜乱，记中所言的种族部落，不免有前后倒置者，可是据费琅说，关于西域诸突厥部落，颇有些贵重资料，我现在还无暇将行纪全部转为华言，仅将其中所著录的那些部落名称提出，以供留心西域史地者的考证。

　　米撒儿从不花剌首途，经行河中（Ma-wara'n-nabr，Transox-iane）诸回教城市以后，首先见的一个部落名称哈儿迦（Kharkah），经行此部一月，到一部落名称塔黑塔黑（Takhtakh），据云此部人隶属中国国王，而纳赋税于哈儿迦，因为他们已经归向回教的缘故，所以如此，嗣后到一部落名称巴札（Badja），部人是偶像教徒，纳税于塔黑塔黑部，嗣后到一部落名称帛赤奈格（Petchenegue），居地甚大，北方与斯拉夫（Slaves）部相接，行十二日到一部落名称赤乞勒（Cikil）部，中有若干基督教徒（犹言摩尼教徒），行四十日到一部落名称巴黑剌（Baghrac），相传其王是阿里（Ali）后人，嗣后到一部落名称秃拔惕（Tubat）①，城中有回回教徒，犹太教徒，基督教徒，火祆教徒，同印度国人，居民纳赋税于巴黑剌部，行四十日到一部落名称开马克（Kaymak），无国王亦无教堂，行三十五日到一部落名称忽思（Ghuzz），与印度及中国通贸易，已而到一部落名称脱古思斡古思（Toguzoguz）②，行二十日至一部落名称乞儿吉思（Khirkhiz），已而到一部落名称柯耳鲁（Kharlokh）③，行二十五日到一部落名称忽都鲁（Khutlukh），在诸突厥部落中最好战，已而到一部落名称哈迪延（Khatiyan）④，制度甚善，行二十日抵一国名称比马（Pima）⑤，国有城郭，其王即名比马，城中有回回教徒，犹太教徒，基督教徒，火祆教徒，偶像教徒，行四十日至一地名称古来布（Kulaybu），阿剌壁（Arabi）之游牧部落居此，相传其祖先来自Yemen，东侵中国而留于此，只知古阿剌壁语，不识他种语言，崇拜偶像而纳贡中国，行一月抵关驿⑥，其城在沙中，中国国王戍兵居此，凡自突厥或其他部落入中国者，必须在此关口验放，吾人行此境内三日，受国王供应，已而抵驿谷，验放后渡此谷，又行三日，

---

① 此部非土蕃，盖土蕃应写作 Tubbat 也。
② 此言九姓，即回鹘也。
③ 即唐代之葛逻禄，宋代之割称，元代之哈剌鲁。
④ 疑指和阗。
⑤ 疑指《西域记》之媲摩城。
⑥ 马迦儿特谓关在长城之西。

复行一日见 Sandabil 城,即中国都城也,次日早行,至日暮时入城。

　　此后行纪言从此抵马来半岛之 Kalah,然后循海行,历南海及印度沿岸,然未言在何处登陆,斯坦因在敦煌得的一部写本名称《西天路竟》,若将其中的部落名称与此行纪对照,必定可以校正若干讹误。

　　　　　　　　　　　　——西北文物展《览会特刊》——

辽金北边部族考

一

吾人研究元代史籍，常见有若干北边部族，不见于前代史书，而辽金二史中复有若干部族名称未经前贤考证，本文之旨趣乃在取三史之部族比对牵合。唯此问题关涉语言甚多，尤以契丹语为难解，故研究之结果不能副始愿之所期，只能解决若干问题也。

首应知者，北边部族所用的是部落制度，所处的是游牧生活，部落有分合，势力有强弱，随时代境遇而为变迁，例如蒙古在十三世纪之初固曾建立一空前大帝国，然在前代辄依附他族而自存，不足重也。有人以为《旧唐书》室韦传之蒙兀（《新唐书》作蒙瓦），即是后来之蒙古，其兴趣不过证明蒙古名称之古而已；然相类假定在辽金二史中亦不难寻出：

《辽史》卷二〇四《道宗本纪》太康十年（一〇八四）纪，"二月庚午朔萌古国遣使来聘；三月戊申远萌古国遣使来聘"。

根据上引之文，可以假定此萌古得为蒙古。《金史》卷四四《兵志》，北路部族有萌骨部族，萌骨糺，则又可假定此萌骨得为蒙古。假定是否可能成立，其实无甚关系，盖在当时假定有此蒙古称号，势力尚微，不足以左右历史也。适用部落制度之种族，必须有一强有力的酋长之出现，吞并其他部落，始能强大：如阿保机阿骨打铁木真一类的英雄，才能造成所谓契丹帝国女真帝国蒙古帝国；质言之，用本部落统率其他部落。至在此类英雄未出以前，弱者辄依附强者；但依附之时，诸部落不必完全丧失个性，特用依附方法自存而已。明了此理，然后可解北方部族分合之理。

二

《辽史》著录部族较详，卷四六《百官志》北面边防官条云：

> 辽境东接高丽；南与梁唐晋汉周宋六代为劲敌；北临阻卜，术不姑，大国以十数；西至西夏，党项，吐浑，回鹘等强国以百数……。

可以借知北边大国十余，而以阻卜术不姑为最著名。术不姑亦曰述不姑，又曰直不姑，并见同条著录，唯此部族在《辽史》中未尝露头角。阻卜则不然，同条列举阻卜国有四：

> 阻卜国大王府，
> 阻卜札剌部节度使司，
> 阻卜诸部节度使司，圣宗统和二十九年（一〇一一）置，
> 阻卜别部节度使司；
> 西阻卜国大王府；
> 北阻卜国大王府；
> 西北阻卜国大王府。

准是以观，阻卜据地甚广，内容部落当然甚多。《金史》有阻𪒠，应是同一对音。阻卜阻𪒠的原名殆出于契丹语，或为漠北诸强大部

174

落之总称，犹之前代之铁勒，突厥，所包括者不仅同一语系之种族也。

据吾人考证之结果，辽金时代之阻卜阻鞑，至少包括有札剌儿（jalaïr），克烈（Keräit）塔塔儿（Tatar）等部落，或者兼有主儿勤（Jurkin）乃蛮（Naiman）等部落；盖此类部落在金末蒙古乞颜（Kiyan）族勃兴时，皆属强有力之部落也。

三

何以知札剌儿部为阻卜？前引《辽史·百官志》，阻卜国大王府分设节度使司三，一曰阻卜札剌部节度使司，札剌当然为部名，殆为阻卜诸部中之最强者。考成吉思汗勃兴前，漠北有札剌儿部，亦名札剌亦儿，又名押剌伊而（Yalair）。《元史·太祖本纪》载此部人曾乘胜杀莫拏伦，灭其家。剌史德丁（Rasidu-'d-Din）书谓此部分为十部，应为当时强有力之部落。居地似在斡难（Onon）河一带，则此阻卜大王府应冠东字。此外《辽史》著录诸部族，无以札剌为名者。固有部落名茶札剌，然《辽史》别有著录，又写其名作茶赤剌，不得谓为茶札剌之省写。由是观之，除札剌儿部以外莫属。

四

何以知克烈部为阻卜？《元秘史》卷六，成吉思差人告克烈部长王罕有云：

> 在前你的父忽儿察忽思不亦鲁黑罕有四十个子，内只你最长，所以立作罕……。

案罕此言王，不亦鲁黑尊号也，北方部落常用之，《五代史》作梅录，《元史》作杯禄。忽儿察忽思《元史·太祖本纪》作忽儿札胡思，是人名，乃基督教名 Cyriacus 之对音，而由突厥语 Quriaqus 转化为蒙古语 Qurjaquz 者[①]。考剌史德丁书，克烈部人奉基督教，十一世纪初年景教教师曾传教于此部。忽儿察忽思之父马儿忽思不亦鲁（Marguz-Buyuruq）曾被塔塔儿部长纳兀儿不亦鲁（Na'ur-Buyuruq）所俘，献之金国皇帝，钉于木驴而死。马儿忽思遗二子，曰忽儿察忽思不亦鲁黑，曰古儿罕（《元史·太祖本纪》作菊儿罕），忽儿察忽思嗣罕位。及其死也，遗六子，其中有脱斡邻（Togril）杀弟二人，夺罕位，受中国册封，故名王罕[②]。案马儿忽思亦是基督教名 Marcus 之对音，由突厥语之 Markus 转为蒙古语之 Marguz 者[③]。克烈部乃突厥语部落，应从突厥语译作马儿古思。父子二人皆用基督教名，足证皆奉景教。此外克烈部人用基督教名者应复甚多，若将《辽史》著录之北阻卜人名详细审之，必尚有新的发现。此马儿忽思或马儿古思，前此似无人在中国载籍中检寻。

　　阻卜在辽代叛服无常，大为边患，而北阻卜酋长磨古斯尤为辽国所痛心疾首。磨古斯大安五年（一〇八九）始为诸部长，八年（一〇九二）杀金吾吐古斯以叛，九年（一〇九三）诱杀西北路招讨使耶律挞不也，寿隆六年（一一〇〇）正月辛卯始被西北路招讨使耶律斡特剌所执，同年二月己酉磔于市[④]。《辽史》卷九六挞不也传云：

　　　　阻卜酋长磨古斯来侵，西北路招讨使何鲁扫古战不利，诏挞不也代之。磨古斯之为酋长，由挞不也所荐，至是遣人诱致之。磨古斯绐降，挞不也逆于镇州西南沙碛间，禁士卒无得妄

---

　　① 参看《西域南海史地考证译丛》六一至六二页。
　　② 参看《多桑蒙古史》第一卷四四至四五页；鄘撰《成吉思汗传》三〇页。
　　③ 参看《西域南海史地考证译丛》六一页。
　　④ 参看《辽史》卷二四至卷二六《道宗本纪》；卷九七《耶律干特剌传》；女师大《学术季刊》第一卷第二期徐炳昶《阻卜年表》。

动。敌至，禆将耶律绾斯徐烈见其势锐，不及战而走，遂被害。

《辽史》卷三七地理志：镇州木古可敦城，……东南至上京三千余里。则辽之镇州在临潢西北三千里，似在外蒙叨林一带。克烈部牧地在斡儿寒秃剌二水一带，故挞不也逆于镇州西南沙碛间，足证磨古斯为克烈部长，而克烈部即是北阻卜。更作进一步的考订，此磨古斯即是马儿古思，不论为塔塔儿部酋长所执献，抑为耶律斡特剌所执献，结果皆同。意者塔塔儿部酋长执献于斡特剌，而由斡特剌转献于朝；辽讨北边叛部，常征调诸部兵也。由是观之，北阻卜应属克烈部无疑[①]。

五

《辽史·百官志》，阻卜国大王府所统节度使司有三：一治阻卜札剌部，一治阻卜诸部，一治阻卜别部。前既假定此阻卜国为东阻卜国，而札剌部为札剌儿部；余二节度使所治者，应属其他诸部。诸部中应有塔塔儿部，此部在金元时居捕鱼儿海（Buir nor）附近，辽时或亦然也[②]。唐代有达怛（见李德裕《会昌一品集》），五代有达靼（见《新五代史》四夷附录），殆为塔塔儿之同名异译。前引剌史德书，曾言脱斡邻受中国册封，故名王罕。据《元秘史》，受封之原因，盖为夹攻塔塔儿部而有功也。兹引《金史·元秘史》之文如下，

---

① 磨占斯之父或者名称余古赧。《辽史》卷二四《道宗本纪》太康七年（一〇八一）纪："六月丙寅阻卜余古赧来贡。"同卷大安二年（一〇八六）纪："六月乙巳阻卜酋长余古赧及爱的来朝，诏燕国王延禧相结为友。"余古赧亦是基督教名，乃 Yohanan 之对音，《元朝秘史》卷七之月忽难，《元史》卷一三四之月合乃，与后来汤若望之若望，洪若翰之若翰，并是此名之同名异译。吾人固难断定其人为磨古斯之父，然必为克烈部长无疑。

② 《辽史》卷十四圣宗《本纪》乾亨二十三年（一〇〇五）纪云："己亥达旦国九部遣使来聘。"又卷十五圣宗《本纪》开泰二年（一〇一三）纪："正月'达旦国兵围镇州，州军坚守，寻引去'。只此两见，嗣后二百余年未见著录。卷三六《兵卫志》属国军条，卷四六《百官志》北面属国官条，卷六九部族表，卷七〇属国表，皆无达旦国名。

以明塔塔儿部亦为阻卜或阻䩦。

《金史》卷十章宗《本纪》明昌五年（一一九四）纪云："九月甲申，命上京等九路，并诸抹及乣等处选军三万，俟来春调发；仍命诸路并北阻䩦以六年夏会兵临潢。"

是役末言所讨何部，证以《金史》卷九四夹谷清臣内族襄二传，知所讨者是阻䩦，别言之东阻䩦，因北阻䩦既会兵讨叛，不能自讨本部也。

夹谷清臣传云："六年（一一九五）迁仪同三司，进拜左丞相，改封，密受命出师，行尚书省事于临潢府。清臣遣人侦知虚实，以轻骑八千，令宣徽使移剌敏为都统左卫将军，充招讨使，完颜安国为左右翼，分领前队，自选精兵一万以当后队。进至合勒河，前队敏等于栲栳泺攻营十四下之，回迎大军，属部斜出，掩其所获羊马资物以归。清臣遣人责其赎罚，北阻䩦由此叛去，大侵掠。上遣责清臣，命右丞相襄代之。"

内族襄传云："夹谷清臣北御边措画乖方，属边事急，命襄代将其众，佩金牌便宜从事。……遂屯临潢，顷之出师大盐泺。复遣右卫将军完颜充进军斡剌速城。……未几遣西北路招讨使完颜安国等趋多泉子。密诏进讨，乃命友军出东道，襄由西道而东。军（案即先锋瑶里孛迭军）至龙驹河，为阻䩦所围，三日不得出，求援甚急。或请俟诸军集乃发，襄曰：我军被围数日，驰救之犹恐不及，岂可后时？即鸣鼓夜发。或请先遣人报围中，便知援至。襄曰：所遣者倘为敌得，使知我兵寡而粮在后，则吾事败矣，乃益疾驰。迟明距敌近，众请少憩。襄曰：吾所以乘夜疾驰者，欲掩其不备尔，缓则不及。响晨压敌突击之，围中将士亦鼓噪出，大战，获舆帐牛羊。众皆奔斡里札河，遣安国追蹑之，众散走。会大雨，冻死者十八九，降其部长，遂勒勋九峰石壁。捷闻，上遣使厚赐以劳之，别诏许便宜赏赍士卒。"

《元朝秘史》卷四云："金国因塔塔儿蔑古真薛兀勒图不从他命，教王京丞相领军来剿捕，逆着浯勒札河袭来。成吉思合罕说：在前塔塔儿将我祖宗父亲害了，趁这机会可以夹攻他，以报前仇，遂使人约脱斡邻（王罕）。……脱斡邻许了军马，整治了三日，亲自到来。成吉思又使人对主儿勤种的撒察别乞泰出将这报仇的意思说将去，要他来助。待了六日不来，成吉思遂与脱斡邻引军顺浯勒札河，与王京夹攻塔塔儿。时塔塔儿在忽速秃失秃延地面，立了寨子。被成吉思脱斡邻攻破，将塔塔儿蔑古真薛兀勘图杀了。"同卷又云："金国的王京，知成吉思与脱斡邻将塔塔儿寨子攻破，杀了蔑古真等，大欢喜了。与成吉思札兀忽里的名分，脱斡邻王的名分。王京又对成吉思说：杀了蔑古真等，好生得你济，我回去金国皇帝行奏知，再大的名分招讨官教你做者。说罢，自那里回去了。成吉思与脱斡邻将塔塔儿共掳着，也各自回家去了。"

上引《金史》《元秘史》诸文，是证金军与克烈等部在斡里札（《元朝秘史》作浯勒札）河夹攻塔塔儿部，唯两方各自叙其功绩而已。由是观之，《金史》之阻𤏳，即《元朝秘史》之塔塔儿，《金史》之北阻𤏳，即《元朝秘史》之克烈主儿勤乞颜等部。夹谷清臣传之属部斜出，疑是《元朝秘史》之主儿勤部酋长撒察泰出[①]二人；成吉思约之不至者，殆因前此有掩夺金军俘获之举。《元朝秘史》同卷云，成吉思"落后下的老小营，在哈澧勒海子边，被主儿勤部将五十人剥了衣服，十人杀了"。则主儿勤部不仅掩夺金军的资物，而且袭击成吉思罕的老小。

六

乃蛮在当时应已成一重要部族，唯乃蛮名称仅见于《辽史》卷

---

① 《元史·太祖本纪》作薛彻大丑。

三十《天祚本纪》，与卷六九《部族表》中，是为耶律大石在北庭都护府所会十八部之一部名；后来虽复见于《元史·太祖本纪》，然此外在辽金二史中未见著录。伯希和曾揣想以为此部在辽代名称粘八葛，此名见《辽史》卷二六《道宗本纪》寿隆三年（一○九七）纪，卷三六《兵卫志》属国军条，卷四六《百官志》北面属国官条。此种假定，固有理由，第无其他证明。余以为金末之乃蛮在辽代或为西北阻卜国，盖乃蛮地处金山之北，为克烈部西面一大部落，在辽代不能谓相安无事也。是亦一种假定，如能证明粘八葛即是乃蛮，此种假定亦可成立，因为西北阻卜名称不见其他纪传著录，或仍用部族名也。

七

《辽史·百官志》云："北邻大国以十数"，现仅知有阻卜，同无从位置的术不姑，其余应以何种部族当之？吾人研究元代载籍，知有一大部族，名称弘吉剌（Qongirat，Ongirat），居地在捕鱼儿海附近，与塔塔儿部为邻，则亦在辽金边墙之外，不能谓无事迹可寻。但在《辽史》中，仅见卷三十《天祚本纪》与卷六九《属国表》，著录其名作王纪剌，亦是耶律大石所会十八部之一部，此外别无著录。晚至金代，名称广吉剌，声势与阻䪁并重。《金史》卷九三内族宗浩传云：

> 北部广吉剌者，尤桀骜，屡胁诸部入塞，宗浩请乘其春暮马弱击之。时阻䪁亦叛，内族襄行省事于北京，诏议其事。襄以谓若攻破广吉剌，则阻䪁无东顾忧，不若留之，以牵其势。宗浩奏国家以堂堂之势，不能扫灭小部，顾欲借彼为捍乎？臣请先破广吉剌，然后提兵北破阻䪁。章再上，从之。诏谕宗浩曰：将征北部，固卿之诚，更宜加意，毋致后悔。宗浩觇知合底忻与

婆速火等相结，广吉剌之势必分，彼既畏我见讨，而复掣肘仇敌，则理必求降，可呼致也。因遣主簿撒领军二百为先锋，戒之曰：若广吉剌降，可就征其兵以图合底忻。仍侦余部所在，速使来报，大军当进与汝击，破之必矣。合底忻者，与山只昆皆北方别部，恃强中立，无所羁属，往来阻鞯广吉剌间，连岁扰边，皆二部为之也。撒入敌境，广吉剌果降，遂征其兵万四千骑，驰报以待。宗浩北进，命人赍三十日粮，报撒会于移米河共击敌。而所遣人误入婆速火部，由是东军失期，宗浩前军至忒里葛山，遇山只昆所统石鲁浑滩两部，击走之，斩首千二百级，俘生口车畜甚众。进至呼歇水，敌势大蹙。于是合底忻部长白古带，山只昆部长胡必剌，及婆速火所遣和火者皆乞降。宗浩承诏谕而释之。胡必剌因言所部迪烈士近在移米河，不肯偕降，乞讨之。乃移军趋移米，与迪烈士遇，击之，斩首三百级，赴水死者十四五，获牛羊万二千车帐称是，合底忻等恐大军至，西度移米，弃辎重遁去。撒与广吉剌部长忒里虎追蹑，及之于窊里不水，纵击大破之。婆速火九部斩首溺水死者四千五百余人，获驰马牛羊不可胜计。军还，婆速火乞内属，并请置吏，上优诏襃谕。

是役应在章宗承安元年（一一九六），《金史》卷十承安元年纪云："正月甲申大盐泺群牧使移剌睹等为广吉剌部兵所败，死之。""七月乙酉命有司收瘗西北路阵亡骸骨。"十二月"己酉遣提点太医近侍局使李仁惠劳赐北边将士：授官者万一千人，授赏者几二万人，凡用银二十万两，绢五万匹，钱三十二万贯"。

据上引《金史》诸文，足知广吉剌在承安元年侵入大盐泺①，宗

---

① 《金史》卷三十《食货志》："临潢之北有大盐泺"，则在热河开鲁境内。

浩始将兵破诸部，战事应在是年夏间。宗浩传以广吉剌与阻䩜相对言，可以证明广吉剌非阻䩜。传云："攻破广吉剌，则阻䩜无东顾忧"，又云："先破广吉剌，然后提兵北破阻䩜"，具见阻䩜在广吉剌之西北。据元代史籍与西书，吾人已知弘吉剌部之北为塔塔儿部，西北为蒙古诸部与克烈部，则此处阻䩜应概指以上诸部而言矣。

八

宗浩传云："合底忻者与山只昆皆北方别部，恃强中立，无所羁属，往来阻䩜广吉剌间，连岁扰边，皆二部为之也。"则此二部亦是北边强大部族，《辽史》无此二部名。既往来弘吉剌阻䩜间，应属蒙古诸部落。考《元史·太祖本纪》，蒙古诸部常与铁木真对抗者；有弘吉剌，塔塔儿，哈答斤（Qatagin），散只兀（Salji'ut）等部。宗浩传之合底忻，显是《元史》之哈答斤，山只昆显是《元史》之散只兀，盖其原名应作 Saljigun 用蒙古语写以畏吾儿字，变为多数，则成散只兀（《元朝秘史》作撒勒只兀惕，《元史》亦作珊竹）。至若并见宗浩传之婆速火部，疑是《元朝秘史》之别速惕（Bäsut），可是不能必其是也。

九

《辽史》卷二五道宗《本纪》大安十年（一○九四）纪："四月丙午乌古部节度使耶律陈家奴奏讨茶札剌捷。"卷二六寿隆六年（一一○○）纪："五月壬午乌古部讨茶札剌，破之。"卷四六《百官志》后列举诸部族有茶札剌部，则亦为当时之一著名部族。耶律大石在北庭都护府所会十八部，亦有此部名，唯作茶赤剌（卷三十天祚《本纪》，卷六九《部族表》）。此部为一蒙古部落，《元史》及《元朝秘史》作札答剌，或亦在辽代北邻十数大国之列。

一〇

《辽史》卷二六《道宗本纪》寿隆二年（一〇九六）纪："十二月己未斡特剌讨梅里急破之。"三年纪："正月丙午阻卜长猛撒葛，粘八葛长秃骨撒，梅里急长忽鲁八等请复旧地贡方物，从之。""十一月丁丑西北统军司奏讨梅里急捷。"卷三六《兵卫志》属国军条，卷四六《百官志》北面属国条皆著录有此梅里急部，唯卷三十天祚《本纪》与卷六九《属国表》所著录耶律大石所会十八部名作密儿纪部。此部既与阻卜粘八葛两部并称，殆为此二部之邻部。考《元史》《元朝秘史》等编有蔑儿乞部，牧地当时似在薛灵哥（Selenga）斡儿寒（Orkhon）两水流域，西邻乃蛮，南接克烈，东邻蒙古诸部，则此梅里急或密儿纪应为此蔑儿乞无疑。

一一

《辽史》卷四六《百官志》北面属国条诸国中有斡郎改国王府，诸部中有嗢娘改部；卷三六《兵卫志》属国下有斡朗改；卷七穆宗《本纪》应历十三年（九六三）纪："五月壬戌斡朗改国进花鹿生麕。"卷一太祖《本纪》三年（九〇九）纪："十月己巳遣鹰军讨黑车子室韦，破之，西北嗢娘改部族进挽车人。"斡朗改与嗢娘改①对音相同，初视之似为同部，唯在《百官志》中两名并著，在太祖纪中有西北嗢娘改之称，应为二部也。蒙古诸部落中有兀良合，别有一兀良合部，居森林中；《元朝秘史》名后一部曰槐因亦儿坚，此言林木中百姓。则《辽史》之斡朗改殆指蒙古兀良合部，嗢娘改殆指林木中之兀良合部矣。

---

① 当时译音用字，改海同音；卷四六《百官志》，女真国顺化王府下，"封女直阿海为顺化王，亦作阿改"。

此外《辽史》著录之部族可与元代部族比对者，则有辽之辖戛斯与元之乞儿吉思，辽之迭剌葛与元之帖良古。至若辽代屡为边患次于阻卜之乌古部，未详为何种部族，若以元之汪古部拟之，则误矣。①

——《辅仁学志》八卷一期——

---

① 《多桑蒙古史》第一卷四六页谓蔑儿乞分四部，一部名 Ohoz，后五八页又写此部名作 Ou-house，音与乌古近，然此问题复杂，容续考之。

元代的几个南家台

我从前所纂的一部《西域地名》很简陋，常想增补改订，所以近年来裒辑材料不少，尤以关于元代的地名部族名为最多，最后想别撰一篇元代西域地名。我所检寻的中国载籍，大致以《元朝秘史》，《圣武亲征录》，《元史》，以及元人所撰的《碑志》，《行状》，《家传》，《行记》，为主。偶亦旁采及于时代较先之载籍，如《黑鞑事略》，《蒙鞑备录》之类。目的既在"溯源"，所以《元史》以后改修的那些《续编》，《类编》，《新编》，一直到最近的《新元史》，一概屏除；唯便于检寻起见，偶然一检《蒙兀儿史记》而已。此书在西域史地一方面能有助于我的固然很少，可是裒辑的中国载籍史料，且有在那珂通世《成吉思汗实录》之外者，所以不能将此书同别的新编《元史》相提并论。

元代的蒙古色目，常以部族名为人名，因为同名异译的关系，所以我曾将此类人名检出不少。这篇研究，就是关于此中一个人名研求的结果。今夏草成此稿之时，未检他书，以为《蒙兀儿史记》中的《囊加台传》，是屠氏所补的。后始知《元史类编》卷四十一，《元史新编》卷四十一，《元史》卷七十三，《新元史》卷一百六十四，皆有《囊家台传》。我先前曾以为囊加台是纽璘孙之考证，是出于屠氏，因为《蒙兀儿史记》初刻本疑此人是元代的宗王，增补本改作纽璘之孙；后来检寻《三史同名录·囊加台条》，及《元史》氏族表，始知最先考出的是钱大昕。而《元史》本证证遗卷十二也有关于囊加台的史文之裒辑。我先前若是知有这种成绩，这篇研究可以不作。不过前人的考订未加说明，我所用的方法或者与前人有别，而且有若干附带说明的问题，或者可供研究《元史》者之一助，故将原稿略为修改，就正于世之博达。

囊加台这个名字，当然是个译名，蒙古人名常用一个接尾词，大致男名用-tai，汉译作台、作歹、作带、作觥；女名用-cin，汉译作真，比方乃蛮台（Naimatai）乃马真（Naimacin）之类，是已。虽然不是通例，女人名后也有用台的，比方伯牙台（Bayatai）之类，可是变例，不是正例。这个名尾大致可以训为汉语白话之"的"，比方不花台（Buqatai）此言"牛的"，哈喇台（Qaratai）此言"黑的"，乃蛮台此言"乃蛮部的"，撒儿塔台（Sartaqtai）此言"回回的"是已。

这个囊加台的"囊加"二字，究竟作何义聻（现在的"呢"字，唐人写作聻，见《庞居士语录》）？考蒙古时代的人名取义固多，可是有几类名称时常用作人名，一类是动物，比方阿儿思兰（Arslan）此言狮，巴儿思（Bars）此言虎，脱里（Togril）此言鹰，不花（Buqa）此言牛是已；一类是金属名，比方帖木儿（Tämur）此言铁，孛罗（Bolod）此言钢，是已；一类是部族的名称，比方札剌儿歹（Jalairtai）犹言"札剌儿部的"，委兀儿台（Uigurtai）犹言"畏吾儿的"是已；这个"囊加"二字，我想是应归入这最后一类。

外国人称呼汉人的名称，最古曰支那（Cina），随后曰 Tabgač，长春真人《西游记》译其音作桃花石，伯希和（Pelliot）疑是拓跋的对音（唐家一说是不对的），最后则曰契丹（Khitai），凡三变，这是世人所知道的事实。元代的蒙古人称南人曰蛮子，这也是屡见《元典章》著录的。现在的蒙古人有时称汉人曰 Nankiyas，华夷译语中有此字，其对称作"蛮"，可见明代时也有这类称呼。再溯而上，宋金时代，女真人称呼汉人也是一样。《三朝北盟会编》卷二二引《马扩茅斋自叙》，记粘罕语有云："你说得也煞好，只是你南家说话多梢空"；又同书卷二〇二引《汪若海札子》，北方汉人亦名宋人曰南家（参阅《亚洲报》一九一三年刊上册四六〇至四六六页伯希和撰文）。如此看来，南方的汉人还有这个南家的别号，囊加台的原名就是南家台（Nankiyatai）的讹译了。

元代人的译名常不一贯，这可也难怪他，因为往往有好多人名字相同，蒙古人无所谓姓，要判别他们，只好变通译字。蒙古人名"牛"的居多，有的人加些颜色在上面，比方黑牛（Qarabuqa 哈剌不花），青牛（Kököbuqa 阔阔不花），黄牛（Sirabuqa 昔剌不花），金牛（Altanbuqa 按摊不花）之类。还有点分别，若是仅称曰牛，就不能一概写作不花了，所以元人译上一字作不、作普、作溥、作补、作卜；下一字作花、作华、作化。用这类的变译去分别他们，这个囊加台的原名译法也是一样，上一字作囊、作南、作曩；中一字作家、作加；下一字作台、作歹、作带、作觯。就算他们知道对称是南家台，也不能不加以变通。我想元代的译人必未想到此南家台与蛮子台（Manzitai）之原义是一而二二而一的名称。

我们切莫误会用部族名称的人就是本部族的人，《元史》（卷一三八）之马札儿台（Majartai）是顺帝时当权的伯颜（Bayan）之弟，脱脱（Toqtasa）之父。他们是蔑儿吉觯氏，质言之，蔑儿乞（Märkit）部落的人，而不是马札儿人或匈牙利人。《元史》（卷一一九）之塔塔儿台（Tatartai）是木华黎（Muqali）的后裔，可见是札剌儿（Jalair）部人，而不是塔塔儿部人。这类例子甚多，举不胜举，若是误会以部族为名的人皆是本部族的人，则凡是不花皆成牛，凡是那海（Noqai）皆为狗矣（可是也有极少数的变例，如《元史》卷一百三十三《塔出传》，说塔出蒙古札剌儿氏，父札剌台，就是一个变例）。

二

囊加台一名的对音既已考出，现在再寻究此人是何许人；说到此处，似乎不免作点节外生枝的说明了。当时蒙古帝国大汗继承的方法，是用大会推举的方法，由诸宗王诸可敦诸大将集合为忽邻勒台（Quriltai），推举后任的大汗，在忽必烈以前，皆是用这种方法。迨至蒙哥汗死后，忽必烈自立为帝，先同他的兄弟阿里不哥争了四年，后同窝阔台的孙子海都一直争到死时还未罢休，此端一开，后来的人就有了榜样了。所以图帖睦尔汗（文宗）后来又同阿速吉八（天顺帝）争位，阿速吉八失败，忠于他的几个臣子皆不得善终。其中有几个有名的人，因为成王败寇的关系，《元史》皆不为他们立传。所以后来改修的《元史》鸠集史文补了倒剌沙（Daulat-sān）囊加台秃坚（Tugän）三传。我说明囊加台以前，请略言倒剌沙。倒剌沙回回人，是在一三二八年被杀的。《元史》所散见的事迹，最早似不得过一三〇二年以前，因为《泰定帝纪》（《元史》卷二十九）说大德六年也孙帖木儿（泰定帝）嗣为晋王，王府内史倒剌沙得幸云云也。我检西书，好像有一个倒剌沙随使波斯的事情，此事未经中国载籍著录。《多桑（d'Ohsson）蒙古史》（第二册五三四页注）引瓦撒夫（wassaf）书说：“爱育黎拔力八达汗（仁宗）命爱牙赤（Ayadji）丞相同倒剌沙（Devlet-schan）使波斯，在回历七一一年斋月（一三一二年二月）至算端完者都（Oljaitou）所，时算端驻冬于报达（Bagdad），使者以中国蒙古可汗之赠品同诏敕付算端，完者都厚待使者，赐以锦衣宝石带。使者回中国时，各用驿马六百匹，完者都遣使随行，往领数年岁赐。”此处的算端完者都，就是《元史》

的合儿班答，其中的西名皆是多桑的译写方法，所以倒剌沙名称前后不同。爱牙赤名不见《元史》宰相表，大约是行省的丞相，虽与忽必烈的儿子同名，我想必不是此人。此次奉使的倒剌沙，有八九成是一三二八年被杀的倒剌沙，因为奉使的蒙古人，常带个西域人做翻译，一二八五年时孛罗丞相奉使波斯，他带的怯里马赤（Kälämäci）是爱薛（见《雪楼集》卷五《拂林忠献王神道碑》），可以为证。此文可补《元史》之缺，不过是不敢确定此二倒剌沙必为一人，因为倒剌沙是回回人常用的名称（参照《辍耕录》嘲《回回条》）。这个在位一月不知所终的天顺帝，明监本《元史》的名称作阿速吉八，此名好像迄今尚未有人指出其误。《元史》中错误的名称甚多，比方《元史》卷一百三十四的月乃合，下二字颠倒，一直到现在的《新元史》，还未根据马祖常《石田集》的《礼部尚书马公神道碑》将他改正，我因此对于《元史》的名称时常怀疑。此阿速吉八上二字与《元史》所译 As 部落的名称相同，可是后二字始终不详其对音，检《元史纪事本末》卷二十二，此名作阿剌吉八；我要是持先入为主的成见，必定以为《元史纪事本末》的译名有误，幸而我持着怀疑的态度。有一天偶检《多桑蒙古史》，看见此名在本文中（第二册五四四页）作 Radchapiks 在世系表中（同册六四二页）作 Radjapika 多桑的译名本来是不一致的，可以不去管他。可是他对于此名在本文译名之下附注说："汉文译名作阿速吉八，此是蒙古源流的译名，Schmidt 说此名是一梵名。"检汉译《蒙古源流本》卷四，泰定帝下似有脱文，我想德文译本必是直译蒙文本的。如此看来，此名应作 Rajapika 了。比较起来，《元史纪事本末》的译名较为可靠，因为元代的蒙古人常用梵名，这是一个显著的事实，如诸王中之阿难答（Ananda）阿木哥（Amogha）是已。元人译外国语凡是有 R-开始发声的，常用此发声后之韵母加在 R-之前，比方 Ros-作斡罗思（Oros 这就是元译的俄罗斯而常用作人名者），海山汗（武宗）之子，《元史》所谓宁宗者，名称 Rincinpal（西藏语名），汉译有"懿璘质班""亦辇真班"等名。图帖睦尔汗长子阿剌忒纳答剌 Aratnad-ala，就是梵文的 Ratnatala；拿这个例子一看，尤足证明天顺帝汉译名之头二字是阿剌，而不是阿速。就拿《元史》卷一百〇七的宗室世系表来对照，表曰："泰定皇帝四子，长皇太子阿里吉八"，元人翻译中间的-r-用剌、用里、用儿，又可证本纪"速"字之误了。

如前所说，阿速吉八应当改作阿剌吉八，名称如此改正，就可发生这个人存亡的问题了。《元史·泰定纪》同《文宗纪》，皆未说到天顺帝后来的踪迹，只有宗室世系表说泰定帝四子俱早殇无后。《蒙兀儿史记》缺《泰定纪》，然在《图帖睦尔可汗本纪》（见续刻本）说："破上都，皇太子阿速吉八暴薨"；又注曰："语山西书，旧纪讳之。"回教人的著作好像未记此事，我想必是直接或间接本于《多桑蒙古史》（第二册五四九页）"由是此幼帝死，然不知如何死法"二语的。案多桑所采武宗以后的史料，几乎可以说全是本于中国载籍的译文；而这类中国载籍，不出宋君荣（Gaubil）冯秉正（Mailla）诸神甫所译的《续通鉴纲目》《元史类编》《元史》等书之外。多桑这几句话，大约是从"不知所终"四个字上做的文章。这四个字出洋以后回来，一变而为暴薨。可是我以为阿剌吉八并未曾死，我现在即取《元史·本纪》来证明：《顺帝纪》卷四十二至正十二年（一三五二）下云：七月"庚寅，以杀获西番首贼功，赐歧王阿剌乞巴钞一千锭"，云云。此歧王阿剌乞巴，我想就是阿剌吉八。我们切莫以为此阿剌乞巴是忽必烈第七子奥鲁赤的曾孙乞八大王（见宗室世系表）；因为这个"乞八"，在《文宗本纪》一三三〇年下亦作"乞八"，可见不是阿剌乞巴的省称。元代杀宗王的事情很少见，不比波斯的蒙古汗。我想当时或者同倒剌沙一同逮送到大都，因他年纪很小，没有杀害，等到顺帝即位之时，封他为歧王，史有缺文，所以留下这桩疑案。不然若说两个人皆用这个很僻的名称，未免难解。

三

元代这一次的政变，天顺帝一方面的主角，固然是倒剌沙曩加台秃坚等三人。图帖睦尔汗一方面的主角，固然是燕铁木儿（Il Tämür?）。我觉得在另一方面看起来，好像是钦察人（Qypcaq）与回回人（Sarta'ul）之争，又好像起初蒙古人多帮着回回人，阿速人多帮着燕铁木儿的钦察人（也许斡罗思人也曾参加在内）。我现在引几条《元史》卷三二《文宗本纪》的记载，就可知道了。

一三二八年八月壬子，阿速卫指挥使脱脱木儿帅其军自上都来归，即命守古北口。

己未罢回回掌教哈的所（哈的疑是 Qadi 的对音，此言断事官）。

九月庚申朔，中书左丞相别不花（Bai buqa）言回回人哈哈的自至治间（一三二一至一三二三）贷官钞违制，别往番邦得宝货无算，法当没官，而倒剌沙私其种人不许，今请籍其家，从之。

辛未，乌伯都剌（Abdullah）铁木哥（Tämügä）弃市。

壬申，帝即位大赦，诏曰："……权臣倒剌沙乌伯都剌等专权自用，疏远勋旧，废弃忠良，变乱祖宗法度，空府库以私其党类……。"

甲戌，征左右两阿速卫军老幼赴京师，不行者斩，籍其家。

丁丑谕中外曰，近以奸臣倒剌沙乌伯都剌潜通阴谋，变易祖宗成宪，既已明正其罪，凡回回种人不预其事者，其安业勿惧，有因而煽惑其人者，罪之。

十月壬辰，倒剌沙贷其姻家长芦盐运司判官亦剌马丹钞四万锭，买盐营利于京师，诏追理之。

辛丑，以兵围上都，倒剌沙等奉皇帝宝出降。

己酉，命刑部郎中大都前广东佥事张世荣追理乌伯都剌家赀。

乙卯，以倒剌沙宅赐不花帖木儿（Buqa Tumür），倒剌沙子泼皮宅赐斡都蛮（Otuman）。

十一月庚申，命中书省追理倒剌沙及其兄马某沙（Mahmutšāh）子泼皮木八剌沙（Mubarek sah）等家赀。

乙丑，燕铁木儿请以乌伯都剌等三十人田宅赐斡鲁思（Oros）等三十人，从之。

庚午，监察御史言，……迩者倒剌沙以上都经费不足，命有司刻板印钞，今事既定，宜急收毁，从之。

辛巳，遣钦察百户及其军士还镇。

癸未，倒剌沙伏诛，磔其尸于市，王禅亦赐死，马某沙纽泽撒的迷失（Satilmis）也先铁木儿（Asän Tämür）等皆弃市。

十二月辛丑，立龙翊侍亲卫亲军都指挥使司，分掌钦察军士，秩正三品，指挥使三人，命燕铁木儿及卜兰奚卯罕为之，余官悉听燕铁木儿选人以闻。

癸卯，钦察阿速二部依宿卫军士例给刍豆。

戊申，加香山（阿速人基督教徒）为司徒。

一三二九年正月己未朔，立都督府，以总左右钦察及龙翊卫。

庚申，床兀儿之子答邻答里（燕铁木儿之弟），袭父封为句容郡王。

辛未，回回人户与民均当差役。

以上所检《元史·文宗本纪》若干条，虽不完备，可以窥见钦察人与回回人在当时权势消长之一斑。此次政变发动于一三二八年八月甲午，十月辛丑大都兵破上都执倒剌沙。四川的囊加台是在次年四月己亥才罢兵的，只有云南的秃坚抗命最久，晚至一三三二年，文宗死的那一年云南方定。此处抵抗最久的原因，我想同回回不无关系。当时云南受赛典赤赡思丁乌马儿（Saiyid-i Eǰell Šams al-Din omar）同他的两个儿子纳速剌丁（Nasir al-Din）忽辛（Husain）输

192

入回教的影响很大；说他们是传布云南回教的始祖（此三人《元史》卷一百二十五皆有传），也不为过。

四

《蒙兀儿史记》的《囊加台补传》，除说他是纽璘孙一语是新发明外，取材纯出《元史泰定》同《文宗本纪》。此人的事迹始于一三二四年之征西番参卜郎，终于一三二九年八月十四（屠氏补传误作七月）之被杀。他是四川行省平章，大概听见图帖睦尔夺位之讯，所以起兵讨逆。他的兄弟不花台（Buqatai）是陕西蒙古军都元帅，他曾遣使招之同举义，不花台不从。囊加台遂南取贵州，自帅军出汉中，夺据诸关驿，焚栈道，并分兵东逼襄阳，其势很大。当时图帖睦尔曾命人从陕西湖广川西三路进兵，并且调河南江浙江西山东之兵同左右翼蒙古侍卫军为后援，可见很重视此事。一三二九年四月，囊加台大概听见大都不守的消息，又被湖广参政孛罗（Bolod）持赦诏来骗，他由是软化。那晓得图帖睦尔于是年八月十五即位大赦以前，坐以"指斥乘舆大不道"的罪名将他杀了。我想他起兵时传檄中必有使图帖睦尔难堪的话，所以不能不致之死；他若是不受骗，多支持八个月，等到秃坚在云南起兵的时节，同他合兵，恐不止支持到一三三二年图帖睦尔之死，则顺帝是否可能嗣位，尚在不可知之列。历史中的偶然真是不可思议，囊加台的事迹大致如此。

我未检出囊加台的世系以前，曾鸠集《元史》中合乎南家台对音的人名，寻着许多，其与此时代相近的，仅有四五人。

一个是《元史》卷二十三《武宗本纪》至大二年（一三〇九）下的和林省右丞囊家带。《史》文说："和林省右丞相太师月赤察儿言，臣与哈剌哈孙（此人之父亦名囊加台，其名见《元史》卷二《太宗本纪》，同卷一百三十六《哈剌哈孙传》，此囊加台大概死在一二五九年）答剌罕共事时，钱谷必与臣议。自哈剌哈孙没，凡出入不复关闻，予夺失当，而右丞曩家带反相凌侮，辄托故赴京师，有旨其锁曩家带诣和林鞫之。"此人好像只此一见，无法知为何人。

《元史》卷一百三十七察罕（Čagan）《传》，说一三〇七年举荐察罕的河南平章曩加台，在武宗时（一三〇八至一三一二）曾同察罕总东宫左右卫兵，此人或者就是我们所欲考见的曩加台。可是仍然无从详其氏族（也许就是后面的曩加歹）。至若察罕倒是一个华化的板勒纥（Balku）人，他曾经翻译过脱必赤颜曰《圣武开天纪》。

《元史》卷一百三十一别有专传的曩加歹，较为有名。此人是乃蛮（Naiman）人，成吉思汗平乃蛮，其父麻察来降（一二〇四）。后从忽必烈伐宋（一二五九），破阿里不哥（一二六二），平李璮（一二六二）。曩加歹幼从麻察习战阵，后从阿术（Arcu）围襄阳（一二六八至一二七三），从伯颜（Bayan）取宋（一二七四至一二七六），伯颜曾命他入宋取降表玉玺。嗣后一直到仁宗即位时（一三一二），仁宗以其家河南，特授河南江北行省平章政事，佩金虎符终其身，封浚都王。此人的事迹如此，我看他必不是我们所想考证的曩加台。因为假定初围襄阳时他有二十岁，则其人应生在一二五〇年前后。至曩加台被杀之一三二九年，年虽不过八十，可是他的年岁恐怕还要大，因为本传说成宗死后，武宗之能承大统，乃因曩加歹定策之功。仁宗未即位时曾说："吾闻周文王有姜太公，曩加歹亦予家姜太公也。"姜太公八十遇文王的传说很古，如此看来，曩加歹的生年恐怕还要上溯在一二三〇年前后。幼从其父麻察习战阵，疑是定宗宪宗时候的事，则此人也不成问题了。

五

《元史》卷一百〇九诸公主表，赵国公主位下，有赵国大长公主亦怜真（Rincin），适君不花（Kun-buqa）子赵忠烈王曩家台。此曩家台《元史》无传，其父君不花附见《元史》卷一百十八阿剌兀思

194

剔忽吉里（Alaqus-tagin-quli）传后。《元文类》卷二十三驸马高唐《忠献王碑》叙这一家的世系很详细。据说阿剌兀思是汪古"Ongùt"部长，妻名阿里黑（Ariq）生二子；长子不颜昔班（Buyan-Siban），幼子孛要合（Boyoqa?），孛要合妻是成吉思汗的女儿阿剌海别吉（Alagaibägi）；庶出子三人，曰君不花，曰爱不花（Ai-buqa），曰拙里不花（Colig-buqa）。

君不花的妻是定宗贵由（Gûyûk）的女儿叶里迷失（Yelmis）有三子，曰囊家台（碑作囊加觸），曰乔察邻（碑作丘邻察，此据公主表），曰安童。囊家台妻赵国大长公主亦怜真，生子马札罕（Majar-qan?），妻大长公主桑哥八剌（Sangäbala），乔邻察妻宗王阿直吉女回鹘公主。

爱不花妻世祖忽必烈女大长公主月烈（Yürük），有四子，曰阔里吉思（Giwargis，Körkös，Georges），曰也先海迷失（Asän-qaïmiš），曰阿里八觸（Albatai），曰术忽难（J̌uhanan）。阔里吉思初娶忽必烈子真金（Činkim）之女忽答迷失（Qutadmiš 碑作忽答的美实），继娶成宗铁穆耳女爱牙失里（Ayaširi 表作爱牙迷失），一子曰术安（Giovanni《武宗本纪》一三〇九年下作注安），妻真金子晋王甘麻剌的女儿阿剌的纳八剌（Aratnabala）。阿里八觸妻宗王兀鲁觸（Uru，utai）女叶绵干真公主。术忽难妻大长公主阿失秃鲁（碑作宗王奈剌不花女阿实秃忽鲁公主）。

拙里不花一子火思丹，妻宗王卜罗出女竹忽真公主。就这一家的世系看起来，囊家台的嫡堂侄儿术安，就是天顺帝阿剌吉八的姑夫，泰定帝是术安的大舅，说他是在四川讨逆的囊加台，也有可能。就年代说，也很相近。阔里吉思是在一二九八年被窝阔台孙海都所擒杀的，他的儿子术安在那时很年幼。囊家台虽是长房的儿子，在泰定帝死时，年纪恐不算很大。阔里吉思有个妹子名叶里弯（Arä'ol）曾在一二九八年写了一部叙利亚文的福音书（见一九一年《通报》伯希和撰文），相距泰定帝死时，也不过三十年。可是这些互证点，为《元史·文宗本纪》的一句话所打消。因为在四川讨逆的囊加台有个兄弟名叫不花台，高唐《忠献王碑》无此人名，此碑所述那个囊家台的系谱很详细，就是早死的也先海迷失也没有遗漏，何况他人。我这一次检寻的结果，不免又令我失望，可是不能说无益。

阿剌兀思这一家，可以说是直接与"欧洲人"发生宗教关系最先的一家，纵不然也可以说是最先经欧洲人记述所著录有名可考的基督教徒。当时的克烈（Keräit）乃蛮汪古，甚至唐兀（Tangut）等部，皆有基督教徒。十二世纪时克烈部长有名马儿忽思者，就是 Marguz 与《马可福音》之马可同名，此人是王罕之祖父。还有一个部主名唤忽儿察忽思，就是 Qurjaquz（Cyriacus）之对音，此人是王罕之父。前一名见剌失德（Rašid）史集，后一名见《元朝秘史》，并见《多桑蒙古史》五〇至五一页著录。乃蛮太阳罕派到汪古部，约阿剌兀思合攻成吉思汗的使臣，碑文作卓忽难，此名在《圣武亲征录》中作月忽难，就是 Juhanan，Yohanan 两种写法之对音。又如阔里吉思的兄弟术忽难，《元史》卷一三四的月合乃，《元史本纪》卷三六，一三三二年下的甘州人岳忽南，同诸王不别居法郎的使者要忽难，马祖常《石田集马公神道碑》中之岳难，程巨夫《雪楼集》拂林忠献王《神道碑》中之咬难，皆是此名之别译。就是阔里吉思的儿子术安（Giovanni）一名写法虽不同（因为不是本于同一语言的），皆是现在所译的基督教名约翰之同名异译。又如阔里吉思，《元史》中还有卷一百三十四之阔里吉思，又同卷爱薛（Isa 就是耶稣之同名异译，《马公神道碑》又写作易朔）的儿子亦名阔里吉思（并见《拂林忠献王》或《爱薛神道碑》）。《元史》卷一百三十五之阿速人口儿吉，卷一百二十一速不台（Sübötäi）传之酋长玉里吉（Yurii）皆是 Georges 一名之各种语言不同的写法。此外元代载籍中

196

的基督教名，举不胜举，必须做一篇特别研究，我在此处不过附带言及而已。

君不花同爱不花二人曾见《叙利亚史书著录》。十三世纪上半叶大都的一个畏吾儿（Uigur）人列班扫马（Rabban Sauma）同一个汪古部人马儿忽思（Markus），相约同去巡礼圣地，路过河套北边，曾经见过君不花同爱不花两人。这个汪古部人后来当选为景教总主教，改名为 Mar Yahbalaha III；这个畏吾儿部人后来被派为唐兀汪古两部的景教主教，他还奉使到过欧洲，见过罗马教皇同英法二国的国王。这个高唐王阔里吉思，原是景教徒，后被 Giovannide Monte-Corvino 举行洗礼，改奉正宗基督教，所以他们二人的名称相同。

阿剌兀思有个侄儿名唤镇国，《多桑蒙古史》（第一册四一九页注）引剌失德《史集》，说成吉思汗曾以第三女阿剌海别吉嫁他。如此看来，阿剌海别吉未嫁孛要合以前，先嫁镇国。又据《蒙兀儿史记》阿剌忽失（这是《元朝秘史》的写法）传的考订，说《黑鞑事略》徐霆注云，"白厮马亦名白厮卜，即白鞑伪太子，忒没真婿，伪公主阿剌罕（Alaqan）之前夫。"屠氏以为白厮卜就是不颜昔班，这种考订我觉得不错。所以他说阿剌海在先又嫁过不颜昔班，前后共嫁三人。可是屠氏根据《蒙鞑备录》阿里黑百因曾嫁金国亡臣白四部一段传闻之词，便说阿黑就是阿剌海，未免与《元史》同碑文的记载不合（这些考订亦非屠氏发明，已早见成吉思汗《实录》二二九页）。而且在对音上也通不过。按阿里黑（Ariq）在阿里不哥（Ariq Bögä）阿里海牙（Ariq Kaya）等名之中，皆省译作阿里（元人还译回教人 Ali 名称作阿里），未见写作阿剌，可以为证。《蒙兀儿史记》纠集比附中国史文，使研究的人节省许多时间；在这一方面看起来，此书是历来修订《元史》诸人所不及的：要研究元代载籍的人，皆不能不检此书。可是在考订汉语外的人名地名方面，似乎过于穿凿。尤其不对的，将蒙古语表示多数的语尾，胡乱加在别种语言的后面。

印度的恒河，取西域记的殑伽译名，未始不可。可是不应该将印度的"五河"一概名曰殑伽，另外加了个蒙古语多数，写作殑伽惕，我的梵语虽不行，可从未见 Gangat 的写法。像这一类语学的错误，不计其数。然而这不能算他的过失，因为我们中国的旧考据家，向来是不管声韵的。加之抱着汉语声韵古今不变的成见，所以皆不免有这类的缺点。

六

我走了许多曲折的道路，才发现此人是珊竹带人，钱氏《元史氏族表》说珊竹即是散只兀，这种考订是对的。《元朝秘史》的全名作撒勒只兀惕，考剌失德《史集》（贝勒津 Berezin 本）《蒙古氏族篇》，此名作 Saljiut 同 Sanjiut，蒙古时代常将-l 声母读作-n。这种写法在元代载籍中常见，比方 altan 有时写作阿勒坛，有时写作按摊，就是在清代也有这种译法，比方将 Barköl 写作巴里坤，就是一个例子。贝勒津本两名并著，并不足为奇。

《元史》卷一百二十九《纽璘传》著录有囊加台的世系，不过是将囊加台写作南加台而已。本传说，珊竹带人孛罗带（Bolodai）为太祖成吉思汗宿卫，从太宗窝阔台平金（一二三四），孛罗带子太答儿（Taidar）佐宪宗蒙哥征阿速钦察等国（一二三六至一二三九），有功拜都元帅，壬子（一二五二）率军攻宋入蜀，乙卯（一二五五）入蜀重庆，是岁卒。太答儿子纽璘（Nurin?《元史·武宗本纪》一三一〇年下有纽邻，别是一人），常从父军中。丁巳（一二五七）将兵入蜀，破宋军，有功拜都元帅。中统元年（一二六〇）招降诸蛮，未几镇秦巩唐兀之地。三年（一二六二）以军援泸州，次年（一二六三）卒。纽璘子也速答儿（Yisudar《文宗本纪》一三二八年有一指挥使与他同名）至元十七年（一二七四）从军围嘉定，嗣后因功加都元帅，转战四川云南等地，迁蒙古军都万户，镇唐兀之地，进同知四川等处行枢密院事。成宗即位（一二九五），拜四川等处行中书省平章政事。武宗时（一三〇八至一三一一）由四川迁云南，加左丞相，仍为平章政事。南征叛蛮感瘴毒，还至成都卒，弟八剌（Burak?）袭为蒙古军万户。八剌卒，次子拜延（Bayan）袭，拜四川行省左丞，长子南加台官至四川行省平章政事。（案南加台子答失八都鲁，《元史》卷一百四十二别有传，孙亨罗帖木儿，《元史》卷二百〇七别有传。）

此传所述此家五代一百多年的事，中有三事使我们不能不承认死于一三二九年的囊加台就是此传中的南加台。（一）此二人皆是四川行省平章政事。（二）四代人接连同四川发生关系。（三）八剌死后次子袭为蒙古军万户，而不是长子。我想原来袭爵的必是长子，因为当时四川虽无丞相，只有两个平章，要是没有兵权，恐怕不能做大事。也速答儿死年最晚不过一三一一年，八剌年龄与其兄必相差不远，在一三二八年时，必定早死了。（元代在中国的蒙古人长寿的很少，《元史》可考的人名，平均起来大约在三四十岁之间，我对于此点将来别有说。）所以我以为囊加台或南加台曾经袭为蒙古军万户。及至他被杀以后，他祖孙四代历镇四川，部曲必众，文宗仍不得不命他的兄弟拜延袭为蒙古军万户，兼四川行省左丞。修史的人不便埋没他祖与父的战功，所以将囊加台改作南加台，也不提他袭为万户同兴兵四川的事情（根据《答失八都鲁传》，此南加台不但生前无罪，而且死后封王）。《元史》迴护的地方，赵翼的《念二史箚记》（卷二十九）曾指出若干条。然而还可在他传考见其事，其中还有不能考见的罅，兹举一事以明之。

《元史》卷一百二十二巴而术阿而忒的斤（Barcuk art tägin）传说，巴而术卒，次子玉古伦赤的斤嗣。好像是中间并无别人了，其实中间还有玉古伦赤的两个哥哥。《多桑蒙古史》（第二册二七二至二七四页）所引剌失德《史集》同术外尼（Juwaini 即洪译之志费尼）的《世界侵略者传》，曾说巴而术死，其子乞失马因（Kischma-in）嗣为亦都护，未几死。时皇后脱列哥那（Turakina）称制，命其弟撒连的（Salendi）嗣位（以上见《剌失德书·畏吾儿传》）。有奴诬其欲尽杀回教徒，忙哥撒儿（Mangoussar）按问撒连的，施以拷捶，遂诬服，送之至别失八里（Bisch-balik）命其亲弟玉古伦赤（Okendje 多桑写法与《元史》微异，不知孰是，按《元史》卷一百三十五月举连赤海牙一名中之月举连亦，疑是玉古伦赤之同名异译，此人亦畏吾儿人）杀之。即命玉古伦赤代其位，回教人大悦（以上见术外尼书）。此事于高昌北庭一带佛教回教势力之消长，很有关系。《元史》不特不志其事，且埋没两亦都护之名，此不仅回护而已也。

在这一方面看，《元史》须要补证的地方很多，可是就史料方面说，可以说是一部最好的史料。其中的本纪，同蒙古色目以及与外族有关系之诸汉人南人列传，可以说是一种很丰富的金矿。可是脉络很多，须要各方面的探索。只就语言说，亚洲大陆同南海的语言皆备。若以一人的学识去整理，恐怕无此鸿博之人，最好分途去探索，像伯希和拿中国载籍同西方记载去考证王罕（Ong-qan）同桑昆（Snaggum）父子二人败亡的事迹（见《亚洲报》一九二○年刊上册《库蛮（Comans）考》），就是一个很好的榜样。

补 注

检《三史同名录》卷十九囊加台条，见其中有若干条未经我检出者，然我所检出的诸条，也有不见于同名录者；兹将我所漏引的补志于后：

《元史》卷六五《河渠志》，济州河下，至元三十一年（一二九四）有漕臣囊加觯。

《元史》卷九十八《兵志》，延祐三年（一三一六）亦著录有一囊加觯。

《元史》卷二十六《仁宗纪》，延祐六年（一三一九）七月己卯，有札鲁忽赤囊加带。

以上三名不知应属何人，此外还有涉及我们所研究的囊加台之二事者。

《元史》卷一百三十七《阿礼海牙传》，一三二八年"河南行院使来报曰，西人北行者，度河中以趋怀孟磁，南行者帖木哥过武关掠邓州而残之，直趋襄阳，攻破郡邑三十余。……西结囊家觯，以蜀兵至矣。"

《元史》卷一百七十六《秦起宗传》，"文宗初立，命威顺王征八番，是时蜀省囊加台拒命未平，……"。

元代白话碑

绪　言

　　梵名古翻中有摩诃罗阇（Maharaja），此云大王，印度及南海诸王之尊号也。汉文译音皆无定字。两年来检寻史籍得其异译三十有三。近检《元史》卷一六六《信苴日传》，又得其一，即传谓大理国王段兴智入觐，宪宗赐兴智名摩诃罗嵯者是也。考泰定二年（纪元一三二五）大理军民总管段信苴隆所建大理崇圣寺碑，同一梵名又作摩诃罗瑳碑。云武定公（即兴智）"挫舍利畏三十万啸集之师于滇海之上，破释多罗十余万寇抄之众于洱水之滨。"其人既以舍利（Sri）（按畏字得为梵文 varman 之对音）多罗（Tara）为名，足证当时云南诸土著之梵化。不仅大理王号摩诃罗瑳也。碑中之段实，即元史之信苴日。信苴为僰语之译音，华言总管，非姓氏也。其名元史作日，碑文作实，皆一音之异译。不意于求同名异译之中，又发见别一同名异译之例。初意以为遍检元代云南诸碑，必更有所见。乃检寻久之，一无所得。又集全国所建元代碑文审之，亦未见有摩诃罗阇之异译，颇失望也。虽然，吾于鸠集元碑之中，又发生研究元代诸圣旨碑之兴趣。

　　元碑中有一种碑文，上勒白话圣旨，为诸碑中别具一体者，即顾炎武《山东考古录》所谓鄙俚可笑，刘侗《帝京景物略》所谓夷语可姗者是已。考据金石之书，大抵止录其一，以备一格，余皆删芟不取，故此种圣旨碑幸存者甚少。检诸金石录地方志，外人拓影，暨余手抄诸碑，仅得三十余通。其原碑已毁唯存其文者不少，而碑与文并毁者其数当不止数倍于此。考其毁佚之原因，唯在"不文"。就词翰方面言，文采固可形其美，但就史料方面言，文饰亦可掩其真。人类思想发为白话，已经矫饰一次，复由白话变为文言。又经矫饰一次，所存之真已寡矣！与其文，无宁俚。余读《元史》，宁取《泰定登极俗语诏书》（卷二十九），不取《忙哥撒儿传》（卷一二四）尚书体诏书。读前一诏，知为当时之方言；读后一诏，则为数千年前之古话。故在史料中量度真之多寡，骚人墨客之文，实不及村妇里老之言。

元代诸白话公文，初视之其措词似同，细审之其语法各异。兹取诸碑末尾一语比较之，口吻皆殊，非印板文字也。

（1）不怕那（文二十二　文三十一　文三十八）

（2）更不怕那（文二十六　文三十七　文三十四）

（3）不怕甚么（文二十五）

（4）不怕那甚么（文十八　文二十　文二十一　文二十三　文二十四　文二十八　文三十　文三十五）

（5）更不怕那甚么（文十九　文三十二）

（6）怎不怕那是么（文三十七）

（7）不怕罪过那甚么（文九）

（8）不怕那不有罪过那甚么（文十）

上举八例，语法皆异。再就诸碑中诸帝名审之，除泰定帝顺帝未见列举外，皆以蒙古汗号称之，曰成吉思汗（太祖），曰窝阔台汗（太宗），曰贵由汗（定宗），曰蒙哥汗（宪宗），曰薛禅汗（世祖），曰完泽笃汗（成宗），曰曲律汗（武宗），曰普颜笃汗（仁宗），曰格坚汗（英宗），曰护都笃汗（明宗），曰扎牙笃汗（文宗），曰懿璘质班汗（宁宗）。《元史》中之庙号年号皆汉语之称。彼蒙古诸汗多不习汉文汉语（可参考二十二史《札记》卷三十），决未解此。由此推之，汉文所谓顺帝惠宗，当时必称兀哈笃汗（Ukhagatu）。元代诸汗，本身汉名尚且未解，何有于文言体之诏书？则欲知当时诸汗之语，唯于诸白话碑中求之，或可得其真相。

第诸碑中之白话，亦颇难读。前人录其文者，句读多误。盖白话中之文法，较文言为难解。余始读一碑，亦难尽解。将诸碑比较研寻，始晓其意。诸文中之白话，并非元代特有之语言。如引文一之"这般"，引文二之"那般"，已见《朱子语录》。其论易象一条云："这般人占得，便把作这般用；那般人占得，便把作那般用。"又《水浒传》楔子云："何曾穿草鞋走这般山路。知他天师在那里，却教下官受这般苦。"可证此语上始于宋，下迄于明，皆通行矣。余研寻今日白话，见名词之"头""子"，多数之"们"，动词之"来""去"，状词之"的"，问词之"么"，及一意用两三缀音之例，始悉现代中国白话非单音语（monosyllabique），乃附有语尾之变化语（agglutinante），特为单音之字所蒙蔽耳。若以注音字母表示之，一个观念实不限于一音。而其语尾之变化，实甚丰富也。今研究元碑又知此种变化不始于今日。诸诏旨中之"的、底、每、里、有、来、者、呵、么、那"皆为接尾语（suffize）。后人不察，概以助词名之。殊不知中国白话之变化即在此种助词。姑就此点言，元代白话碑在语言学中，有极大价值也。

余原辑诸碑，仅限于白话圣旨碑。后见诸碑中亦有勒令旨法旨札付诸文者，其价值等重。亦并录之。旋又于诸书中检出白话圣旨若干种，已否刻石，今不可知，然亦属白话圣旨之类，可以供比较也，亦撮录数通。此外散见于《元典章》中之白话公文尚多。因其在语言方面无新例可取，故未采录。合计所录之文四十通，为碑者四分之三以上。就其性质，别为四类：一为无类可归者，为文二；次为关系释道二教辩争之诏旨，为文九；又次为保护道教公文，为文十六，殿以保护释教之文十三。今日白话碑文可考者，大致尽于此矣。

诸碑中有七碑，上勒两体文字。一碑下勒汉文，上勒八思巴（phaga-pa）字母，全译汉文之音（文十七）。四碑勒蒙汉两体文，蒙文皆用八思巴字母（文十八，文二十三，文二十四，文三十一）。一碑勒藏汉两体文（文三十七），此碑为法旨碑，可证国师法旨得用西藏文。一碑已毁，仅存汉文，唯知上有国书（文三十二）。此国书得为八思巴字母蒙古文，然亦得用前法旨碑之例而用藏文也。八思巴字母颁行于一二六九年。证以一二七五年碑，（文十七）知其用以译汉文之音。次年（文十八）始用以写蒙古之语。至一三一一年，又改用西藏剌麻诺门（Nomoua gherel）所制新字母（即现行蒙文字母），当时似未通行。证以一三一八年光国寺碑（文三十一），仍用八思巴字母可以知之。一三四五年居庸关石刻，亦用八思巴字母，又可证旧字母至十四纪中叶尚未废也。

余辑诸碑，略事研求，所得之结果如此。若在历史及语言方面，用科学方法详细分析，其成绩恐不至于可姗笑而可惊也。比年来建有元碑地域之寺观，多因今人厉行物质化，行将重遭会昌五年之劫。而此数百年来视为无足轻重之白话碑，殆将供作墙基磨石之用矣。乘此有文可征之时，爰鸠集而汇录之，或亦为保存史料者之所许也。所辑诸文，除见诸金石录地方志并手抄者外，中有数通。唯见于下记三书。

（1）波那巴特（Roland Bonapate）亲王辑《蒙古时代十三四世纪文证》（Documents de l'Epoque Mongole des XIII et XIV siècles）。

（2）德维里亚（G. Deveria）撰《蒙汉碑录》（Notes d'Épigraphie Mongolo-Chinoise）。

（3）沙畹（Ed. Chavannes）撰《蒙古时代之石刻及档案》（Inscriptions et pièces de chan cellerie chinoises de l'époque mongole)。

本编诸蒙古色目人名，除已见西籍者外，多依《元史国语解》复其元名。但十八世纪之蒙古语，未能必为十三四纪之蒙古音。顾诸名异译甚多，不能不用一名以资划一。

诸碑用语，有文义相类者，兹以文言分析如下。比较观之其意自明。至语法殊异之处，不能遍举也。

原白话文	文言译义
长生天气力里大福荫护助里皇帝	上天眷命皇帝
圣旨	圣旨
	宣谕
军官每根底军人每根底城子里达鲁花赤每根底来往使臣每根底	该军官军人城村长官来往使臣等
宣谕的圣旨	（前奉）
成吉思皇帝等等	太祖皇帝等等
圣旨里	圣旨内开
和尚也里可温先生答失蛮每	僧景道回等
不拣甚么差发休当或著者	蠲免一切差发
告天祝寿者	唯事告天祝寿
么道有来么道道来宣谕的有来	等语 业经宣谕在前
如今也依着在先圣旨体例里	今依已降圣旨
不拣甚么云云	蠲免云云
么道等等	等语
某路州县某寺观	同
为头和尚先生每	该寺观主等
执把行的圣旨与了也	将此圣旨与之
这的每寺院宫观房舍	所有寺院宫观房舍
使臣休安下者	使臣勿得于内安下
铺马只应休拿者	勿取铺马只应
商税地税休与者	蠲免商税地税
但属寺院宫观田地等等	同
不拣甚么不以是谁休倚气力者休夺要者	所有诸物无论何人不得强行侵夺
更这和尚（或先生）每说有圣么道	而该僧（或道）等亦不得恃有圣旨等语
无体例的勾当休做者	非理妄行
圣旨俺的	钦此
猪儿年月日	○亥年月日
大都有时分写来	写于北京

一 泰定登极诏及追封颜子父母诏

（1）一三二四年泰定帝登极诏（《元史》卷二十九）

至治三年八月，铁失等弑英宗硕德八剌（Schodibala）。也孙铁木耳（Yissun Temur）即皇帝位于龙居河［今克鲁伦（Kerulen）河］，大赦天下。诏曰：

薛禅皇帝［（Setsen khan）按即世祖忽必烈（Kubilai）］可怜见嫡孙裕宗皇帝［按即世祖次子真金（Tchinkim）］长子。我仁慈甘麻剌（Kamala）。爷爷（指世祖）根底（按元时白话公文中此二字常见。揆其语意，似指本身。法国学者疑此语本于突厥语之Kendi，此言自己，意亦同也。但余以本于当时俚语，突厥之说过于凿空。）封授晋王。统领成吉思（Tchinghis）皇帝（太祖）四个大斡耳朵（按即ordo之对音。《长春真人西游记》作窝里朵。汉语行宫也。）及军马达达（鞑靼，指蒙古），国土都付来。依着薛禅皇帝圣旨，小心谨慎。但凡军马人民的，不拣甚么勾当里，遵守正道行来的上头（此处上头二字似与公文等因二字意同）。数年之间，百姓得安业。在后完者都（Euldjai-tu）皇帝［按即真金第三子成宗铁木耳（Temur）］教我继承位次。大斡耳朵里委付了来，已委付了的大营盘看守着。扶立了两个哥哥（按即成宗二子武宗仁宗）曲律（Kuluk）皇帝（武宗），普颜笃（Buyantu）（仁宗）皇帝，侄硕德八剌皇帝（英宗）。我累朝皇帝根底，不谋异心，不图位次，依本分与国家出气力行来。诸王哥哥兄弟每（今日白话之们），众百姓每，也都理会的也者。今我的侄皇帝生天了也。么道，（犹言如此说）迤南诸王大臣军士的诸王驸马臣僚达达百姓每，众人商量着，大位次不宜久虚。唯我是薛禅皇帝嫡派，裕宗皇帝长孙，大位次里合坐地的体例有（按元代白话公文，动词"有"字常在语尾），其余争立的哥哥兄弟也无有。这般晏驾其间（言英宗之被弑也），比及整治以来，人心难测，直安抚百姓，使天下人心得宁，早就这里即位。提说上头（自商量着至此为臣民劝进语），从着众人的心。九月初四日，于成吉思皇帝的大斡耳朵里大位次里坐了也。交众百姓每安心的上头，赦书行有。

山东曲阜邹县等地，元代诏旨皆文言化。唯元统二年（一三三四）追赠颜子父母诏旨一道，独为白话文。石刻今在曲阜，其文如下。

（2）一三三四年追封颜子父母诏

元统二年正月二十六日。笃怜帖木儿（Tureng Temur）怯薛（其考见后）第二日。延春阁后咸宁殿里。有时分。速古儿赤（sugurtchi）（《元史语解》卷八云此言掌伞）马扎儿台，大夫罗锅（Lobkho），汪家奴，宝儿赤，怯薛官笃怜帖木儿，云都赤（亦作温都赤，皆为 ildutchi 之对音。《辍耕录》卷一云"执骨朵佩环刀之近卫也"。），别不花（Bai Bukha）（《元史》别亦作伯，一作拜。），殿中喃忽里（Nagur）等有来（犹言在场）。伯颜（Badjan）太师秦王右丞相，撒敦答剌罕（-tarquan）荣王太傅左丞相，一处商量了。阿昔儿答剌罕（Azar tarquan），平章阔儿吉思（Gir Jisu），平章沙班（Chibau），郎中塔海忽都鲁（Takai Khutuk），员外郎完者都（Euldjaitu）（《元史》亦作完者图、完者秃、桓者笃、桓泽都诸名。），都事客省使帖木儿（Temur），直省舍人罗里伯颜察儿，蒙古必阇赤（Bitketchi）（犹言书记），帖里（《元史》亦作帖理，一作迭里）帖木儿（Teri Temur）等，奏过事内一件。礼部官备着袭封衍圣公文书。俺根底与文书。颜子根底与了兖国公名分,他的父母并妻,未加追封。依孔子孟子父母的例,颜子的父母根底,封谥的么道。与文书的上头,俺教礼部并太常礼仪院,一同定拟得。颜子的父无繇加封杞国公,谥文裕。齐国姜氏封杞国夫人,谥端献。妻宋国戴氏封兖国夫人,谥贞素。定拟了有,依他每定拟来的教行呵。怎生奏呵?奉圣旨那般者(犹言依议)。二十八日教火者赛罕(人名)皇太后根底启呵。奉懿旨那般者。

二　关于释道二教辩争之白话圣旨

此事发端于元太祖优待长春真人丘处机。一二二二年四月、八月,处机两谒太祖于大雪山(Hindu-kush)。次年三月降诏,蠲免处机应有院舍及道士赋税。同年九月又降诏,使之管理天下出家善人。两诏均见李志常撰《长春真人西游记》。山东潍县玉清宫有石刻,其文如下。

(3)一二二三年三月圣旨

成吉思皇帝圣旨。道与诸处官员每,丘神仙应有底修行院舍等,系逐日念诵经文告天底人每,与皇帝祝寿万万岁者,所据大小差发赋税,都休教著者。据丘神仙底应系出家门人等,随处院舍都教免了差发税赋者。其外诈推(冒充也)出家影占差发底人每,告到官司治罪。断案主者奉到如此,不得违错。须至给照用者,右付神仙门下收执。

照使所据神仙应系出家门人,精严住持院子底人等,并免差发税赋。准此。癸未羊儿年三月日。

（4）一二二三年九月圣旨

　　宣差阿里鲜（前派遣迎送处机之人）面奉成吉思皇帝圣旨。丘神仙奏知来底公事，是也瞧好。我前时已有圣旨文字与你来，教你天下应有底出家善人教管著者。好的歹的，丘神仙你就便理，合只你识者。奉到如此。癸未年九月二十四日。

按一二二三年圣旨，山东潍县城北玉清宫有勒文。同一石上，又勒有下一碑文。

（5）一二三五年圣旨

　　皇帝圣旨。道与清和真人尹志平，（按丘处机没于一二二七年，志平继之管理道教。事见《元史》卷二百〇二。）仙孔八合识（疑为职衔）李志常。我于合喇和林（Karakorum）盖观院来。你每拣选德行清高道人，教就来告天住持，仰所在去处斋发递送来者。准此。乙未年七月初九日。

关于丘处机事，除见《西游记》外，《辍耕录》尚有二文。兹以非白话体，故不录。

当时道教既受元朝之优待，又命管理"天下应有底出家人"，则其权势之重可知。故祥迈撰《辩伪录》卷四云："独免丘公门人科役，不及僧人及余道众。古无体例之事，恣欲施行。""回至宣德等州，屈僧人迎拜。后至燕城，左右鼓奖，恃力侵占。使道徒王伯平驺从数十，悬牌出入，驰跃诸州，便欲通管僧尼。"毁夫子庙，毁佛像，占梵刹四百八十二所，则其专横可知也。至一二五一年，始命人分掌二教。据《元史》卷三，宪宗元年，以僧海云掌释教事，以道士李真常（按李志常号真常子，此是志常之讹）掌道教事。次年

210

又以西域僧那摩为国师，总天下释教。释教既有奥援，由是与道教争端遂起。先是元朝对于诸教，悉皆容纳，常于帝前开会辩论。一二五四年五月三十日（阳历），基督教师卢布鲁克（Rubruck）曾在和林共景教师一人回教师一人，合驳道人（tuinan）（即蒙古语之doin 僧也），主张一神之说。次日蒙哥汗（Mangu）（宪宗）告卢曰："吾人唯信一神。神予人多道，亦犹予人手多指。"此语与《辩伪录》卷四所记"帝时举手而谕之曰'譬如五指皆从掌出，佛门如掌，余皆如指。'"之说相类。一二五五年又召少林长老及道士李志常于大内万安阁下辩论，志常词屈，由是降诏禁止毁坏佛像，并伪造经文。

（6）一二五五年圣旨（见《辩伪录》卷四）

那摩大师少林长老奏来。先生（按元代称道士为先生，僧为和尚。）毁坏了释迦牟尼佛底经教，做出假经来有；毁坏了释迦牟尼佛底圣像，塑著老君来有，把释迦牟尼佛塑在老君下面坐有。共李真人一处对证问来，李真人道，我并不理会得来。今委布只儿（此处似脱为头二字）众断事官（犹言委布只儿为断事官长也）。那造假经人及印板本，不拣是谁根的（即根底）有呵，与对证过。若实新造此说谎经，分付那摩大师者。那造假经底先生，布只儿为头众断事官一处当面对证倒时，决断罪过，要轻重那摩大师识者。又毁坏释迦佛像及观音像，改塑李老君底，却教那先生依前旧塑释迦观音之像，改塑功了，却分付与和尚每者。那坏佛的先生，依理要罪过者。断事官前立下证见，交那摩大师识者。若是和尚每坏了老子塑著佛像，亦依前体例要罪过者。即乙卯年九月二十九日。君脑儿里行此圣旨。

按《马可波罗（Marco polo）游记》有 shinshin。大食人拉史乌丁（Rasid ud-din）撰述有（senching-ud），皆先生之对音也。

211

一二五六年七月十六，又集释教诸长老与诸道士等对辩于鹍林（Karakorum）之南昔剌（Sira）（此言黄）行宫，道士又屈。一二五八年，乃降诏焚烧伪经，刮刷碑幢壁画，退还寺院。

(7) 一二五八年圣旨（见《辩伪录》卷五）

今上皇帝（按即忽必烈，时尚未即位，或系追述之称。）乃降圣旨曰：依着蒙哥皇帝断来圣旨，先前少林长老告称，李真人为头先生雕造下说谎底文书，化胡经，十异九迷论，复淳化论，明真辩伪论，辩正谤道释经，辟邪归正议，八十一化图。上钦奉圣旨倚付将来，俺每拘集。至和尚先生对面持论过，为先生每根脚说谎。上将和尚指说出来底说谎化胡经，众多文书，并刻下板烧毁了者。这般断了，也恐别人搜刷不尽，却教张真人自行差人各处追取上件经文板木。限两个月赴燕京聚集烧毁了者，及依着这说谎文书转刻到碑幢并塑画壁上。有底省会，随处先生就便磨坏了者，刮刷了者。先生不得隐藏者，若有隐藏的，或人告首出来，那先生有大罪过者。时戊午年七月十一日行。

(8) 一二五八年令旨（见《辩伪录》卷三）

长生天底气力里，蒙哥皇帝福荫里，薛禅皇帝（世祖）潜龙时令旨。道与汉儿州城达鲁花赤（华言掌印官，蒙古语作 darugha），管民官，僧官，僧众，道官，道众，人等。据少林长老告称，蒙哥皇帝圣旨里，委付布只儿为头断事官，断定随路合退先生住寺院地面三十七处。却有李真人差人诈传蒙哥皇帝圣旨，一面夺要了来。这言语问得承伏了，是李真人差人诈传的上头。如今只依先前的圣旨，委付布只儿为头断事官，元断定三十七处地面，教分付与少林长老去也。准此。至元戊午年七月十一日开平府（上都）行。

（9）一二六一年圣旨（见《辩伪录》卷二）

长生天气力里皇帝（世祖）圣旨。宣抚司每根底，城子里村子里达鲁花赤每根底，官人每根底，张真人为头儿先生每根底，宣谕的圣旨。马儿年（一二五八年）和尚先生每持论经文，问倒先生每的上头，十七个先生每根底，教做了和尚也。以前属和尚每底，先生每占了的四百八十二处寺院。内二百三十七处寺院并田地水土产业，和尚根底回与也。么道。张真人为头儿先生每，退状文字与了来，又先生每说谎做来的化胡经等文字印板，教烧了者。石碑上有底，不拣甚么上头写着底文字有呵，尽都毁坏了者。么道来。又以前先生每三教里释迦牟尼佛的圣像，当中间里塑著有，老君孔夫子的相貌，左右两边塑著有来。如今先生每把以前体例撇了，释迦牟尼佛的圣像下头塑著有。么道这般说有。依着以前三教体例里做者，释迦牟尼佛的圣像下头塑有呵，改正了者，么道断了来。如今少林长老为头儿和尚每奏告，教回与来的寺院，内一半不曾回与了的，却再争有。又说谎做来的化胡经等文字印板，一半不曾烧了有。三教也不依着以前体例里做有。么道。这言语是实那是虚。真的这的每（犹言这些人们）言语一般呵。一般断了者。别了（犹言违了）呵，怎生行的。依着以前断了的，内不曾回与来的寺院有呵。但属寺家的田地水土产业，回与了者。说谎做来的化胡经文书印板，不曾毁坏了的有呵。毁坏了者，三教也依着以前的体例里做者。俺每的这圣旨这宣谕了呵。以前断了的言语别了呵，寺院的田地不回与呵，争底人有呵，断按打奚罪过

213

者（犹言治罪也）。又这和尚每有圣旨么道。以前断了的以外，不属自己的寺院田地水土争呵，不怕罪过那甚么（犹言难道不怕犯罪么）。圣旨俺每的。鸡儿年（辛酉）六月二十八日。开平府有的时分写来。

上一诏书，语多难解。与下一诏书对照，其意自明。此诏勒于蔚县浮图村玉泉寺碑。其碑不知今尚存否。兹据《蔚州志》卷九转录如下。有□处，盖阙文也。

（10）一二八〇年蔚州玉泉寺圣旨碑

长生天气力大福护助里皇帝圣旨。宣慰你（似为使之讹）每根底，城子村子里达鲁花赤每根底，官人每每根底，祁真人□（此处应阙为字）头先生每根底，□□□（此处似无阙文州志有误）宣谕底圣旨。马儿年（戊午）和尚与先生每对证，佛修赢了先生每。上头。将一十七个先生每剃了头，交（犹言教）做了和尚。□（此处应阙已字）前属和尚每底，先生每占了四百八十二处寺院。内将二百三十七处寺院并田地水土，一处回付与和尚每者。么道。真人为头先生每，与了迅□（上二字应为退状迅字误）文书来，更将先生每说谎捏合来底文书根底（犹言本书），并即将文书底板烧了者。石碑上不拣甚么上，他每镌来底写来底，都交毁坏了者。么道。更有在前先生每，三教里释迦牟尼佛系当中间安直，老君底孔夫子底像，左右安直，自来如此。今先生每别了在先体例，释迦牟尼佛在下安直者。么道说来底上头。依自在前三教体例安直者，若有释迦牟尼佛次下安直来底，着呵毁了者。么道，已断□。如今总统每和尚每寸（此字误）奏，有那回与来底寺院，内一半不曾回付。已回付了底再争有，更说谎捏合来底经文每，印板每，一半不曾

214

烧了。三教也不依在前体例安直者。么道言语每，是□那□。若是这底言语□实呵，一遍经断了底了，怎生宜？只依在前断定底。不曾回付来底寺院，并属寺家底田地水土，一处回付与。将说谎捏合来底经文并印板，不曾烧毁了底，交毁坏了者。更将三教依在前体例。俺底这圣旨，这般宣谕了。别了在前断定言语，寺院并田地水土不肯回与，相争底人每有罪过者，更和尚每俺有圣旨么道。在前断定底，别做呵不干自己的。寺院田地水土争呵，他每不怕那不有罪过那甚么。圣旨俺底。至元十七年二月二十五日大都（北京）酉（按以前例，诸文皆作有。此处误。）时分写来。

碑阴镌有道士阎志进状。

(11) 一二八一年圣旨（见《辩伪录》卷三，并见《佛祖历代通载》。）

长生天气力里，大福荫护助里，皇帝，圣旨。道与中书省，枢密院，御史台，随路宣慰司，按察司，达鲁花赤，管民官，管军站人匠等官，并众先生每，在前蒙哥皇帝圣旨里。戊午年和尚先生每折证佛法，先生每输了底上头，教十七个先生剃头做了和尚。更将先生每说谎做来的化胡等经，并印板，都烧毁了者。随路观院里画着底，石碑上镌着底，八十一化图，尽行烧毁坏了者。么道来，如今都功德使司奏。随路先生每，将合毁底经文并印板至今藏着，却不曾毁了。更保定真定太原平阳河中府王祖师庵头关西等处，有道藏经板。这般奏的上头，教张平章，张右丞，焦尚书，泉总统，忽都于思，翰林院众学士，中书省客省使都（按《辩伪录》卷六及本文后，皆有中书省客省使都鲁，此处似脱鲁字。），中书省宣使苦速丁渊，僧录真藏僧判，众讲主长老等，张天师（宗演），祁真人（志诚），李真人（德和），杜真人（福春），众先生每，一同于长春宫内分拣去来。如今张平章等众人每回奏，这先生家藏经，除《道德经》是老君真实经旨，其余皆后人造作演说，多有诋毁释教，偷窃佛语，更有收入阴阳医药诸子等书。往往改易名号，传注讹舛，失其本真。伪造符咒，妄言佩之今人商贾倍利，夫妻和合有如鸳鸯，子嗣蕃息，男寿女贞，诳惑万民，非止一端。意欲贪图财利，诱说妻女，至有教人非妄，佩符在臂，男为君相，女为后妃，入水不溺，入火不焚，刀剑不能伤害等。及令张天师、祁真人、李真人、杜真人试之于火，皆求哀请命，自称伪妄，不敢试验。今议得除老子《道德经》外，随路但有道藏说谎经文，并印板，尽宜焚去。又据祁真人、李真人、杜真人等奏告，据道藏经内，除老子《道德经》外，俱系后人捏合不实文字，情愿尽行烧毁了。俺也干净准奏。今后先生每依着老子《道德经》里行者；如有爱佛经底，做和尚去者；若不为僧道，娶妻为民者。除《道德经》外，说谎做来底道藏经文，并印板，尽行烧毁了者。今差诸路释教泉总统、中书省客省使都鲁前去。圣旨到日，不问是何官吏先生道姑秀才军民人匠鹰房打捕诸色人等，应有收藏道家一切经文。本处达鲁花赤管民官，添气力用心拘刷，见数分付与差去官眼同焚毁。更观院里画着底，石碑土镌着底八十一化图，尽行除毁了者。自宣谕以后，如有随处隐匿道家一切说谎捏合，谤释教，偷窃佛言，窥图财利，诱说妻女，如此诳惑百姓符咒文字，及道家大小诸般经文，若所在官司不添气力拘刷，与隐藏之人一体要罪过者外。民间诸子医药等文书，自有板本，不在禁限。准此。至元十八年十月二十日。

216

据上引诸白话公文，可见当时释道二教排挤之烈。《辩伪录》卷四云："今先生言道门最高，秀才人言儒门第一，迭屑人奉弥失诃言得生天，达失蛮叫天赐与。"又可见各教之自己标榜。迭屑之名，并见《长春真人西游记》。景教流行中国碑作达娑，《通考》作特（亦作忒）尔撒，皆为波斯语 tersa 基督教信徒之称。弥失诃景教碑作弥施诃，《贞元续订释教录·般若（Prajna）传》作弥尸诃，皆为 Messiah 之对音，此言救世主。迭屑应为基督教之景教（Nestorianisme）一派。当时景教徒亦号也里可温。即阿松（d'Ohsson）氏《蒙古史》引大食人拉史乌丁（Rasid ud-din）撰述中之 arkaoun。亚美尼（Armenia）史家所称之 ark'haïoun 是已。蒙古语作 erkheoun。达失蛮与《元史类编》译名同。《元史》亦作达实密，《长春真人西游记》作大石马，皆为波斯语 danishmend 之对音，此言博士。回教徒自称为 mollah。元代多以教师之名名其教，如先生和尚，皆斯类也。《辩伪录》卷四列举当时道众侵占文庙佛寺山林古迹之事，谓"如此等例，略有数百"，则当时所占者不止佛寺也。中有"混源西道院，本崇福寺，道士占讫"之语。按元时也里可温立堂传教，皆以寺名。观至顺镇江志诸寺名，可以知之。《元史》卷八十九《百官志》曰："崇福司秩三品，掌领马儿哈昔列班也里可温十字寺祭享等事。""延祐二年（一三一五）改为院，置领院事一员，省并天下也里可温掌教司七十二所，悉以其事归之。七年（一三二〇）复为司。"按马儿（Mar），此言主也。哈昔（Josua）即耶稣，列班（Rabbana）即长老，也里叫温（erkeoun）即景教，业经俄国学者巴拉久司（Palladius）考订明确。此崇福寺疑即一三一五年所省并七十二掌教司之一，则当时道徒亦曾欺凌景众矣。《元典章》卷三十三载，大德八年（一三〇四），也里可温"于祝圣处祈祷去处，必欲班立于先生之上，动致争竞，将先生人等殴打"，则道徒景众亦曾相争矣。

三 保护道教之白话公文

道教虽因辩论而失败，然元朝保护道教宫观之白话碑，晚至一三三七年，尚见有之。兹依时代之先后，录次于后。

下一文为一二五二年道教真人李志常给安邑县长春观札。刻石现存本观，字为行书。据《山右石刻丛编》卷二十四转录于下。

（12）一二五二年山西安邑长春观道教真人札

> 蒙哥皇帝圣旨里。宣谕倚付汉儿田地里应为底（犹言应有底）先生每底那延真人〔按即李志常。那延（noyan）此云首领也。〕，悬带御前金牌，钦奉蒙哥皇帝御宝圣旨，拣数勾当等事。除钦依外，据解州安邑县长春观宁志荣马志全先于壬寅年（一二四二年）献到葡萄园七十亩，充御用果木，为此以曾行下本观看守去讫。今来须合再下仰本观李志玉等，将前项葡萄园子务要在意看守，精勤起架，勿令分毫怠堕荒废。唯恐有误御用果木，利害非轻。如至熟日，须官尽数制造干圆。秤盘数目，前去平阳府计□送录院起发前来长春宫送纳，准备□献。仍仰随处达鲁花赤管民官员人等，照依钦奉皇帝御宝圣旨内节扶先生□大小差发，地税商税铺马都休与者。他每有应遮么甚么（犹言无论何物），休强争夺要者。那上头与圣旨来，如有违犯之人，具姓名申来，以依故违圣旨治罪施行，不得违滞，须至札付者。

> 上李志玉等准此。壬子年四月二十七日立。

按安邑贡葡萄酒事，《元史》志之。卷四云：中统二年（一二六一年）六月乙卯，"敕平阳路安邑县葡萄酒自个勿贡"。但卷十八又云：元贞二年（一二九六年）三月壬申，"罢太原平阳路酿进葡萄酒，其葡萄园民恃为业者皆还之"。则世祖时虽令勿贡，成宗时尚有贡者，具见此事之扰民也。

下二文同勒一碑。碑在山西平遥县清虚观。《山右石刻丛编》卷二十四均著录。

（13）一二五二年山西平遥清虚观道教真人给文（下方）

蒙哥皇帝圣旨里。宣谕倚付汉儿田地里应有底先生每底官人（按前文译音作那延。此处译义作官人。）李真人，悬带御前金牌，钦奉蒙哥皇帝御宝圣旨，拣数勾当等事。除钦依外，据太原府平遥县太平崇圣宫提领燕志静状告，□□今年六月内，蒙掌教宗师法旨。该清和大宗师（按即尹志平）法旨，自燕京令道众前来重修太平崇圣宫，并张赵下院。玉清观住持勾当道司将本宫并下院一切差使已行除免外。若不呈告，诚恐以后别无执凭，乞详酌出给文字事。得此文状，除别行外，已将本宫并下院差事行下道司免除去讫，仍仰本宫道众照依前项清和大宗师法旨，在意兴修住持勾当。所有执照，须至出给者。

上给付平遥县太平崇圣宫收执照用，准此。壬子年七月初五日。

（14）一二五三年山西平遥清虚观道教真人给文（下方）

蒙哥皇帝圣旨里。宣谕倚付汉地先生头儿那延李真人，悬带御前金牌，掌管教门事。照得钦奉到蒙哥皇帝御宝圣旨节文，汉儿田地里应有底先生每，都教李真人识者。除钦依外，今据太原府路平遥县太平崇圣宫提点李志端状告，伏为本宫自唐朝以来，有元住道士薛守玄重修兴建，额曰太平观。后至宋朝元祐年间，改为清虚观。今自大朝兴国以来为本宫。兵革之后，殿宇房屋全无损坏。因此有本县长官梁瑜并万户梁瑛等，经诣本府，乞改名额为太平兴国观，各有已立碑记。近蒙掌教大宗师真人师父，再更为太平崇圣宫名□志端依奉，已于壬子年七月十五日安置牌额悬挂了。当在手别无文面，乞给赐凭验事，得此文状，为此取覆过。奉掌教大宗师真人师父法旨前来，已曾亲书太平崇圣宫名额付下去来，今既已建立名牌悬挂外。今准见告事，因合给与公据。付本宫主者，已久照用施行。仍仰提点李志端劝率道众，依时念经，告天祝延圣寿万安者，以报国恩，无得分毫懈怠。须议出给者。

上给付太平崇圣宫主者准此。癸丑年正月日。

下一文为一二五七年河南鹿邑太清宫海都太子令旨碑。碑文见《鹿邑县志》卷十。老子为苦县厉乡曲仁里人，其地即在鹿邑境内，此宫之古可知。据《水经注》，汉延熹八年（一六五年）此地有老子庙。据《鹿邑县志》卷五，唐高宗时（六六六年）建紫极宫。天宝二载（七四三年）改名太清宫，以迄于今。此碑下方文已漫漶不可识，下录旁注小字，乃假定之佚文，不能假定者，以□代之。

（15）一二五七年河南鹿邑太清宫令旨碑

长生天底气力里，蒙哥皇帝福荫里，海都太子令旨。张元帅（按《元史》卷一四七《张柔传》，一二五四年，移柔镇亳州）俺根底奏告来，中都（北京）城里住底掌教张真人，北京（按即辽之中京大定府，元为北京大宁府，在今热河老河左岸大明城废址。）城里住底张真人，王真人，□□个根底。亳州有底太清宫里圣贤（底宫阙），恁每圣贤底大宫阙见坏□也。□□□这般说有。恁四个商议者，大圣贤底宫阙坏□也。这般上恁根底倚付将去也。张□□□□众先生每尊长，蒙哥皇帝不倚付你来，那□么这□□□□阙修盖了呵。与蒙哥皇帝根底，并俺每根底，祝延祈福。不□恁住持那甚么□道与黄河那□□□底把军官每，管民官每，达鲁花（赤每。来）往行踏底军每，圣贤宫阙修盖□□□休得搔扰者，休得强夺物件者。（搔扰强）夺呵，怎生般教修盖底起，怎生般教（祝延）祈福底成就？那底每，这令旨听了以后，搔扰呵，将那搔扰□□□元帅于俺根底说来者。那宫阙修盖□里头，教张元帅添气力护持者。俺每（底）文字。丁巳年□月初十日，彻彻里哥剌哈有底时分（写）来。

下一碑亦在鹿邑太清宫。碑文亦载《鹿邑县志》卷十。其文已半文言化矣。

（16）一二六一年河南鹿邑太清宫圣旨碑

长生天气力里皇帝圣旨。据张真人奏告，亳州太清宫住持道人每，元受令旨，使臣军马，宫观内不得安下。所有栽种树木，诸人不得采斫。专与皇家告天祝寿。今将元受令旨，已行纳讫，乞换授事。准奏。仰亳州太清宫道人每，照依旧例，宫观内使臣军马不得安下，所有树木诸人毋得斫伐。不选是何物色，毋得夺要。仍仰张拔都儿（按即 batur 之对音，即满洲语之巴图鲁。此言勇也）常切护持太清宫，令住持道众更为精严看诵，与皇家子子孙孙告天祝寿者，毋得怠惰。准此。中统二年四月二十七日。

下二碑文（十七十八）勒于一碑之上，碑在陕西韩城县东北八十里。山西河津县西北二十五里之神禹庙，其一面勒一二七五年圣旨，下勒汉文，上勒八思巴（Phaga-pa）字母译汉文音。后一面勒

221

一二七六年圣旨，下勒汉文，上勒八思巴字母写蒙古语。是为今日可见八思巴字母蒙古语碑文之最古者。兹二文诸金石志地方志皆未见著录。原碑在庙侧一室之中，室为渔人所居，即以此石作为厨案。法国沙畹教授一九〇七年九月二十二日路经此地见之，曾拓其文，并嘱庙祝保存之。其拓文影载一九〇八年《通报》。

（17）一二七五年龙门神禹庙圣旨碑

长生天气力里，大福荫护助里，皇帝圣旨。光宅宫（宫在山西临汾县南，见《山西通志》卷一六八。）真人董若冲，继靖应真人姜善信（碑文信字磨灭，考《山西通志》卷一六四知其人名善信。），在平阳路荣河临汾县，起盖后土尧庙。及于河解（按元时龙门隶河津，八思巴音译亦作河津。此河解应是撰文者或书石者之误。）洪洞赵城，修理伏羲娲皇舜禹汤河渎等庙宇。仰董若冲凡事照依累降圣旨依旧管领行者，仍仰本路官司常加护持。禁约诸人毋得沮坏，及使臣军马人等不得安下搔扰。准此。至元十二年二月日，提点成若安立石。

按《元史》卷二〇二《八思巴传》，中统元年（一二六〇）世祖命制蒙古新字。至元六年（一二六九）诏颁行于天下。诏曰："我国家肇基朔方，俗尚简古，未遑制作。凡施用文字，因用汉楷及辉和尔（即唐之回纥回鹘（Ulgur）之异译）字，以达本朝之言。考诸辽金及遐方诸国，例各有字。今文治寖兴，而字书有阙，于制为未备。故特命国师八思巴创为蒙古新字，译写一切文字，期于顺言达事而已。今后凡有玺书颁降者，并用蒙古新字，仍各以其国字副之。"又卷四《世祖本纪》，至元六年（一二六九）二月己丑，"诏以新制蒙古字颁行天下"。又卷七《世祖本纪》，至元九年（一二七二）七月壬午，"和礼霍孙奏，蒙古字设国子学，而汉官子弟未有学者，及官府文移犹有用畏吾（即前之辉和尔）字。诏自今凡诏令并以蒙古字行，仍遣百官子弟入学"。据上引各条，蒙古字颁行于一二六九年。至一二七二年，官府文移犹有用畏吾字。证以一二七五年碑，可知蒙古字是年虽行，唯用以译汉字之音，至次年始用以写蒙古语（下条碑文）。元代公文，大约可以此二碑文代表之。其以汉语为主者，语言尚通顺可解，如十六条太清宫碑，十七条神禹庙碑正面碑文是。以蒙古语为主者，则白话多，且有多少迁就原文，非注释则不可解矣。

（18）一二七六年龙门神禹庙蒙汉文令旨碑

长生天气力里，皇帝福荫里皇子安西王［按即世祖第三子忙哥剌（Mangala）。其名见《元史》卷一〇七《宗室世系表》。］令旨。道与管军官人每，并军人每，州城县镇达鲁花赤官人每，来往行踏的使臣每，遍行省□令旨。成吉思皇帝匣罕［按即太宗窝阔台（Ogotaï）］皇帝圣旨里，和尚，也里克温（即也里可温），先生，达失蛮，地税商税不拣甚么差发休著者。告天祈福者，那般道来。如今照依着在先前圣旨体例，地税商税不拣甚么差发休着者。告天祈福者，那般。这平阳府有的尧庙，后土庙，禹王庙里住的姜真人，替头里董真人交先生每根底，为头儿祈福者，那般。收执行踏的令旨与也。这的每宫观房舍里，使臣每休安下者，铺马只应休要者，田产物业休夺要者，这先生每休倚做没体例勾当者。没体例行呵，他每不怕那甚么。令旨俺的。鼠儿年（丙子）正月二十六日，京兆府住时分写来。

河南安阳（原彰德府治）县西白龙王庙有一碑，上勒圣旨四通。其最下一通，为追封法师刘道宗圣旨，为骈文体。余三通为白话体。武穆淳撰《安阳县金石录》卷九，皆见著录。兹唯录其白话圣旨

223

如下。

(19) 一二九六年河南安阳白龙王庙圣旨碑（一）

长生天底气力里皇帝圣旨。道与随州城县镇村寨达鲁花赤每，大小官员每，去的来的使臣每，已先底圣旨里。脱因（按即蒙古语之 doïn，即道人之对音。蒙古人用以称僧人者也。），也里克温（erkheoun），先生，答失蛮（danishmend），不拣那个大小差发休著者，天根底祷告祈福祝愿者，道来的圣旨体例里。彰德府咱每的上清正一宫有的李天师为头先生每根前，太上老君的道子休别了者，告天与咱每祝愿祈福者，为这般上头，把着行踏的圣旨与来。这先生每的宫观房子里，是他每的，使臣休下者，铺头口只应休要者，地税商税休与者。这的每田地水土，不拣是么东西，拣那阿谁休倚气力夺要者。这的每休道有御宝圣旨道呵，俺每圣旨根底，别个底没体例勾当休做者。做呵，更不怕那甚么。圣旨俺每的。猴儿年（丙申）六月十四日，开平府有的时分写来。

(20) 一二九六年河南安阳白龙王庙圣旨碑（二）

长生天底气力里，大福荫护助里皇帝圣旨。城子里的达鲁花赤每根底，管军的官人每根的，管民的官人每根的，军人每根的，过往使臣每根的，民户根的，宣谕的圣旨。成吉思皇帝，哈罕（太宗）皇帝圣旨里，和尚，也里可温，先生，答失蛮等，除地税商税，不拣甚么休当者。告天祈福与者，莫（前亦作么）道来。如今依在先圣旨体例里，除地税商税外，不拣甚么差发休交当者。告天祈福与者，莫道。彰德府有的上清正一宫，洞渊普济广德真人王一清的徒弟，通玄大师文德圭，把着行的圣旨与来。这的每宫观里房子里，使臣休下者。铺马只应休当者。地土园果水碾解典库浴房，不拣是么休夺要者。这先生每有圣旨莫道，没体例的事休做者。做呵，他不怕那甚么。圣旨。猴儿（丙申）年七月二十八日，上都有的时分写来。

(21) 一二九七年河南安阳白龙王庙圣旨碑（三）

长生天气力里，大福荫护助里皇帝圣旨。军官每根的，军人每根的，城子里达鲁花赤官人每根的，来往的使臣每根的，宣谕的圣旨。成吉思皇帝，哈军皇帝圣旨里，和尚，也里可温，先生每，不拣甚么差发休着。告天祈福者，莫道来。如今依先圣旨体例里，不拣甚么差发休着。告天祈福者，么道。这彰德府有的敕赐太上清正一宫，住持的纯静抱一辅化真人文德圭，崇真源道玄应法师太一（按太一教为道教之一派。见《元史》二〇二《释老传》。）嗣师刘道真根的，执把行的圣旨与来。这的每宫观殿宇里，他每房舍里，休下者，铺马只应休与者。田产池沼水土园林碾磨，不拣甚么他每的，休强行夺要者。这的每却道俺有圣旨莫道，无体例勾当休做者。做呵，他不怕那甚么。圣旨俺的。鸡儿（丁酉）年二月初一日，柳林里有时分写来。

下一碑亦在山西平遥清虚观。碑文拓本模糊不明，兹据《山右石刻丛编》卷三十录其文如下。

(22) 一三〇九年山西平遥清虚观圣旨碑

长生天气力里，大福荫护助里皇帝圣旨。军官每根底，军人每根底，城子里达鲁花赤官人每根底，来往的使臣每根底，宣谕的圣旨。成吉思皇帝，月哥台（太宗窝阔台）皇帝，薛禅（世祖忽必烈）皇帝，完泽笃（Euldjaitu）（成宗铁木耳）皇帝，圣旨里。和尚，也里可温，先生每，不拣甚么差发休当。天根底祷告祈福祝寿者，那般这有来。如今依着在先圣旨体例里，不拣甚差发休当。天根底祷告祈福祝寿者，么道。于这渊授通玄微如静照大师，冀宁路平遥县太平崇圣宫住持的本宗提点，通义中和大师，本宫提点高道陟，栖远常妙大师，提举赵道恒，这先生每根底，执把行的圣旨与了也。这的每宫观每，他每的房舍，使臣休安下者，铺马只应休拿者，商税地税休与者。但属宫观的庄田水土园林碾磨解典库店仓铺席浴堂船只竹苇醋曲货，不拣甚么差发休要者，不拣是谁休倚气力者。不拣甚么他每的，休夺要者。更这的每道有圣旨么道，没体例的勾当休做者。做呵，他每不怕那。圣旨俺的。鸡儿（己酉）年九月初五日，龙虎台（在居庸关南口）有时分写来。

下一碑在陕西鳌屋大重阳万寿宫，亦为蒙汉文两体碑。蒙文碑文俄法学者皆有译文，汉文碑文赵嵋撰《石墨镌华》卷六载之。其文如下。

（23）一三一四年陕西鳌屋大重阳万寿宫圣旨碑

长生天气力里，大福荫护助里皇帝圣旨。军官每根底，军人每根底，管城子达鲁花赤官人每根底，往来使臣每根底，宣谕的圣旨。成吉思皇帝，月阔歹（太宗）皇帝，薛禅（世祖）皇帝，完泽笃（成宗）皇帝，曲律（武宗）皇帝，圣旨里。和尚，也里可温，先生每，不拣甚么差发休当。告天祝寿者，宣谕的有来。如今也只依在先圣旨体例里，不拣甚么差发休当。告天祝寿者，么道。奉元路大重阳万寿宫里，并下院宫观里，住的先生每根底，执把行的圣旨与了也。这的每宫观庵庙里房舍里，使臣休安下者，铺马只应休著者，税粮休与者。但属宫观里的水土人口头疋园林碾磨店舍铺席典库浴堂船筏车辆，不拣甚么他的。更渼陂（按宋敏求《长安志》卷十五渼陂在鄠县北四五里）甘涝（按甘峪涝谷皆在盩厔境）等三处水例甘谷山林，不拣是谁，休倚气力者，休夺要者。这的每却倚着有圣旨么道，没体例的勾当休做者。做呵，他每不怕那甚么。圣旨。虎儿年（延祐元年甲寅）七月二十八日，察罕仓有时分写来。

按察罕（tchagan），此言白也。法国学者德维利亚（Devéria）在一八九六年《亚洲报》中（Journal Asiatique）研究此碑，以为此地即北京上都间之察罕诺尔（Tchagan nor）。但余以为即张家口外之察罕巴尔哈孙（Tchagan balgasun）（华言白城子），其地即金之昌州。察罕仓察罕昌音相近也。

下一碑在安阳西四十里善应村储祥宫，亦为蒙汉文两体碑。年月日同前，碑内容亦大同而小异。其汉文《安阳金石录》卷十载之。沙畹有拓本，字尚完好。

（24）一三一四年河南安阳善应储祥宫蒙汉文圣旨碑

长生天气力里，大福荫护助里皇帝圣旨。军官每根底，军人每根底，管城子达鲁花赤官人每根底，往来行的使臣每根底，宣谕的圣旨。成吉思皇帝，月古台（太宗）皇帝，薛禅皇帝，完者都（成宗）皇帝，曲律皇帝，圣旨里。和尚，也里可温，先生每，不拣甚么差发休著者。告天祝寿者，么道有来。如今呵，依着在先圣旨体例里，不拣甚差发休当者。告天祝寿者，彰德路有的善应储祥宫里住持的提点，葆和显真弘教大师陈道明，彰德路应有的宫观提调，著行者么道圣旨与了也。这的每宫观里，他每的，房舍里，使臣休安下者，铺马只应休与者，税休与者。但属宫观的水土园林碾磨店舍铺席解典库浴堂，不拣甚他每的，不拣谁休倚气力者。更这陈道明倚着有圣旨么道，无体例勾当休做者。做呵，他不怕那甚么。圣旨。虎儿年（甲寅）七月二十八日，察罕仓有时分写来。

顾炎武《山东考古录》（《槐庐丛书》本十二十三页）谓泰山岳庙有元圣旨碑二，其文极鄙俚可笑。唯录一三二四年一碑。其一三四四年碑文，今已不可见矣。所录碑文如下。

（25）一三二四年泰山岳庙圣旨碑

长生天气力里，大福荫护助里皇帝圣旨。军官每根底，军人每根底，管城子达鲁花赤官人每根底，来往的使臣每根底，宣谕的圣旨。成吉思皇帝，月古台（太宗）皇帝，薛禅皇帝，完泽笃皇帝，曲律皇帝，普颜都（仁宗）皇帝，格坚（Gueguen）（英宗）皇帝，圣旨里。和尚，也里可温，先生，达识蛮（danishmend）每，不拣甚么差发休当者。告天祝寿者，么道有来。如今依着在先圣旨体例里，不拣甚么差发休著者。与咱每告天祈福者，么道。泰安州有的泰山东岳庙，住持提点通义守正渊靖大师张德璘，先生每根底，执把行的圣旨与了也。这的每庙宇房院里，使臣休安下者，铺马只应休拿者，商税地税休与者。但属他们的水土园林碾磨铺席，不拣甚么他每的，休倚气力夺要者。每年烧香的上头得来的香钱物件，只教先生每收掌者。庙宇损坏了呵，修理整治者。这的每其间里，不拣是谁，休入来休沮坏者。更这张德璘梁道城的根底，圣旨与了也，无体例勾当行呵，他不怕甚么。圣旨。泰定年鼠儿年（甲子）十月二十三日，大都有时分写来。

下一碑在河南辉县西五里颐真宫，碑额有蒙文 djarlik 一字，此言诏旨也。其文如下。

（26）一三三五年河南辉县颐真宫圣旨碑

长生天气力里，大福荫护助里皇帝，圣旨里。军官每根底，军人每根底，管城子达鲁花赤官人每根底，往来使臣每根底，宣谕的圣旨。成吉思皇帝，月阔台皇帝，薛禅皇帝，完者都皇帝，曲律皇帝，普颜都皇帝，杰坚（英宗）皇帝，护笃图（Khutuktu）（明宗）皇帝，扎牙笃（Djidjagatu）（文宗）皇帝，亦怜真班（Rintchenpal）（宁宗）皇帝，圣旨里。和尚，也里可温，先生，答失蛮每，不拣甚么差发休当者。教告天祝寿者，么道有来。如今依着在先圣旨体例里，不拣甚么差发休当者。教俺行告天祝寿者，么道。卫辉路辉州真大道（按真大道教为道教之一派，见《元史》卷二〇二《释老传》。）颐真宫里，圆明德政普照大师提点于进全，明真葆元志道大师法师金圆真，真常善应大师提点高真祐，为头儿先生每根底，执把行的圣旨与了也。这的宫里房子他的，使臣休安下者，铺马只应休拿者，税粮课程休与者。但属宫家的水土人口头疋园林碾磨店舍铺席解典库浴堂船只竹苇等，不拣是甚休当者，不拣是甚他的，不以是谁休倚气力夺要者。道来，更这于进全提调众先生每根底，圣旨里□了，没体例的勾当休做者。做呵，他更不怕那。圣旨俺的。元统三年猪儿年八月二十七日，忽□秃因纳堡里有时分写来。

下一碑在湖北均州西南百二十里武当山万寿宫。其文见《均州志》卷十五。

（27）一三三七年湖北均州武当山五龙灵应万寿宫圣旨碑

长生天气力里，大福荫护助里皇帝圣旨。军官每根底，军人每根底，城子里达鲁花赤官人每根底，来往的使臣每根底，宣谕的圣旨。成吉思（太祖）皇帝，月阔台（太宗）皇帝，薛禅（世祖）皇帝，完者都（成宗）皇帝，曲律（武宗）皇帝，普颜都（仁宗）皇帝，杰坚（英宗）皇帝，忽都笃（明宗）皇帝，扎牙笃（文宗）皇帝，亦怜真班（宁宗）皇帝，圣旨里。和尚，也里可温，先生，答失蛮，不拣甚么差发休当者，兴告天祈福者，道有。依着在先圣旨体例里，不拣甚么差发休当。告天与咱每祈福祝寿者，么道。襄阳路均州有的福地，武当山大五龙灵应万寿宫里，有的甲乙住持主领宫事，兼领本路诸宫观事。教门高士崇玄冲远法师邵明庚，住持提点教门高士通玄灵应明德法师李明良，为头儿先生每根底，执把行的圣旨与了也。这的每宫观里房舍里他每的，使臣休安下者，铺马只应休拿者，商税地税休与者。但属这宫观里的庄佃田地水土碾磨解典库店舍铺席浴堂船只竹苇醋曲等，不拣甚么差发休要者。更这蒿口，蒿坪，梅溪，双谷，白浪，平堰等处村子里，有的田地水土，不拣甚么物件，不以是谁休倚气力者，休夺要者。更这先生每有圣旨么道。无体例的勾当做呵，他每更不怕那。至元三年牛儿年（丁丑）三月二十日，大都有时分写来。

四　保护释教之白话公文

保护释教之公文，不及道教之多。元代崇帝师，西僧之受优遇，倚势专横，《元史·八思巴传》（卷二〇二）志之甚详。则当时僧人自有其护符，与道教不可同日语。保护公文较少之原因，或在此也。兹将可考者，依时代之先后，录次于下。

下一碑在山西永济县中条山栖岩寺。其文《山右石刻丛编》卷二十九载之。

（28）一三〇五年山西永济中条山栖岩寺圣旨碑

长生天气力里，大福荫护助里皇帝圣旨。管军官人每根底，军人每根底，管城子的达鲁花赤官人每根底，过往使臣每根底，宣谕的圣旨。成吉思皇帝，月哥台皇帝，薛禅皇帝，圣旨里。和尚每，也里可温，先生每，不拣甚么差发休当者。告天祝寿者，道来。如今依在先圣旨体例里，不拣甚么差发休当。告天祝寿者，么道。河中府有的栖岩寺，住持的定长老根底，钦赉着行的圣旨与了也。这每的寺院里房舍里，使臣每休安下者，铺马只应休当者，税粮休与者，但属寺家的水土园林磨房店舍铺席解典库浴堂竹园，不拣甚么他每根底，休拿要者。这定长老却倚着有圣旨么道。无体例的勾当休做者，若做呵，他不怕那甚么。圣旨俺的。虎儿年（壬寅一三〇二）八月二十四日，上都有时分写来。大德九年（一三〇五）二月二十五日，监寺僧怀能立石，匠人古舜贺直刊。

下一碑在山东长清县灵岩寺。其文见《岱览》卷二十六，内容不尽白话，因其别具一格，故录之以见元代公文格式。

（29）一三〇六年山东长清灵岩寺下院榜示

皇帝圣旨里。帝师下诸路释教都总统所，据泰安州灵岩寺监寺僧思川状告，有长清县南一乡净然神宝寺，系灵岩寺下院。时常有一等不畏公法僧俗人等，往往于寺家山场内置立炭窑，斫伐树木，损坏常住产业，久而荒废，搔扰僧众，有碍念经告天祝延圣寿祈福等事，乞详状禁治事。得此会验，钦奉圣旨节该。寺院房舍里，使臣休安下者，铺马只应休著者，税粮商税休要者。但有属寺院底地土园林碾磨店铺解典库，不拣甚么休夺要者。钦此。今据见告总所，合行出榜省谕诸人，钦依圣旨事意。如有违犯之人，仰所在官司就便痛行治罪施行，须议榜示者。大德十年岁次丙午四月八日，灵岩禅寺山门监寺思川等立。

下一文为哈剌章大理崇圣寺圣旨碑。其年月为猪儿年闰七月初五。按碑中所列帝名，最末者为武宗曲律。此猪儿年必为至大四年（一三一一）辛亥。若为英宗至治三年癸亥，则末一帝名应有仁宗普颜都。按《元史》卷二十三，至大四年春正月庚辰，帝崩。闰七月丙午，祔于太庙。是年适有闰七月，则此碑确为一三一一年物矣。碑中所谓哈剌章，盖指乌蛮。《元史》卷一二一《兀良合台（Uri-ankadai）传》云："察罕章（Tchagandjang）盖白蛮也，""合剌章（Karadjang）盖乌蛮也。""乌蛮所都押赤，城际滇池，三面皆水。"《元史》之"章"，应为"爨"之译音。察罕此言白，合剌此言黑。兹二种，即《唐书》卷二二二下之乌爨白爨。《马可波罗游记》有Carajan，即合剌章之对音，亦云都押赤（Yachi），其地即今之云南省会。马可波罗又云："大理为合剌章之别都。"故此碑云"哈剌章有的大理崇圣寺"。元时乌蛮据大理，白蛮据丽江《元史类编》卷二十，皆猡猡种也。此外复有僰，今讹而称为摆夷，亦居云南。僰自称为"六歹"（Luk Tai），犹言"歹（Tai）子"。大理段氏即属此种。《元史》卷一六六之信苴日，即大理国之王族，亦名段实。兹因考证合剌章一名，寻出译名之原名若干，附录于此。《信苴日传》之摩诃罗嵯，即梵文之 Maharaja，此言大王。此名史书中异译不少，可证当时大理已梵化矣。同《传》一二七四年为云南行省平章政事之赛典赤，《元史》卷一二五有《传》，为一二一一至一二七九年间人。其原名据拉史乌丁（Rasid ud-din）之书，为 Sayid-edjell，布哈尔（Bokhara）人，本《传》谓为回回人，盖泛指一切西域人也。又谓其人为别庵伯尔之裔。按别庵伯尔即波斯语 Peighember 之对音，穆罕默德之别号，此言天使也。中国载籍中异译亦多。赛典赤之子纳速剌丁，原名为 Nasr ud-din，《马可波罗游记》亦见著录。其父子皆与合剌章与有关系。此碑建立时代，距纳速剌丁去云南时仅二十二年。

（30）一三一一年云南大理崇圣寺圣旨碑

　　长生天气力里，大福荫护助里皇帝圣旨。军官每根底，军人每根底，管城子达鲁花赤官人每根底，来往使臣每根底，宣谕的圣旨。成吉思皇帝，月吉歹皇帝，薛禅皇帝，完泽笃皇帝，曲律皇帝，圣旨里。和尚，也里可温，先生，不拣甚么差发休著者。告天祝寿者，道来。如今依在先圣旨体例里，不拣甚么差发休著者。告天祝寿者，么道。哈剌章有的大理崇圣寺里，有的释觉性释主通和尚根底，执把的圣旨与了也。这的每的寺院房舍，使臣休安下者，铺马只应休与者，税粮休与者。但属寺家的产业园林碾磨店铺席浴房人口头足，不拣甚么休夺要者。更这和尚每拟著有圣旨么道。无体例的勾当休做者，若做呵，不怕那甚么。圣旨。猪儿年闰七月初五日，上都有时分写来。

下一碑在陕西郃阳县光国寺。蒙汉两体文。

（31）一三一九年陕西郃阳光国寺蒙汉文圣旨碑

　　长生天气力里，大福荫护助里皇帝圣旨。军官每根底，军人每根底，城子里达鲁花赤官人每根底，往来使臣每根底，宣谕的圣旨。成吉思皇帝，月阔台皇帝，薛禅皇帝，完泽笃皇帝，曲律皇帝，圣旨里。和尚，也里可温，先生每，不拣甚么差发休当。告天祝寿者，道有来。如今依着在先圣旨体例里，不拣甚么差发休当。告天祝寿者，么道。奉元路所管同州邰阳县有的五家国清寺，光国寺，寿圣寺，桥头寺，永宁寺，大栅寺，木避寺等寺院里住的福讲主，海吉祥达讲主，冲戒师，心戒师，琼师，为头和尚每根底，执把行的圣旨与了也。这的每寺院房舍里，使臣休安上者，铺马只应休拿，地税商税休与者。但属寺家的水土园林碾磨店铺席解典库浴堂人口头足，不拣甚么他的，休夺要者，休使气力者。更这和尚每说有圣旨么道。无体例勾当休做者，做呵，他每不怕那。圣旨。马儿年（戊午）四月二十三日，上都有时分写来。延祐六年八月吉日，住持僧明慧普慈大师了常立石，路井镇赵珪刊。乡士白克中译书丹并额。

下一碑原在河南浚县天宁寺，今毁，其文已为熊象阶《濬县金石录》所录。据云上有国书，此国书得为蒙古八思巴体书，亦得为西藏文。缘此碑勒国师法旨，其人为西藏人，且汉藏两体碑当时亦有之也（见后）。《元史》二○二《八思巴传》，泰定间（一三二四至一三二七）帝师有弟名公哥亦思监，与帝师名颇同。据《佛祖历代通载》卷三十六，其人延祐三年（一三一六）为帝师，泰定四年（一三二七）殂。

（32）一三二六年河南浚县天宁寺藏汉文法旨碑

皇帝圣旨里。帝师公哥罗师监藏班藏卜法旨。军官每根底，军人每根底，城子里达鲁花赤官人每根底，往来的使臣每根底，和尚每根底，百姓每根底，教谕的法旨。依圣旨体例，和尚，也里可温，先生，不拣甚么差发休著者。告天祝寿者，么道。大名路濬州大伾山天宁寺里住持的讲主朗吉祥根底，执把行的法旨与了也。这的每寺院里房舍里，使臣休安下者。铺马只应休著者，税粮休与者。但属寺家的水土园林碾磨解典库店铺席浴堂人口头匹,不拣甚么,他的寺院里休夺要者,休倚气力者。这般教谕了呵。别了的人,他更不怕那甚么。这的每道有法旨。无体例勾当休做者,做呵,他更不怕那甚么。法旨。鸡儿年(辛酉一三二一)十月十五日,大都有时分写来。泰定三年正月吉日,当代住持□朗等立石。

下一文为降赐天目中峰和尚广录入藏院札。《广录》三十卷。原札及中峰传附见本录,是亦别具一格之公文。中有"笃连帖木儿怯薛第二日"一语,有说明之必要。按怯薛为波斯语之译音,波斯语谓近卫为 kechik,近卫士为 kechiktchi。 《马可波罗游记》作 Quesitan,应为怯薛丹之对音。《元史》卷九十九《兵志》:"太祖功臣博尔忽(Burgul)博尔术(Burgudji)木华黎(Mukuli)赤老温(Tchilaocan),时号掇里班曲律(durben kuluk),犹言四杰也。太祖命其世领怯薛之长。怯薛者,犹言番直宿卫也。每三日而一更。申酉戌日,博尔忽领之,为第一怯薛,即也可怯薛(yeke kechik)。亥子丑日,博尔术领之,为第二怯薛。寅卯辰日,木华黎领之。为第三怯薛。已午未日,赤老温领之,为第四怯薛。"其怯薛执事者今可考其原名者,有必阇赤(bitketchi)。些言书记,即满洲语之笔帖式。有莫伦赤(moritchi),掌马者也。有帖麦赤(temeghetchi),掌驼者也。有火你赤(gunitchi),牧羊者也。勇士曰霸都鲁(batur),满洲语作巴图鲁(batoru)。壮健之人曰拔突(batu)。下文之怯薛第二日,盖为轮番宿卫之第二日。笃连帖木儿,怯薛之长也。

(33)一三三四年降赐天目中峰和尚广录入藏札

皇帝圣旨里。行宣政院准宣政院咨。元统二年(一三三四)正月二十六日,笃连帖木儿怯薛第二日,延春阁后咸宁殿里有时分。速古儿赤（怯薛掌衣服者）马扎儿台，大夫汪家奴，院使罗锅，殿中喃忽里，火里歹等有来。本院官撒迪平章，不兰奚院使，汪束攒古鲁思院使，燕京闾院使，桑哥失里院使，喃哥班同知，辇真班同佥，畯南参议，也先不花经历，陈都事等奏。在先好师德每撰集来的文字，奉皇帝圣旨，教刊板入藏经里有来。如今为这中峰和尚悟明心地好师德的上头，奉扎牙笃皇帝（文宗）圣旨，他根底也立了碑来。如今他撰集来的文字，都是禅宗里紧要的言语有。如今依先例，将这文字但有藏经印板处，教刊板入藏经，教揭监丞（揭傒斯时为艺文监丞）撰序，加与普应国师名字。俺行与省家文书，教与宣命呵。怎生奏呵？奉圣旨那般者，教火者赛罕院使皇太后根底启呵。那般者么道懿旨了也。钦此。除钦遵外，咨请钦依施行。准此。除外，使院合下仰照验钦依施行，须议札付者。

上札付杭州路南山大普宁寺住持准此。

下一文为一三三五年圣旨。因涉及重修百丈清规事，故百丈清规载之。文内大龙翔集庆寺在南京，一三三〇年元文宗敕建。

（34）一三三五年重编百丈清规圣旨

长生天气力里，大福荫护助里皇帝圣旨。行中书省，行御史台，行宣政院，官人每根底，宣慰司，廉访司，官人每根底，军官每根底，军人每根底，城子里达鲁花赤官人每根底，往来的使臣每根底，百姓每根底，众和尚每根底，宣谕的圣旨。成吉思皇帝，月阔台皇帝，薛禅皇帝，完者笃皇帝，曲律皇帝，普颜笃皇帝，格坚皇帝，忽都笃皇帝，扎牙笃皇帝，亦辇真班皇帝，圣旨里。和尚，也里可温，先生每，不拣甚么差发休当。告天祝寿者，么道说有来。如今依着在先圣旨体例里，不拣甚么差发休当。告天与咱每祝寿者，么道。扎牙笃皇帝教起盖大龙翔集庆寺的时分，依着清规体例行者。么道，曾行圣旨有来。江西龙兴路百丈大智觉照禅师，在先立来的清规体例，近年以来。各寺里将那清规体例增减不一了有。如今教百丈山大智寿圣禅寺住持德辉长老重新编了，教大龙翔集庆寺笑隐长老为头。拣选有本事的和尚，好生校正归一者。将那各寺里增减来的不一的清规，休教行。依着这校正归一的清规体例定体行者。么道，执把的圣旨与了也。这的每寺院房舍里，使臣每休安下者，铺马只应休拿者，税粮休纳者。但属寺家水土园林人口头足碾磨店铺解典库浴堂竹园山场河泊船只等，不拣是谁，休夺要者，休倚气力者。这般宣谕了呵。别了的人每，要罪过者，更这的每有圣旨么道。做没体例勾当呵，他每更不怕那。圣旨。元统三年猪儿年（乙亥）七月十八日，上都有时分写来。

(35) 一三三六年重编百丈清规法旨（见百丈清规）

皇帝圣旨里。帝师公哥儿监藏班藏卜（其名并见《佛祖历代通载》卷三十六）法旨。行中书，行御史台，行宣政院，官人每根底，军官每根底，军人每根底，城子里达鲁花赤官人每根底，往来使臣每根底，本地面官人每根底，百姓每根底，众和尚每根底，省谕的法旨。扎牙笃皇帝盖大龙翔集庆寺的时分，教依着百丈清规体例行了。圣旨有来。这清规是百丈大智觉照禅师五百年前立来的，如今上位加与弘宗妙行师号，更为各寺里近年将那清规增减不一。教百丈山德辉长老重新编了，教龙翔寺笑隐长老校正归一定体行的。执把圣旨与了也。皇帝为教门的上头，教依着这校正归一的清规体例定体行者。么道，是要天下众和尚每得济的一般。您众和尚每体着皇帝圣心，兴隆三宝，好生遵守清规，修行办道，专与上位祈福祝寿，报答圣恩，弘扬佛法者。不拣是谁，休别了者了。法旨别了的人每，不怕那甚么。法旨。鼠儿年（丙子）四月十一日，大都大寺里有时分写来。

（36）一三三六年江西行宣政院札（见百丈清规）

皇帝圣旨里。行宣政院，准宣政院咨。据僧子仲状告，系江西道龙兴路百丈山大智寿圣禅寺知事僧。元统三年七月十八日，本寺住持德辉长老钦受御宝圣旨节该。江西龙兴路百丈大智觉照禅师。在先立来的清规体例，近年以来各寺里将那清规体例增减不一了有。如今教百丈山大智寿圣禅寺住持德辉长老重新编了，教大龙翔集庆寺笑隐长老为头。拣选有本事的和尚，好生校正归一者。将那各寺里增减来的不一的清规休教行，依着这校正归一的清规体例定体行者。么道。执把的圣旨与了也。钦此。除钦遵外，缘系各省开读事理，钦录圣旨全文。连前告，乞施行。得此。照得元统三年五月初七日。阿察赤怯薛第二日。三吉怛纳钵［（nabo）契丹语此言行宫］里有时分。对脱别台平章，阔儿吉思平章，阿鲁灰院使，举里学士等，不兰奚大司徒根底，撒迪中丞，传奉圣旨。江西龙兴路里有的百丈大智觉照禅师。在先立来的清规体例，近各寺年里，将那清规体例增减了有。如今教百丈寺里住持德辉长老重新编了，教大龙翔集圣寺笑隐长老为头，拣选有本事的和尚，好生校正归一与定体。执把行的圣旨。更百丈大智觉照禅师根底，加与弘宗妙行师号。宣政院行文书与词头宣命者，么道圣旨了也。钦此。除词头宣命具呈中书省照详外，据圣旨移付蒙古房。就行翰林院钦依颁降外，今据见告当院。除外钦录圣旨全文在前，合行咨请照验。

遍行合属，钦依施行。准此。除外钦录全文在前，使院合下仰照验，钦依施行，须议札付者。

上札付百丈山大智寿圣禅寺德辉长老准此。至元二年月日。

下一碑在山东长清大灵岩寺千佛殿后东壁，沙畹游山东时见之。此碑极可宝贵，缘今所见西藏文汉文白话两体碑，除此外别未见有第二碑。此碑拓影片及西藏文译文，已见荷兰刊《通报》（一九〇八年刊）。碑载年月为蛇儿年三月二十三日。西藏文亦系直译汉文，未能考定为何年物。但据沙畹之说，碑中有定岩长老，寺外坟园有二墓碑，其一为一三四一年定岩所撰，其一为一三三六年定岩所书。后一碑志有一三〇七年僧人某归自大都，赍有圣旨，太子令旨、国师法旨各一通。此碑所刊法旨，疑即指此，则此碑为一三〇七年以后，一三三六及一三四一年以前物。顾一三四一年为辛巳年，即蛇儿年，似写定于是年云云。余以为诸旨写定应在一三〇七年之前，或即一三〇五年，缘是年为大德九年乙巳也。前第三十条长清灵岩寺下院一三〇六年榜示，可以参证吾说。

（37）山东长清灵岩寺藏文汉文令旨碑

皇帝圣旨里。管着儿咸藏〔（dkon mchog rgyal mchan）藏文国师名，此云宝石旗〕大元国师法旨里。军官每根底，军人每根底，断事官每根底，来往使臣每根底，管城子达鲁花赤官人每根底，本地面官人每根底，来往收检和尚俗人百姓每根底，省谕的法旨。泰安州长清县大灵岩寺，住坐的僧人定岩长老，端与上位祝延圣寿，依体例里住坐者在前。但属寺家的田地水土园林碾磨店铺解典库浴堂人口头疋等物，不拣是谁休倚气力夺要者，休谩昧欺付者，休推是故取问要东西者，交他安稳住坐者。执把行的法旨与了也。见了法旨，别了呵。依着圣旨体例里，怎不怕那是么。这的每有法旨么道，无体例的勾当休做者。蛇儿年三月二十三日，高良河大护国仁王寺里有时分写来。

下一碑在北京护国寺，《帝京景物略》卷一载之。又后二条两札付，亦共勒同寺一碑之上。文云崇国寺者，元时寺名也。

(38) 一三五四年北京崇国寺圣旨碑

　　长生天气力里，大福荫护助里皇帝圣旨。军官每根底，军人每根底，管城子达鲁花赤官人每根底，往来使臣每根底，宣谕的圣旨。成吉思皇帝，窝阔台皇帝，薛禅皇帝，完泽笃皇帝，曲律皇帝，普颜笃皇帝，格坚皇帝，忽都笃皇帝，亦怜真班皇帝，圣旨里。和尚，也里可温，先生每，不拣甚么差发休当。告天祈福祝寿者，说来。如今依在先圣旨体例，不拣甚么差发休当。告天祈福祝寿者，么道。大都里有的南北两崇国寺，天寿寺，香河隆安寺，三河延福寺，顺州龙云寺，遵化般若寺等寺院里住持，佛日普明净慧大师，孤峰讲主学吉祥，众和尚每根底，为头执把的圣旨与了也。这的每寺院里房舍，使臣休安下者，铺马只应休著者，税粮商税休纳者。但属寺家的水土园林碾磨店铺解典库浴堂人口头疋，不拣甚么，不拣是谁，休倚气力夺要者。这佛日普明净慧大师，孤峰讲主学吉祥，为头和尚每，依着在先老讲主体例里行者。别了的和尚每，有呵，遣赶出寺者。更这学吉祥等和尚每，倚有圣旨么道。无体例勾当休做者，若做呵，他每不怕那。圣旨。至正十四年七月十四日，上都有时分写来。

（39）一三六三年宣政院札（文在《选公传戒碑阴》）

　　皇帝圣旨里。宣政院至正二十三年十月十三日，哈剌章怯薛第二日，明仁殿里有时分。速克儿赤〔《元史语解》卷八速克儿赤（sugurtchi）此元掌伞〕也速迭儿，云都赤（ildutchi）火里（Khor），殿中月□帖木儿（Temur），给事中观音奴（按此名似非译音。《元史》卷四十一有文殊奴，卷十五有金刚奴，卷二十二有三宝奴，卷一九二有观音奴传，唐兀人，世居新州。疑皆译意，而非译音。）等有来。本院官帖古思不花（Tekus Bukha）院使，阿剌台经历等奏。大都有的大崇国寺，开山住持空明圆证选公大师立传戒碑石的上头，俺与搠思监太保右丞相一处商量来，交中书省参政危素撰文并书丹。集贤殿大学士滕国公张璗篆额呵，怎生么道？皇太子根底启呵，上位根底奏呵，圣旨识也者。么道奏呵，奉圣旨那般者。钦此。除已移咨危素撰文并书丹，学士张璗篆额外，使院合下仰照验，钦依施行。须议札付者。

　　上札付大崇国寺准此。

（40）一三六六年宣政院札（同上）

　　皇帝圣旨里。宣政院至正二十六年二月十七日，完者帖木儿（Euldjai Temur）怯薛第一日，宣文阁里有时分。速古儿赤（Sugurtchi）完者不花（Euldjai Bukha），云都赤（ildutchi）塔海帖木儿，殿中宝坚，给事中解里颜等有来。帖克思不花（Tekus Bukha）院使，孛罗帖木儿（Burn Temur）副使，八儿忽台参议。都马经历，忙哥帖木儿（Mangu Temur）经历等奏俺根底。释教都坛主澄吉祥文书里咨呈。大崇国寺空明圆证大所选公。释教都总统名分里委付了有来。他亡殁了。有为他传受金字戒本立碑的上头。依先祖师例，封赠国师名分的说有。俺与伯撒里太师右丞相一处商量了，依着他保来的文书，释教都总统澄慧国师选公名分封赠。怎生么道？皇太子根底咨呵，上位根底奏呵，圣旨识也者。么道奏呵，奉圣旨那般者。钦此。除钦遵外，使院合下仰照验就行，钦依施行，须议札付者。

上札付大崇国寺准此。

评元秘史译音用字考

《元秘史》这部书是一种考证《元史》的最好材料，因为一方面他代表的是另一种传说，与《圣武亲征录》同剌失德丁书所代表的传说不同，一方面因为此书译人的译法谨严，考究原名极易，不像《元史》译例不纯，有些名称很难还原。比方《元史》里畏答儿，若不对照，谁也想不到是《元秘史》里忽亦勒答儿。不幸《元秘史》词句俚俗，要不是《永乐大典》将他收入，同几个收藏版本家留下一点残刻本和几部抄本，几几乎佚而不传了。到了最近十年间，赖有俄国的 Palladins，日本的那珂通世，法国的伯希和诸人的重视，其价值始显。可是他们所见的版本，除俄国所藏的十五卷本外，皆是叶德辉的刻本，从来无人能取几种版本来校勘。就是我们所检寻的，也只有一部叶本，虽明知其中有些讹误，亦无法勘对。其首先取几种本子来对勘的，要数援庵先生为第一人。

他这篇研究虽不过三十页，可是用力必勤，费时必久。所据以勘对的，有叶刻本，有叶本所据的文廷式抄本，有顾广圻校本，有俄国所藏的鲍廷博抄补本，同新发现内阁大库藏的残洪武椠本。他用这些本子考究《元秘史》中的译音用字，这也是前人所未做过的工作。我们从前也曾考究译字过，然目的唯在求其对音。检寻《元秘史》时，虽亦偶然见着其中所用译字之奇特，可是从未考究其理，因为我们从未想到译法有如是细密者。今据援庵先生的考证，才知道译字中山之字从山，水之字从水，口之字从口、从言、从食、从齿，目之字从目，足之字从足、从辵、从走，门之字从门，衣之字从衣、从系、从巾，器之字从金、从皿，鸟之字从鸟、从翼，鼠之字从鼠，虫之字从虫，马之字从马，羊之字从羊，以及其他有意义之音译字（见原书十四至二八则）。如此细密的译法，到了五百年后，才得有一个赏鉴家，可见就是书也要走时运。

援庵先生勘对《元秘史》的出发点，则为蒙古语动词表示过去时的语尾之译字。他并对照华夷译语，检出其中此类译字作"八"作"伯"作"巴"作"别"，而在《秘史》则作"罢"作"毕"。"然《秘史》始译时亦曾用过伯别等字，后乃一律改为罢。其所以改伯为罢者，疑因伯有侯伯之嫌，而罢有了字之意也。其别亦并改为罢者，疑有迁就罢字之意。今《秘史》中原作别者，有时亦原作伯也。其原作毕者不改，疑因毕亦有了字之意也"（《考》九页）。案：《秘史》用罢用毕，必为音义兼用之译字无疑，其对音应作-ba，作-bi。至若何以分为罢毕之理，好像是男女性分别之结果。现在蒙古语固鲜有此种区别，在蒙古语中疑常有之。因为男名接尾字常用"台"，女名接尾字常用"真"用"命"；此名词分别男女性之例也。又如二人之"二"，男性作"豁牙儿"，女性作"只邻"；此形容词分别男女性之例也。在动词中想亦如此（一九三二年《通报》伯希和在《莎儿合黑塔泥名称考》中已持此说）。至若何以又分为-ba（八，巴，罢）-bi（伯，别），我想不是因为有侯伯之嫌，殆因语言之转变，在百余年前《秘史》成书时或读作伯，而在译书时或读作罢也。

《元秘史》这个译名本来不对，因为书名译字作"忙豁仑纽察脱察安"，犹言蒙古秘史。况且所记的是成吉思汗先世一直到窝阔台时代的事迹，不得追称为元；后来又因《元秘史》的名称，发生"元椠本"的臆揣。援庵先生以为果为元椠，则"原作"之"原"必用

"元"，不用"原"（《考》五页又二十九页）。此说诚是。我还有点补充的。《秘史》中凡大都旁注皆作北平，在将来几百年中国文物消灭以后，或者有些考据家提出现在北平一说。可是在现在我们只能说《秘史》中的北平，就是洪武二年（一三六九）以后，永乐元年（一四〇三）以前的北平。足证《秘史》翻译的年代在一三六九至一四〇三年之间。然而此年限还可缩短。据援庵先生之说，《秘史》翻译似在火原洁等的《华夷译语》以后。案：《华夷译语》编类之时在洪武十五年（一三八二）又考《永乐大典》进呈之年是永乐五年（一四〇七），如此看来，《秘史》翻译同刻版的年代，应在一三八二至一四〇七年的中间，当然无从有元椠本也。

《秘史》中时有缺义之语（《考》二十九页），我想多半是人名种名地名。因为我从前研究过一个相类名称，此名在叶本（三卷三十三页）作脱忽剌温，始亦不得其解，后来考出是札剌亦儿部的别部。殆是事过境迁，所以译人数典忘祖。

法国有句谚语说，"吃的时候胃口来"。我们未见援庵先生这篇研究，自然没有话说，既见之，加以他有别人所无的细密方法，别人未见的许多版本，很希望他做一种全部校勘工作，以惠后学。现在的叶刻本实不足满学者的需要，必须有一部较佳本代替此本，因为叶刻本有些问题很难单独解决。《秘史》译字是谨严的，叶本中有些异译，不知在别本中是否一样。比方：畏吾儿在五卷十一页作畏亦忽敦（敦字带属格而言，单称实应作惕），又同卷十四页作委兀敦。泰亦赤兀惕在一卷二九页译名如此，在二卷三页作泰亦兀惕，尚可说有阙文，然在二卷九页又作泰亦赤额惕，续卷一四〇页作台亦出兀，又是因为何故？这类错误可举之例尚多，还可说译人一时疏误。但是王罕的儿子在《秘史》中作你勒合，在《亲征录》中作亦剌哈；波斯有个地名，在《秘史》中作亦薛不儿，在《元史》中作你沙不儿；《秘史》人名多一发音之 n，地名少一发音之 n，不知是翻译疏忽，抑是传写错误？如是等类的问题，一方需要汉译诸本之校勘，一方需要蒙文原本之比对，方能解决。所以我们很希望援庵先生作一部全书校对的工作，并希望伯希和将他十几年前所译成的蒙文《秘史》译本从速发表！

——《大公报·图书副刊》第三十六期——

评中西交通史料汇编

《中西交通史料汇编》，张星烺撰。辅仁大学丛书第一种。全书共六册，今年出版界之一巨刊也。此书搜集关系中西交际材料之多，从前此类出版物莫能与之伦比。分析内容，其基本材料，大致有四：

（一）史籍中之外国列传行纪，等等。

（二）Henry Yule 原撰 Henri Cordier 补订之《契丹路程》（Catha yand the Way Thither）译文。

（三）Beal 之《西域记》译本及 Watters 之考证。

（四）Laufer 撰之《支那伊兰》（Sino-Iranica）节译。

第一类材料搜集不少，惜撰者未曾研究《释藏》，将不少材料遗漏。《契丹路程》一书业已翻译大半，原书所辑诸行纪，多为未识西文者所不经见之作品，诚有迻译之必要。但其中考证太旧，是一缺点也。至关系《西域记》诸考证，所本之书亦旧。而伦敦《亚洲学报》、巴黎《亚洲学报》、荷兰《通报》所载之新考证，概未采入。第四类材料亦只将关系矿物之考证采录。

全书六册，第一、二两册言上古时代中西交通及古代中国与欧洲之交通；第三册言古代中国与非洲之交通，及古代中国与阿剌伯之交通；第四册言古代中国与亚美尼亚、犹太、伊兰之交通；第五册言古代中国与西部土耳其斯坦之交通；第六册言古代中国与印度之交通。综观全书，用力甚勤。范围既广，自难免不有遗漏错误之处。其最大缺点，则于小注之中所录考据，多不著其出处。而撰者本人之考订，于史地时代语言语音一概抹煞，常以现代英文地名对照汉唐古翻，是其通病。在今日言考证西域史地不能不检法文、日文之著作，撰者似不特未见法国汉学家 Chavannes、Pelliot、Levi、Maspero 诸氏之原作，而德国学者 Marguart、Müller、Franke 诸氏之著作，似亦忽略。所以此书就搜集材料方面，或可省学子翻检之劳，第就考证方面言，撰者面壁考证，似乎未免太多。大凡考订一种地名，先须考其汉文当时之读法。然后，再求其对音为他种语言，方不致误。例如《隋书·波斯传》之达曷水，与今日英文所袭用古希腊语之 Tigris 对音，不相合也，必须于中世波斯语之 Dakrat 求之。顾此名与今音又不相合也，更须于唐人达曷二字读法中求之，庶不致有将恒河沿岸之波罗奈搬到意大利北方之病（见第一册第八五页）。兹将全书之错误略为指出。全书卷帙太厚，未能遍检，所望撰者于第二版中加以修正。

第一册关于上古时代中外交通之材料：兹就古代中国与欧洲之交通开始审之，九页之犁靬，就空间与时间言，所指非一地。伯希和曾据巴利文（Pali）《那先比丘经》寻出阿荔散之对音为 Alasand，乃以为即埃及之 Alexandreia，亦即《前汉书》之犁靬，其说较为可取。乃撰者以为即今日英、法文之 Rome，殊不知腊丁文罗马作 Roma。即或两千年前罗马帝国以英文为国语，除非汉代之音与今代之音大相悬殊外，毫无可以牵强附会之理由。纵使犁靬即是大秦，其对音必并非罗马。

十页之乌戈山离及排持，与英文之卑鲁支亦毫无关系。排持作排特，乌戈山离应亦为古之 Aləandreia，今之 Herat。排特似为中世波斯语安息 Partu 之对音。

五一页之俱密与扞朵相距太远。前一地今名 Kumidh，在 Karategin 流域；后一地在今于阗县北沙中，即《汉书》之扜弥、宁弥，《后汉书》之拘弥，《西域记》之媲摩，《伽蓝记》之捍麽，《新唐书》之汗弥或建德力城，Marco Polo《行记》之 Pein。此处之误，足证撰者于 Stein 所撰"西域"Serindia 等书亦未寓目。

六五页《魏略》地名，Chavannes 在《通报》中撰有考证，Pelliot 在巴黎《亚洲学报》中亦有片断考证。关于大秦部分，Hirth 在所撰之《中国与罗马东境》一书中亦有旧考订也。

六九页所引《佛本行》之耶寐尼，应是梵文之 Yavani。此字出于 Yavana，《杂阿含经》译作耶槃那，即梵文中所指希腊人所在之地，其初所指者似为大夏。

一〇九页突厥语 Aktagh 固为白山，然金山不仅阿尔泰山，今新疆之博克达山，《元和郡县志》作金娑岭。《唐书·地理志》作金沙岭，《宋史》、《王延德行记》作金岭，《太平寰宇记》作金山，《唐书·突厥列传》中之金山，多指此金山也。

一一三页之 Ugurs，与《隋书·铁勒传》之恩屈相差太远。谓为《隋书》之韦纥或回纥，斯得之矣。

一六六页之苫国，即大食人所称之 Scham，叙利亚之别名也。至撰者所谓之卓支亚，大约即英文之 Georgia，此地在《元史·曷思麦里传》中作谷儿只。元代对音与英文地名当于不能相合，所以撰者后又误以同传中之曲儿忒为英文之 Georgia。

一七八页之寻寻，即大食人火袄教徒之称。其唐代读法应作 Zimzim，与 Semite 毫无关系。

二〇七页之盘盘国，应在南海。魏时 Pompei 尚未发现，魏时人乌从知之耶（记得此城是七九年所湮没，一七四八年所发现）？

第二册几尽译文，兹仅摘录其一二遗漏错误之处如下：

三〇八页注七之古里佛，《星槎胜览》及《明史》作古里，《瀛涯胜览》作古俚。乃今之 Calicut，非大食人之俱兰（Kulam），今之

249

Quilen。

四九四页注二十五之 Sarcol，即色勒库尔，今日蒲犁县全境之称。

又注二十八之 Yaka-arik，即《西域图志》之雅哈阿里克。

九〇三页之 Hancialix，即今叶城县治，《西域图志》之哈尔噶里克，昔之朱驹波、悉居半、斫句迦、米俱波等国之今地。

第三册志古代中国与阿剌伯之交通。

四九页注十之苫国，乃 Syria 之大食名称。《唐书》引《杜环经行记》有大川东流入亚俱罗一语，大川盖指 Euphrates。亚俱罗似为亚罗俱之讹，即 Irak 之对音也。

一一五页注三，《贾耽路程》之门毒国，即安南之衙庄府。注四之古笪国，即安南之靖化省，亦 Kauthara 之对音。奔陀浪或宾童龙（Panduranga）即安南平顺藩蓬二省之地。以上诸地旧隶占城。

二四六页注七之古逻，乃大食语之地名 Kalah 之对音，今日马来半岛之 Kra，此名与俱蓝相差太远。

二七七页锡兰岛以 Sirandib 名，大致始于宋时。而用英文 Ceylon 名，为时尤晚。若谓正确，应以《宋史注辇传》之悉兰池（犹言悉兰岛）为是。此岛旧名师子国，即 Simhala 之意译，此言"执师子"也。

第四册志古代中国与伊兰之交通。

三五页注二妫水或乌浒水，疑出希腊语 Oxus 一名，或他种语言同一水名之对言。至若《西域记》之缚刍，亦即《阿毗达磨大毗婆沙论》初译之博叉，二译之薄叉，皆属伊兰语 Vaksu 或 Vahau 之对音，当时尚不知有英语化之 Wakhsh 也。

三七页之注七，番兜之对音不出于古波斯语之 Partava，便出于中世波斯语之 Partu。纵使安息以欧洲语言为国语，似应用同时的希腊语之 Parthyala。不会预先采用数千年后之英国语名 Parthia。

三九页注二，木鹿之对音乃 Muru，而非后来变化之 Maru。

又注五，《元史译文证补》以阿蛮为 Arimenia（此说不始于丁谦），尚有历史根据。至撰者数百字考订之 Oman，在音学上不能证明，盖古译以阿代 O 音者从无其例。

四一页注二，安谷城之安息语对音，或古叙利亚语 Cestrangelo 对音。余固未详，但确知其腊丁语名为 Antiochia 而非英文之 Antioch。

五六页注二，《魏书》之宿利城（尚有《周书》之苏利城，《隋书》之苏蔺城，《新唐书》之苏利悉单。至若《西域记》之苏剌萨傥那，出于梵文，又当别论。）乃 Suristan。是亦 Sleucia-Ktesiphon 两城之总名。

八六页注五，摩罗游即 Malayse 之对音。即义净《求法高僧传》中之末罗喻，在苏门答剌岛。余未尝闻奚利佛逝都城迁至木鹿。此国兵力虽曾远至锡兰，但无侵略大陆之事。

八七页注十三，俱位或商弥在 Mastuj。俱位之对音，曾经 Stein 考订为 Khowar。

一二九页注四，《西域记》之提那跋（Dinavar），即北京图书馆藏摩尼教残经中之雷那勿。乃摩尼教一派教徒之称，非日神也。

二六六页注五十九，合剌章即段氏之大理论。此稍检元史者之所知也。

第五册中国与西土耳其斯坦之交通。

六页注二，康居一名之对音，今日无人知之。仅知西亚诸种语言名之曰 Sogah。中亚语言名之曰 Sulik，梵文名 Sulika，即玄奘之窣利，义净之速利。至若撰者之"私诃条"，绳以唐音，私诃似 Saha，与康居无甚关系，康居即是窣利耳。

四一页注四，按 Bactria 即大夏国都，亦大月氏西徙之薄罗，《续高僧传》之薄佉罗，《慈恩寺传》之缚喝罗，梵文之 Bahlika，《景教碑》之 Balh，今之 Balkh。其梵名之异译，《释藏》中尚有不少。但皆可以根据旧日译法复其原名。乃撰者于此 Bactria 一名，念念不忘。凡载籍中之地名，不论其两字三字，只须其有一二声母或韵母相近，当以此名属之。此条之濮达，或即 Patarva 之汉译。亦谓其为大夏都城，不可解也。

四七页注二，康僧铠实为康居国人。《佛祖统纪》谓其为天竺沙门者，盖根据《历代三宝记》，《大康内典录》，《开元释教录》等经录。撰者或未检此类经录，故"不知其何所据"。

五九页注十，唐以后东来高僧尚有其人。如宋代之法天、施护、法护，皆非不知名者也。不必检寻僧传，即在《宋史·天竺传》中亦可见之。

六六页注八，簿知余曾疑为宋云经行之波斯，《魏书》之波知，今之 Zebak。然未敢自信必以为是，但撰者之 Baltistan（即《新唐书》之大勃律）失之远矣。

六八页注十四，和墨城早有考定为今之 Wakhan，与西域之忽懔国，毫无关系。撰者盖见有一收声之 m，故臆断其为 Khulum。

六九页注十五，汉之双靡，即唐之商弥；撰者据以考订之地图，似为现代地图，而非历史地图。又注十六之钳敦，即是干陀罗之旧译。乃引证及于 Hussar，则又一用现代地图之误。

七二页注二十四，博罗尔之古翻。据吾所知，应首数《伽蓝记》之钵卢勒。

七八页注二十六，谒槃陁等名，乃今蒲犁县治之古称。其河今名塔克墩巴什河，亦即《伽蓝记》之孟津河。

八五页注一，斫句迦等国名最后考订在今叶城县治，即回语名 Karghalik 者是已。

八六页注三，白题似为《西域记》之伐地（Betik），唐言西安国者是也。

九六页注九，腊丁语之 Deus。如何为康居语流行之曹国所采用，不得其解。

一〇五页注一，《贾耽路程》自安西（Kucha），至怛罗（Talas）道中诸地名。取 Chavannes 所撰《西突厥史料》读之，皆可考矣。

一一五页注三，康居在西历纪元前后已有文字，康居语专家 Gauthiot 曾发表语学研究成绩不少。

一七一页注十二，劫为羯师之省称。撰者误连下文，读作"劫者"。羯师又为 Kashkar 之省译，今 Chitral 是已。

二八一页注四，唐之北庭，元之别失八里。在今孚远县北，后堡子之北，旧考以在迪化东北者误也。

第六册中国与印度之交通。

二八页注一，身毒之对音是 Sindhu。盖以河流名全国。撰者英语化之 Sind，纪元前尚未如此省写。

三四页注一，汉之罽宾，即唐之迦湿弥罗（Kasmira）。唐之罽宾，常指迦毕试 Kapisa。《隋书》曾误以之为漕国（Jaguda）。并非因迦毕试隶属迦湿弥罗而有是称，而在史书中似未见此隶属之事。

二九页注五，《汉书·地理志》之黄支国，业经 Ferrand 考订为《西域记》之建志补罗，余亦在《宋高僧传·金刚智传》寻出建支之别释。撰者于考订即未著其出处，而又增所谓"开治"之音，亦近黄支一说，竟将数百年来黄建二字未失之鼻音取消。

四六页注三，《魏略》撰时在《后汉书》之前，车离似非误刊。《范书》之东离恐是传写之讹。此国即梵文之 Cola，《宋史》之注辇。

五四页注一，迦毗黎似为 Kaveri 河名之对音，除此之外，毫无可以迁就之对音。至若 Kapilavastu，遍检《释藏》，无从作迦毗黎之省译者，然常作刦比罗也。又注六之婆黎，即爪哇附近之 Bali。至若 Parlek，即《元史》之八剌剌。

六七页注三，乌苌之对音，经 S. Levi 考订为 Uddiyana。旧日根据《西域记》乌仗那一名还原之 Udyana，在梵本中毫无根据。

六八页注四，业波之对音，今日尚无确定之考订。唯 S. Levi 独谓其为瞻波（Campa）之讹。至撰者之 Gopala，仿佛记得似是梵本中一龙王或一陶师之名。不知撰者从何处觅得。

一二九页注一，（又二三页本文）按始皇时室利防等来自西域一事，初见于费长房《历代三宝记》。但余疑其为后人所增之文，盖本书帝年之下未载其事。《佛祖统纪》又引其文，而加注云：出朱士行《汉录》。此录早佚，第较"古经录""旧经录"尚有历史根据，故引以实证其事，然其伪终难掩也。又考 Kaayapa，Matauga 乃今人（似出南条文雄之《英文藏经目录》）假定之梵名，并非"梵语原音"。所以竺法兰前此假名为 Dharmaraksa 者，伯希和后又假拟为 Dharmssatua。前一名此言法护，后一名此言法宝。

二〇〇页注二，波头摩国。若根据唐以前译例还原应是 Padma。如言红莲花（翻译名义亦作钵特摩）。印度无此国名，《高僧传》必有脱误。设以撰者所考证者为是，但唐人不用 Pataliputra，而用今代地名，其理亦不可解。

二〇五页注一，波罗末陀此言真谛。梵文还原应为 Paramartha，撰者误作 Paramati。

二一〇页注四，按柔然元魏改称蠕蠕。《宋书》《齐书》作芮芮，《隋书》作茹茹，即西史之 Avars，撰者此处殆失考也。

二二一页注六，薄佉罗即是梵文之 Bahlika，亦即大夏都城 Bactria，撰者在此处反与捕喝（Bokhara）合并。

二九三页注二，辛头即 Sindhu 之对音，不本于希腊语之 Indus。那提 Nadi 梵语此言河，乃赘文也，但撰者臆断其为 Ladak。即或唐代有此新地名，亦应读若罗达，离那提甚远也。

三一三页注十七，钵和早经考订为梵文之 Vakkana。此名在《释藏》中经余检出者：有《根本说一切有部毗奈耶》之仆迦那，或步迦挈，《孔雀王经》二译本之仆迦那，三译本之仆柯那。即今之 Wakhan，与钵利葛（Parika）之声韵距离太远。

三一五页注三十，《伽蓝记》之摩休国，应在北印度，不能以希腊之呼罗珊之 Margiana 当之。

三六三页注十一，义净并未将缚渴罗与 Bokhara 混而为一。乃撰者误将缚渴罗作 Bokhara 也。

三九三页注六，国以 Campa 为名者有二：一为恒河沿岸之古国；一为汉以后之林邑，唐以后之占城，《西域记》之摩诃瞻波，义净之占波，《新唐书》亦作占婆，即今安南本部之地。至若柬埔寨，唐时名曰真腊，一曰吉蔑，亦即《西域记》之伊赏那补罗也。

三九六页注八，地名脱一字，应作那伽钵亶那，昔之 Nagapa-tana，今之 Negapatam。

又注九，以 Jamba-dvipa（旧译作阎浮提）与 Campa 相联，过于臆断。

四五三页注三，监蔑似是苏门答剌岛之 Kampo。

四八八页高郎步，即锡兰岛之 Colombo。航行印度洋时，常停船之港也。此处可以就证今名。

五三七页注三，大葛兰即是俱兰，小葛兰即是 Kain Colon，业经 Rockhill 考订。

上所纠者，不过错误中之一二，此外小说神话中诸地名考订，过于空洞，未敢妄赘一词。至其与西贤旧有考订暗合之处，书中太多，亦无暇摘举。唯其中谓洪钧不识西文，丁谦读书太少，此种批评，不便赞同。《译文证补》中错处甚少，非毫无预备率尔操觚之撰述；丁谦诸考之病，在处处求其完备，当然不免有所假定。遽谓其读书太少，未免责人太苛。总之，在今日考证史地，一须至少具有史地语言之常识；二须广采东西考订学家研究之成绩，否则终不免管窥蠡测之病。虽然，此书在考订方面如能再加以详校，并将何人

255

考订咸明著来历，亦为国内学子参考之佳构。撰者于短期之间，翻译抄写逾百万言之多，其果敢勤劳，亦不可及。取其采辑之富，而置其考据之疏，虽有遗失，要于史学不为无补。

本文曾载于《地学杂志》第四期（一九三〇年），这次发表略有删订。

评田中译多桑蒙古史

多桑书自从洪钧的《元史译文证补》刊行以后，治蒙古史的人莫不知之。原书初在一八二四年出版，后在一八三四年、一八五二年重刊，迄今一百多年，尚未见有一部汉译本。从前改修《元史》诸人，好像仅有洪钧屠寄二人引用过。可是根据译人的片断译文，未能通检全书。本人既不能直接利用原书，而译人又非专门学者，可以说多桑书同中国学者实在没有发生关系。至若其他改修《元史》诸人，所本的多是霍渥儿特，同以后转贩至再至三的撰述，并不是多桑的原书。

多桑书共七编，前三编始成吉思汗先世，迄元之亡。后四编述波斯汗国史事，附带言及察合台钦察两汗国之沿革。田中所译者，仅多桑书之前三编。多桑（实应译作朵松）好像是瑞典人，通突厥、波斯、阿剌璧及欧洲诸国语言。其书所采材料，要可别为三大部分：一部分是回教史家的撰述，其中以采录剌失德丁，术外尼，瓦撒夫等书为最多；一部分是中国载籍，可是仅限于宋君荣、冯秉正、夏真特诸人所译《续通鉴纲目》、《元史类编》、《元史》（仅前四本纪几编列传）等书之文；一部分是欧洲人的行记同撰述。此三部分以第一部分最有价值，因为回教史家的撰述，迄今尚无全部译文，除通晓波斯语，阿剌璧语的东方语言学者外，不能直接参考。多桑书出版百余年尚不废者，其故在此。其最薄弱的一部分，就是中国载籍的译文，所译的多是副科。当时还不知有《元朝秘史》、《圣武亲征录》、《黑鞑事略》、《蒙鞑备录》、《大金国志》，同元人文集中的许多碑志行状家传。尤可惜的，宋君荣等所根据翻译的本子，皆是根据《元史语解》，妄改的本子，这种译文，不但使多桑迷离不明，而且使间接参考多桑书的人发生许多误会（尤以《蒙兀儿史记》为最多），不幸田中所参考的汉籍，也多是些乾隆时妄改的本子，未曾将他改正。

多桑书的优点，固在采录波斯回教史家之文最富，可是其中亦有弱点。多桑在本书第一编第二章第二附段附注中（原书第一册二十五页）曾说过，所本的回教撰述，文字不著韵母，而声母音点有时脱落，常易相混，这条附注很有关系。不幸田中译文将他删了（译文十五页）。声韵既不明确，所以有时误用。比方澜列坚一名，至少有三种写法，斡赤斤一名，至少有五种写法，主儿勤误作Bourkine，那牙勤误作 Boncakines，如斯等类的错误，不计其数。此外根据御批《续通鉴纲目》，殿本《元史》，用罗马字写出的人名地名部族名，竟弄得一塌胡涂。如此看来，读多桑书，译多桑书，皆要审慎。

世人常咎《元史》译名不一贯，《元史》仓卒成书，固未暇划一，可是不无译例可靠。因为古人的译法很谨严，不似今人随便以本乡方言译写外国语言的声韵。要是了解元代译例的人，对于《元史》不一贯的译名，我觉得没有多大的困难。现在姑举几个例子来说：

《元史·完泽传》的土别燕，应是《元秘史》的秃别延，可是《元秘史》卷五又作秃别干，这是甚么缘故呢？我们要知道，元代蒙古人，除在最短期间用过八思巴字母外，始终用的是畏吾儿字母。顾畏吾儿字无 g 声母，译写既然脱落，读法自未免两歧，执此例以推之，所以 Bulgar，《元史》写作不里阿耳，《元秘史》写作孛剌儿，而唐古（Tangut）变作唐兀突。

蒙古语同西域语常将 b 变作 m，所以乞卜察黑（Qibčaq）变作钦察（Qimčaq），又若 Tabgač 变作 Tamgac（就是《西游记》的桃花石）。

蒙古语中采用的突厥语，常将 y 变作 j，突厥语驿站为 Yam，蒙古语变作 jam。自元迄今，驿站同车站中的站字，实在可以说原是译音。札剌亦儿在《元史·本纪》中一作押剌伊而者应亦属此例。

汉语古译，常将 l 读作 n，在元代几成通例，若 Altan 之作按摊，Sultan 之作算端，Jalal ad-Din 之作札阑丁，其例举不胜举。

蒙古语中之 n，可以随意增删，若阿勒赤（Alči）亦作按陈（Alcin），河西亦作合申（Qašin），月合乃之对称是 Yuhanan（此人在诸本《元史》中皆误作月乃合，《新元史》亦未根据神道碑改正）。兀速（Usu）有时亦作乌逊（Usun）。

蒙古语对于开始发音之 r-，常叠用其后接之韵母，如 Ros 之作斡罗思（Oros），又如 Rinčinpal 之作懿璘质斑，皆其例也。《元史》中之也烈赞之对 Riazan，也是同样译法。所以有一部剌失德丁书抄本，写此名作 Arazan，《蒙兀儿史记》不知此例，妄改为烈也赞，误也。

蒙古语对于开始发音之 A-，有时省略，若 Abu Said 之作不塞因，Abu Bakr 之作不别，此类省称，不仅见之于史录，并见之于波斯蒙古汗致密昔儿（Misr）算端之国书。

如此看来，元人译名虽似歧互，皆有译例可寻。翻译多桑书，自宜首先采用《元秘史》，《亲征录》，《元史》三书之旧有译名，而为之划一可也。乃历来译西书的人，皆喜自作聪明，妄加窜改，尤以《元史译文证补》的译名，在今日学界种毒最深，譬如 Nogai 不知道元人常译作的那海而作诺垓，还有可说，Cadjioun，或 Catchoun，明明知道是元代载籍中的合赤温或哈赤温，竟妄改作哈准，这同《元史语解》妄改名称的先例，有甚么分别。多桑书首先著录王罕子名称作 Ilco Singoun（见田中译文三三页），核以剌失德丁原书及《元秘史》，应作 Ilqu Sangum，则多桑写法已误，乃在后面根据殿本《元史》的译文，又作 Schilgak-san-hona（见田中译文二三五页），大约是《元史》所根据的原名，是亦腊喝翔昆，误刊作赤腾喝翔昆（这类误刊虽洪武本《元史》亦不免），又经殿本改作实勒噶克伞昆，竟使多桑不识其何人，妄改名称之弊如此。

田中译名，尤其复杂，或径用"假名"译写，或直录原名，不附汉译，或用汉译名，而其汉译名来源很杂，有取诸元代史录者，有本于殿本《元史》改订名称者，有本于《元史译文证补》者，有别译新名者。其中有些名称，似不难在元代载籍中求其对称，如译文二六七页五行之 Carlouks，可作哈剌鲁，二七一页十二行之 Bayaoutes，可作伯岳吾，二七三页二行之 Baudans，可作不答安，五行之 Kingcoutes，可作晃豁坛。其别译新名亦多虚构，若二七七页十二行之 Djadjérates 应是札只剌，乃误作朱里耶特，二七二页五行之 Sidjoutes，应是失主兀惕，乃误作珊竹特，则与同页二行之 Saldjoutes（撒勒只兀惕）不分矣。四六六页二行之 Hadjib，核以元人译例可作哈只卜，乃译作哈求魄。此类错误，译本中甚多，此不过随手检出数条而已。

我以为翻译多桑书最重要的是译名。译名不正，不如仍录原名之为得。姑举一例以明之：蒙古人传说其祖先避难之地，名称 Erguènè-Coun，用新式译写方法，可作 Argánâ-qun，《元史译文证补》译作阿儿格乃衰，田中译文（十四页）亦采用之，其实应读作额儿格涅昆，案西域书中阿剌璧字不著韵母，此译写容或有误，似可改作 Ärgun-qun 或额儿古捏昆，由是可于蒙古古代传说中获见一点真相，可以推想蒙古人原来居地似在黑龙江上流之支流额儿古纳

（Ärguna）河畔，所以也同其地之弘吉剌，亦乞剌思等部通婚姻，此额儿古纳即是《元秘史》中之额洏古涅河，《元史·孛秃传》之也儿古纳河，"昆"犹言岩，则古代蒙古人之策源地，在今额儿古纳河畔之一山岩中矣。由此一点考证，可见译名之重要，切不可自作聪明，亦不可过信多桑的写法。

译名之乱，使人不能同中国载籍的旧译名共比附，这是田中译文的一个大缺点。此外尚有若干可议的地方：多桑所采中国载籍之文，原书具在，似应就其所采部分，直接根据汉籍翻译，不宜从法文转译。盖书经三写，乌焉成马，译文何以不然。况宋君荣等之译文，不少错误。如指也可那颜，耶律朱哥为二人，田中译文四一七页十行亦仍其误，且从御批《续通鉴纲目》作也可诺延耶律珠格尔，是并《元史·耶律秃花传》亦未一检矣。

此外还有误解法文之处。花剌子模算端摩诃末出奔可疾云时，召罗耳王问计，多桑原文说罗耳王入觐时，对算端帐幕七拜，法文Pavillon一字训作幕帐，亦可训作旗帜，乃田中译文（一五四页）则作"近大纛七度虚脱仆地"。这段误译，并且经屠寄录入《蒙兀儿史记》（第七册二十页），并且加了一点臆断的解释。其文曰"将近大纛，七度颠仆，盖时人恶之，甚其词也"。屠寄为田中所误的地方，不只此一点。可见译文不忠实，可以发生一种意外的影响。

田中译文第一编刊行已有二十年，此次新版乃由三田史学会在其遗稿中，得其所译多桑书第二第三两编，合并刊行，并经吉田小五郎作一索引附刊于后。多桑书诚有作一索引之必要，惜吉田索引仅限人名，而于重要不弱于人名之地名部族名，皆屏弃不录。姑就人名言，亦多疏误。原译文之误刊概未改正，如爱牙赤仍误作 Abad-ji，Schiré 仍误作 Sehire 之类，为数甚多。其原译文不误而索引误者，为数更多。汉字之误，无页无之。凡蛮字几尽误栾，他可类推。多桑书一名而译写歧互之处，多不比附，尚须详加校勘，否则无大功用。

　　我的批评，并不是指摘前贤而见已能，因为评书同作行状是完全相反的，要在指摘其误，读者切勿因此误会田中译文不好。除去上述的几种缺点以外，大致尚佳，并有许多地方具有卓识。譬如译 Bout-Tangri 作帖卜腾格里（译文五九页），改多桑虚构的 On-Oussoun 地方作捏坤乌孙（四八页）等例，非寻常翻译匠之所能。比较田中所译的多桑书，同那珂通世所译的《元朝秘史》，好像田中的成绩，不及那珂远甚。其实不然，那珂的《成吉思汗实录》，仅以《元秘史》为蓝本。《元秘史》除有小小差异外，译字皆是有标准的。那珂不过鸠集中国载籍，同几部西书之文，以供比附而已。至若多桑书译写之名称复杂，虽有标准译字，亦无所用之；而其取材之多，尤使译人目迷五色。则田中译业之难，何啻倍蓰。加以多桑书中错误散见，欲改之则与原文异，不改则与事实违，无论何人译是书，终不免吃力不讨好，则吾人虽指摘田中译文之失，终不能不谅其用力之勤云。

——《大公报·图书副刊》第十四期——

图书在版编目（CIP）数据

冯承钧西北史地论集 / 冯承钧著. —北京：中国国际广播出版社，
2013.5（2023.4重印）

（西北史地丛书）

ISBN 978-7-5078-3613-4

Ⅰ.①冯…　Ⅱ.①冯…　Ⅲ.①历史地理－西北地区－古代－文集
Ⅳ.①K924-53

中国版本图书馆CIP数据核字（2013）第051606号

冯承钧西北史地论集

著　　者	冯承钧	
责任编辑	张淑卫	
版式设计	国广设计室	
责任校对	徐秀英	

出版发行	中国国际广播出版社有限公司 ［010-89508207（传真）］	
社　　址	北京市丰台区榴乡路88号石榴中心2号楼1701	
	邮编：100079	
印　　刷	天津丰富彩艺印刷有限公司	

开　　本	710×1000　1/16	
字　　数	300千字	
印　　张	17	
版　　次	2013 年 5 月 北京第一版	
印　　次	2023 年 4 月 第二次印刷	
定　　价	68.00 元	